Dr. iur. Thomas Nägele, LL.M.

DIE RECHTSNATUR VON TOKEN

NACH DEM LIECHTENSTEINISCHEN TVTG

UNTER BESONDERER BETRACHTUNG DES

TOKEN-CONTAINER-MODELLS

{TCM}

Dissertation an der Rechtswissenschaftlichen Fakultät der Privaten Universität im Fürstentum Liechtenstein.

Die vorliegende Arbeit berücksichtigt Publikationen bis 29.04.2021.

Verlag:	DLT media GmbH, Vaduz
Druck:	SuperPromo GmbH, Vaduz
Covergestaltung:	PINK LEMON Anstalt, Vaduz
ISBN-Softcover:	978-3-9525557-0-5
ISBN-Hardcover:	978-3-9525557-1-2

© DLT media GmbH, Vaduz 2021

Alle Rechte sind dem Verlag DLT media GmbH, Vaduz vorbehalten, auch die des Nachdrucks von Auszügen oder einzelnen Beiträgen. Jede Verwertung ohne Zustimmung des Verlags ist unzulässig. Dies gilt insbesondere für Reproduktionen und Vervielfältigungen, Übersetzungen, Mikroverfilmungen sowie Einspeicherung, Verarbeitung und Verbreitung in digitalen Systemen.

Vorwort

Die vorliegende Arbeit befasst sich im Besonderen mit der Legaldefinition des «Token» im Token- und VT-Dienstleister-Gesetz (TVTG). Das liechtensteinische TVTG hat als erstes Rahmengesetz die Entwicklungen rund um die Blockchain-Technologie auch zivilrechtlich umfassend geregelt. Technologische Entwicklungen haben in der Geschichte immer wieder die Welt revolutioniert und verändert. Die rechtliche Einordnung der damit einhergehenden Probleme stellt dabei meist eine grosse Herausforderung dar. Deshalb werden, soweit zum besseren Verständnis erforderlich, die notwendigen technischen Aspekte im Zusammenhang mit Blockchain und Distributed-Ledger-Technologien (DLT) beleuchtet.

Danken möchte ich allen, die zum Gelingen meiner Arbeit beigetragen haben. Mein grösster Dank geht an meinen Doktorvater, Herrn Univ.-Prof. Mag. Dr. Alexander Schopper, der die vorliegende Arbeit betreut hat, sowie an den Zweitgutachter Prof. Dr. Simon Schlauri.

Ein besonderer Dank geht an Frau Dr. phil. Barbara Gant, die Rektorin der Privaten Universität im Fürstentum Liechtenstein. Sie hat mich immer wieder motiviert, diese Arbeit fertig zu stellen, und zeigte äusserst viel Verständnis für die Verfassung der Arbeit neben meiner Tätigkeit als Rechtsanwalt.

Des Weiteren möchte ich mich bei meinen Freunden und Fachkollegen für die vielen wertvollen Gespräche, den regen akademischen Diskurs und die kritische Reflektion bedanken.

Ebenfalls bedanken möchte ich mich bei den Herren Dr. Thomas Dünser und Philipp Büchel für die kritische Durchsicht meiner Arbeit.

Ein grosser Dank geht an Frau Mag. iur. Ursula Wegstein und Veronika Albicker für das Korrektorat.

Mein letzter grosser Dank geht an meine Frau, Jeannine Nägele, und meine Eltern, Thilde Nägele und Johann Potetz-Nägele, die mich in allen Belangen unterstützt haben und vielfach auf mich verzichten mussten.

Aus diesem Grund widme ich diese Arbeit in grosser Dankbarkeit meiner Ehefrau, Jeannine Nägele.

Inhaltsübersicht

Vorwort III

Inhaltsübersicht V

Inhaltsverzeichnis VII

Abbildungsverzeichnis XIII

Abkürzungsverzeichnis XV

1. Teil Einleitung 1

2. Teil Einführung 5

3. Teil Die Legaldefinition von Token nach dem TVTG 33

4. Teil Schlussbetrachtung 165

Literatur- und Materialienverzeichnis 173

Stichwortverzeichnis 185

Inhaltsverzeichnis

Vorwort III

Inhaltsübersicht V

Inhaltsverzeichnis VII

Abbildungsverzeichnis XIII

Abkürzungsverzeichnis XV

1. Teil Einleitung 1
   § 1 Ausgangslage 1
   § 2 Gegenstand und Ziel dieser Arbeit 2

2. Teil Einführung 5
   § 1 Glossar 5
   § 2 Die technischen Grundlagen hinter der Blockchain-Technologie ... 12
      I   Die drei Kerntechnologien hinter der Blockchain-Technologie 12
          1 Peer-to-peer Netzwerk 12
          2 Asymmetrische Verschlüsselung 13
          3 Hash-Funktion 14
      II   Blockchain - wie eine Kette von Blöcken entsteht 16
          1 Zu den Begriffen «Blockchain» und «Distributed Ledger Technologies» 16
             1.1 Zur Transaktionsbestätigung und der Entstehung der verketteten Blöcke ... 17
             1.2 Zur Frage der Finalität bei Transaktionen 18
          2 Konsens-Algorithmen 20
             2.1 Proof-of-Work («PoW») 20
             2.2 Proof-of-Stake («PoS») 22
   § 3 Die Entwicklung von der ersten Kryptowährung bis hin zum TVTG 24
      I   Die Entstehungsgeschichte von Kryptowährungen 24
          1 Die Entstehung von Bitcoin - die Geburtsstunde des Phänomens «Blockchain» 24
          2 Die Entstehung von Ethereum – einer Smart-Contract-Plattform für dezentrale Anwendungen 27
          3 Die Entstehung von Aeternity – ein Blockchain-Protokoll, das aus Liechtenstein heraus entwickelt wurde 27
      II   Die Entstehung des Token- und VT-Dienstleister-Gesetzes 28

3. Teil Die Legaldefinition von Token nach dem TVTG 33
   § 1 Warum mit dem Token ein neues Rechtsobjekt eingeführt wurde 33
   § 2 Zu (1) «Informationen» 36
      A Was sind Informationen und Daten im Allgemeinen? 37
      I   Zum Begriff Daten aus technischer Sicht 37

II Zur zivilrechtlichen Einordnung von Daten 38
  1 Zur Frage der Unterstellung von Daten unter das Sachenrecht 39
    1.1 Vorbemerkungen zum liechtensteinischen Sachenrecht 40
    1.2 Zur Unterstellung digitaler Daten unter das Sachenrecht (res digitalis) 42
    1.3 Zur Nichtunterstellung unter das Sachenrecht 43
  2 Zur Einordnung von Daten unter die Immaterialgüterrechte 44
  3 Zur Anwendung des Urheberrechts auf Computerprogramme 45
  4 Zur Unterstellung von Daten unter das Datenbankrecht 46
III Fazit zur zivilrechtlichen Einordnung von Daten 47
B Zur «Information», die einen Token ausmacht 47
  I Vorbemerkung 47
  II Zu den systemeigenen Token (Coins) 49
    1 Zum Bitcoin-Token (bitcoin) 49
      1.1 Zur Bitcoin-Blockchain und dem Transaktionsmodell 49
      1.2 Zu den Unspent Transaction Outputs (UTXO) 52
      1.3 Zur Information, die einen Bitcoin-Token ausmacht 53
    2 Zum Ethereum-Token (Ether) 54
      2.1 Zur Ethereum Virtual Machine (EVM) 54
      2.2 Zur Information, die einen Ether-Token ausmacht 54
    3 Zur Entstehung von systemeigenen Token durch Mining 54
  III Zu Token im eigentlichen Sinn 56
    1.1 Zur Entstehung von Token durch Smart Contracts 56
    1.2 Zur Entstehung von Token durch Minting 57
    2 Zu den unterschiedlichen Token-Standards 57
      2.1 Allgemeines zu den auf Ethereum basierenden Token-Standards 57
      2.2 Zu ERC-20-Token (Fungible Token) 58
      2.3 Zu ERC-721 Token (Non-Fungible Token) 62
      2.4 Zu ERC-1400 Security Token (Share-Token) 63
    3 Auf Aeternity basierende Token 65
      3.1 Aeternity Fungible Token 66
      3.2 Aeternity Non-Fungible Token 66
  IV Zur Frage der Beherrschbarkeit von Daten 67
  V Fazit zur Information, die einen Token ausmacht 68
  VI Exkurs zum Token-Erzeuger nach TVTG 69

§ 3 Zu (2) «Auf einem VT-System» 71
A Vertrauenswürdige Technologien (VT) und VT-Systeme 71
  I Zu den Begriffsbestimmungen VT und VT-Systeme 74
    1 Zur Vertrauenswürdigkeit bei vertrauenswürdigen Technologien und VT-Systemen 78
    2 Zu den wesentlichen Lösungsansätzen, um digitale Transaktionen ohne Intermediäre zu ermöglichen 79

2.1 Zum Problem der byzantinischen Generäle 79
2.2 Double-Spend-Problem – Kopierbarkeit digitaler Informationen 80
2.3 Zum CAP-Theorem und dem Lösungsansatz durch Einsatz von Konsens-Algorithmen und Dezentralität 81
2.4 Zu den Angriffsmöglichkeiten (Attacken) auf VT-Systeme 82
3 Zur Veröffentlichung des Software-Quellcodes («Open-Source») 84
II Zu den funktionalen Tatbestandsmerkmalen der Begriffsdefinitionen VT und VT-Systeme 85
1 Zur (1) Integrität von Token 86
2 Zu (2) der eindeutigen Zuordnung von Token zu VT-Identifikatoren 86
3 Zu (3) Verfügung über Token 87
4 Zu (4) VT-Systemen 87
III Zur Übertragung von Token durch Verfügung über Token nach Art. 6 TVTG 88
1 Zu Art. 6 und den Verfügungen über Token mittels einer eigenen Übertragungsordnung 88
2 Zur Übertragung nach den Regeln des VT-Systems 90
2.1 Zu on-chain-Übertragungen 90
2.2 Zu off-chain-Übertragungen 91
B Fazit zu den Begriffen «VT» und «VT-System» 95
§ 4 Zu (3) der Repräsentation von Rechten 97
A Allgemeines zur Repräsentation von Rechten 97
I Das Token-Container-Modell {«TCM»} 97
1 Zu intrinsischen Token – leere Container nach dem Token-Container-Modell {TCM} 98
2 Intrinsische Token als Gattungs- oder Speziesschuld? 99
3 Zu extrinsischen Token – mit Rechten «gefüllten Containern» 101
II Zu den Funktionen von Token bei der Repräsentation von Rechten 101
1 Zu Art. 8 TVTG – der Legitimations- und Befreiungswirkung bei der Repräsentation von Rechten 101
1.1 Zur Situation bei intrinsischen Token 103
1.2 Zur Situation bei Wertrechten 103
1.3 Zur Situation bei extrinsischen Token 104
III Zur Tokenisierungsklausel bei extrinsischen Token 105
IV Zwischenfazit zur Repräsentation von Rechten 107
B Zu (3a) Forderungs- oder Mitgliedschaftsrechte gegenüber einer Person 108
I Zur Repräsentation von Forderungsrechten 108
1 Zur Anwendbarkeit der Legitimations- und Befreiungswirkung 110
2 Zur Tokenisierung am Beispiel eines Kaufvertrages über eine Uhr 110
II Zur Repräsentation von Mitgliedschaftsrechten und den Wertrechten 112
1 Von physischen Wertpapieren über Forderungen und Mitgliedschaftsrechte hin zu Wertrechten und einem elektronischen Registersystem unter Einsatz von VT-Systemen 113

2 Zum Wertrechtebegriff nach § 81a SchlT PGR – „funktionsäquivalente Wertpapiere in tokenisierter Form" 115
3 Zur Übertragung von Wertrechten am Beispiel von Inhaberaktien einer Aktiengesellschaft in Form von Token 117
III Zu Forderungs- und Mitgliedschaftsrechten in Form von Wertrechten in (Security-)Token und der aufsichtsrechtlichen Einordnung 119
IV Zur Bestellung beschränkt dinglicher Rechte (insb. Verpfändung und Nutzniessung) von Wertrechten nach § 81a Abs. 4 SchlT PGR 123
V Fazit zu Forderungs- oder Mitgliedschaftsrechten gegenüber einer Person 123
C Zu (3b) Rechten an Sachen 124
I Zum Koordinationsbefehl nach Art. 7 Abs. 2 TVTG bei der Repräsentation von Rechten an Sachen 126
II Zur Eigentumsübertragung durch Besitzübertragungssurrogate 129
1 Die Besitzanweisung nach Art. 503 SR 130
1.1 Zur Besitzanweisung bei in Token repräsentierten Rechten 133
2 Zum Besitzkonstitut nach Art. 503 SR 135
2.1 Zum Besitzkonstitut bei in Token repräsentierten Rechten 136
III Zum Problemfall von konkurrierenden Verfügungen bei der Repräsentation von Rechten an Sachen 137
IV Zum Sonderfall des physischen Validators 140
V Zur Bestellung von Pfandrechten an beweglichen Sachen nach Art. 365 SR unter Berücksichtigung des Faustpfandprinzips 141
1 Zur Veranschaulichung der Repräsentation von Rechten an Sachen anhand von Beispielfällen 143
1.1 Beispielfall 1 – Repräsentation von Eigentumsrechten an einer Uhr ... 143
1.2 Beispielfall 2 – Repräsentation von Eigentums- und Nutzungsrechten in Token zum Betrieb eines Snowboard-Verleihs 147
VI Zum Sonderfall der Repräsentation von Rechten an Immobilien 148
VII Fazit zur Repräsentation von Rechten an Sachen 148
D Zu (3c) den anderen absoluten oder relativen Rechten 149
I Zu Immaterialgüter- und Schutzrechten 149
1 Zur Repräsentation von Urheberrechten in Token 151
2 Zur Repräsentation von Nutzungsrechten (Vermögensrechten) an geschützten Werken in Token 152
II Fazit zu anderen absoluten oder relativen Rechten 153
§ 5 Zu (4) der Zuordnung zu VT-Identifikatoren 154
I Zur Umsetzung im TVTG 154
1 Einführung eines eigenen Begriffes für „öffentliche Schlüssel" 154
II Zur Zuordnung aus technischer Sicht und dem technologieneutralen Ansatz 154
1 Zur technischen Umsetzung bei Bitcoin 155

1.1 Allgemeines zu den VT-Identifikatoren bei Bitcoin 155
1.2 Pay-to-Public-Key-Hash (P2PKH) "Adressen" 156
1.3 Pay-to-Script-Hash (P2SH) "Adressen" 157
2 Zur technischen Umsetzung bei Ethereum 160
2.1 Zu den Ethereum-Adressen, die eine Zuordnung zu Personen ermöglichen (externally owned accounts, EOA) 160
2.2 Smart-Contract-Accounts – Adressen, die Smart Contracts identifizieren.. 161
III Fazit zur Zuordnung zu VT-Identifikatoren 162

4. Teil Schlussbetrachtung 165

Literatur- und Materialienverzeichnis 173

Stichwortverzeichnis 185

Abbildungsverzeichnis

Abbildung 1 Zentral, Dezentral und Verteilt 11
Abbildung 2 Forderungs- und Mitgliedschaftsrechte 112
Abbildung 3 Repräsentation von Eigentumsrechten an einer Uhr 143
Abbildung 4 Repräsentation von Rechten beim Verleih von Snowboards 147

Abkürzungsverzeichnis

ABGB	Allgemeines Bürgerliches Gesetzbuch
Abk.	Abkürzung
Abs.	Absatz
AE	Aeternity
AJU	Amt für Justiz des Fürstentums Liechtenstein
AML	Anti-Money-Laundering
App	Application Software
Art.	Artikel
ATH	All Time High
bspw.	beispielsweise
Bst.	Buchstabe
BTC	bitcoin
BuA	Bericht und Antrag der Regierung des Fürstentums Liechtenstein
bzw.	beziehungsweise
CAP	Consistency, Availability and Partition / Konsistenz, Verfügbarkeit und Teilungstoleranz
CBDC	Central Bank Digital Currency
CHF	Schweizer Franken
chOR	Schweizerisches Obligationenrecht
chZGB	Schweizerisches Zivilgesetzbuch
DAO	Decentralized Autonomous Organization
dApp	dezentralisierte Applikation
DBMS	Database Management System
DesG	Designgesetz
DesV	Designverordnung

d.h.	das heisst
DLT	Distributed Ledger Technology
DNS	Domain Name System
EAN	European Article Number
EIP	Ethereum Improvement Proposal
engl.	Englisch
ENS	Ethereum Name Service
EOA	Externally owned Accounts
ERC	Ethereum Request for Comments
ErwG	Erwägungsgrund
EU	Europäische Union
EVM	Ethereum Virtual Machine
EWR	Europäischer Wirtschaftsraum
f.	folgende
ff.	fortfolgende
FMA	Finanzmarktaufsicht Liechtenstein
Fn.	Fussnote
FrWG	Gesetz betreffend die Einführung der Frankenwährung
FTS	Follow-the-Satoshi
grds.	grundsätzlich
GTIN	Global Trade Item Number
GUI	Graphical User Interface
h.A.	herrschende Ansicht
Hrsg.	Herausgeber(schaft)
ICO	Initial Coin Offering
i.d.g.F.	in der geltenden Fassung

i.d.R.	in der Regel
insb.	Insbesondere
i.S.d.	im Sinne des
i.S.v.	im Sinne von
ITO	Initial Token Offerings
i.V.m.	in Verbindung mit
KYC	Know-your-Customer
leg. cit.	legis citatae (die zitierte Gesetzesstelle)
lit.	litera(e)
LJZ	Liechtensteinische Juristenzeitung
m.E.	meines Erachtens
MiCA	Markets in Crypto-Assets
Mio.	Millionen
MPF	Ministerium für Präsidiales und Finanzen
Mrd.	Milliarden
MSchG	Markenschutzgesetz
MTF	Multilateral Trading Facility / Multilateraler Handelsplatz
m.w.N.	mit weiteren Nachweisen
NFT	non-fungible token / nicht fungible Token
Nr.	Nummer
OGH	Oberster Gerichtshof des Fürstentums Liechtenstein
öABGB	(österreichisches) Allgemeines Bürgerliches Gesetzbuch
OTC	Over-the-Counter
P2PKH	Pay-to-Public-Key-Hash
P2SH	Pay-to-Script-Hash
PIN	Personal Identification Number

PGR	Personen- und Gesellschaftsrecht
PoS	Proof-of-Stake Algorithmus
PoW	Proof-of-Work Algorithmus
RL	Richtlinie
Rz.	Randziffer
S.	Seite(n)
SchlT PGR	Schlussabteilung des Personen- und Gesellschaftsrechts
SEC	U.S. Securities and Exchange Commission
Sog.	Sogenannten
SPG	Sorgfaltspflichtgesetz
SPV	Simplified Payment Verification
SR	Sachenrecht
StGB	Strafgesetzbuch
StGH	Staatsgerichtshof des Fürstentums Liechtenstein
STO	Security Token Offering
TCM	Token-Container-Modell
TGE	Token Generating Event
ToG	Topographiengesetz
TVTG	Token- und VT-Dienstleister-Gesetz
u.a.	und andere / unter anderem
URG	Urheberrechtsgesetz
URL	Uniform Resource Locator / einheitlicher Ressourcenanzeiger
USB	Universal Serial Bus / Busssystem für Computer
USD	US-Dollar
usw.	und so weiter
UTXO	Unspent Transaction Output

u.U.	unter Umständen
v.a.	vor allem
vgl.	vergleiche
VO	Verordnung
VT	vertrauenswürdige Technologie
z.B.	zum Beispiel
Ziff.	Ziffer(n)
z.T.	zum Teil
XBT	bitcoin

1. TEIL EINLEITUNG

§ 1 Ausgangslage

Technologische Entwicklungen haben in der Geschichte immer wieder die Welt revolutioniert und verändert. Die rechtliche Einordnung der damit einhergehenden Probleme stellt dabei meist eine grosse Herausforderung dar.

Das IT-Recht fordert vom Rechtsanwender nicht nur juristischen Sachverstand, sondern auch ein breites Wissen im Bereich der Informationstechnologien. Manchmal können kompliziert erscheinende IT-Phänomene rechtlich durchaus einfach eingeordnet werden. Manchmal aber auch nicht.

Liechtenstein hat sich in den letzten Jahren als attraktiver Standort für Unternehmen im **Finanztechnologiebereich** (sog. **FinTech**s) herausgestellt. Von diesen Unternehmern werden insbesondere der EWR-Zugang, die regulatorischen Rahmenbedingungen und die vielzitierten „kurzen Wege" in Liechtenstein geschätzt. FinTechs setzen neue oder bestehende Technologien ein, um Services im Finanzbereich auf andere, meist effizientere Art und Weise anzubieten. Seit einigen Jahren finden sich unter diesen neuen Technologien auch immer mehr «**Blockchain**» und «**Distributed-Ledger-Technologien**». Naturgemäss führen auch diese neuen technischen Erscheinungen zu vielen rechtlichen Herausforderungen.

Der liechtensteinische Gesetzgeber hat viele dieser Fragen mit einem eigenen Rahmengesetz, dem Token- und VT-Dienstleister-Gesetz (TVTG), sowie weiteren Anpassungen, insb. der Schlussabteilung des Personen- und Gesellschaftsrechts, aufgenommen. Vor Augen hatte er dabei die digitale Wirtschaft, die sog. «Token-Ökonomie». Ziel des gesetzgeberischen Ansatzes ist es, den rechtlichen Rahmen für die zum Teil neuen digitalen Prozesse zu schaffen. Im Fokus standen dabei jene Transaktionen, mit denen Werte transferiert werden können. Die Nutzer der Technologie müssen dabei auf die Durchsetzbarkeit der Transaktionen vertrauen können (Verkehrsschutz). Zu Beginn ist man allgemein davon ausgegangen, dass die interessanten Anwendungen neben den Kryptowährungen im Finanzbereich liegen. Bald hat sich aber gezeigt, dass eine passende Rechtsgrundlage denkbar ist, die wesentlich breitere Anwendung finden könnte. Im Kern steht dabei die Einführung eines neuen Rechtsobjekts durch die Legaldefinition des Begriffes «Token» im TVTG. Es musste ein Rechtsobjekt eingeführt werden, das wie ein Wertpapier Werte – allerdings digital – übertragen kann. Der Token ist daher definiert als eine Art «Container», der Rechte repräsentieren kann und die Voraussetzungen schafft, um die Verbindung zu den Rechtssubjekten herzustellen. Damit betrat das TVTG Neuland und definiert den Token erstmals.

§ 2 Gegenstand und Ziel dieser Arbeit

Das durch das TVTG neu eingeführte Rechtsobjekt, der Token, und dessen tatbestandsmässige Erfassung (im Sinne einer rechtlichen Einordnung) stehen im Zentrum dieser Arbeit. Erst die rechtliche Einordnung ermöglicht es dann in der Folge, auf die daraus resultierenden Rechtsfolgen bzw. Rechtsfragen hinzuweisen.

Als Vorbemerkung werden die technologischen Grundlagen, vorwiegend anhand von Bitcoin, erläutert und die drei Kerntechnologien, die hinter dem Begriff «Blockchain» stehen, beleuchtet. In der Folge wird die Legaldefinition des Token in die einzelnen Tatbestandselemente aufgeteilt und analysiert. Die Arbeit unterscheidet zwischen Token, die keine Rechte repräsentieren (intrinsische Token) und denen, die Rechte repräsentieren (extrinsische Token) und daher ihren Wert von externen Rechten ableiten. Das bereits im Titel der Arbeit genannte «Token-Container-Modell» dient dabei zur Veranschaulichung der Repräsentation von Rechten in Token. Besonderes Augenmerk wird bei der Repräsentation von Rechten in Token auf die Verbindung zwischen Token und repräsentiertem Recht gelegt. Hier soll durch den Vorschlag einer «Tokenisierungsklausel»[1], insb. bei der Repräsentation von Rechten an Sachen, jene Fragen beantwortet werden, die in den Gesetzesmaterialien nur angeschnitten wurden. Dies mit dem Ziel, dem Koordinationsbefehl in Art. 7 TVTG Nachachtung zu verschaffen. Auch das sog. «Beziehungsmodell» zwischen Token, VT-Identifikator und VT-Schlüssel wird eingehend beleuchtet. Überhaupt werden die Begriffe des TVTG, sofern für das Verständnis der Legaldefinition des Token notwendig, behandelt.

Die durch das TVTG neu eingeführten Dienstleister werden nur besprochen, sofern es sich ergibt. So wird der Token-Erzeuger bspw. dort behandelt, wo die unterschiedlichen Arten, wie Token entstehen können, besprochen werden. Der physische Validator wird bei der Repräsentation von Rechten an Sachen nur andiskutiert.

---

[1] Der Begriff ist durch die Analyse entstanden und lehnt sich an die Urkundenklausel im Wertpapierrecht an.

Die Aufarbeitung beginnt mit der Frage, was das TVTG hinsichtlich Token unter «Information» versteht. Dabei wird vorwiegend nicht auf juristische Fachliteratur zurückgegriffen, sondern meist auf Internetquellen verwiesen. Die bestehende juristische Literatur befasst sich zum Teil auch mit den technologischen Grundlagen, streift diese aber nur an der Oberfläche. Dies reicht nicht aus, um bspw. die in der Praxis verwendeten Begriffe wie «Private-Key», «Adresse», «Pay-to-Script-Hash» und ähnliche unter den Begriff «VT-Identifikator» zu subsumieren. Zudem ist der Ansatz von Liechtenstein bis dato ungesehen und es ist daher notwendig, die zwei technologischen Umsetzungen (Bitcoin und Ethereum), die auch der Regierung als Beispiel dienten, genauer zu analysieren. Als Quellen dienen daher auch softwarebezogene Webseiten wie github.com oder Literatur aus dem Bereich der Informationstechnologien.

Das vorliegende Werk hat als Ziel die umfassende Einordnung von Token nach dem TVTG und - wo notwendig - anderen Rechtsgrundlagen.

„Zentral für die Erkennung und die Bewältigung der rechtlichen Probleme moderner Finanzmarkttransaktionen ist [...] die präzise Ermittlung der tatsächlichen Grundlagen, also gleichsam des Tatbestands, den es juristisch zu würdigen gilt."[2]

Dies gilt nicht nur für den Bereich der modernen Finanzmarkttransaktionen, sondern gerade auch beim Einsatz von «**vertrauenswürdigen Technologien**» («VT») und dem gesamten TVTG.

Es bleibt noch darauf hinzuweisen, dass die Arbeit sich an den Begriffsbestimmungen in Art. 2 und an der Diktion des TVTG orientiert. So wird für Blockchain- und/oder Distributed-Ledger-Technologien meist der Begriff «vertrauenswürdige Technologien» oder eben die Abkürzung «VT» verwendet. Statt «Private-Key» wird der Begriff «VT-Schlüssel» benutzt.

---

[2] SCHWARZ, Globaler Effektenhandel. Eine rechtstatsächliche und rechtsvergleichende Studie zu Risiken, Dogmatik und Einzelfragen des Trading, Clearing und Settlement bei nationalen und internationalen Wertpapiertransaktionen (2016), S. 27.

2. TEIL EINFÜHRUNG

§ 1 Glossar

<u>Bitcoin</u>

Bitcoin steht für das Peer-to-Peer-Netzwerk, für die Open-Source-Software, für das dezentrale Hauptbuch (Blockchain), für die Software-Entwicklungsplattform sowie für die Transaktionsplattform.[3]

<u>bitcoins, BTC, XBT</u>

Die kleingeschriebene Variante steht für die Einheit der Kryptowährung, welche abgekürzt wird mit «BTC» oder «XBT». Gemäss der Norm für Währungsabkürzungen sollen Währungen, welche nicht von einem Staat herausgegeben werden, mit X beginnen, gefolgt von zwei Buchstaben, welche den Namen der Währung angeben.[4]

bitcoins werden unterteilt in:[5]

1 bitcoin	=	1 BTC
0.1 BTC	=	1 dBTC (1 Decibitcoin)
0.01 BTC	=	1 cBTC (1 Centbitcoin oder bitcent)
0.001 BTC	=	1 mBTC (1 Millibitcoin oder mbit)
0.000001 BTC	=	1 µBTC (1 Mikrobitcoin oder µbit)
0.00000001 BTC	=	1 Satoshi (kleinste teilbare Menge[6])

<u>Coins und Token</u>

Für den Begriff «Coin» besteht keine einheitliche Definition. Nutzer von vertrauenswürdigen Technologien nach Art. 2 Abs. 1 lit. a TVTG (abgekürzt «VT») unterscheiden meist zwischen Token und Coins[7], zum Teil werden diese Begriffe aber auch synonym verwendet. Unter „**Coins**" werden üblicherweise die systemeigenen Einheiten

---

[3] SIXT, Bitcoins und andere dezentrale Transaktionssysteme. Blockchains als Basis einer Kryptoökonomie (2017), S. 1.
[4] KERSCHER, Bitcoin. Funktionsweise, Risiken und Chancen der digitalen Währung[2] (2014), S. 10.
[5] KERSCHER, Bitcoin[2], S. 11.
[6] Benannt nach dem Pseudonym «Satoshi Nakamoto».
[7] Bekannteste Beispiele sind bitcoin oder Ether.

- Kryptowährungen wie bspw. bitcoin (BTC) oder Ether (ETH) – der jeweiligen Protokolle (entsprechend Bitcoin oder Ethereum) verstanden.[8] Token hingegen basieren auf einer Blockchain wie bspw. Ethereum, für deren Verwendung der Nutzer in Ether, dem Coin von Ethereum zahlt. Token können dabei unterschiedlichste Funktionen haben. Bitcoin wurde als intermediärloses Zahlungsmittel erschaffen und dient der Vermögensübertragung. Zugangstoken gewähren beispielsweise Zugriff auf ein Netzwerk oder Zugang zu einer Dienstleistung und wurden zu Zeiten der Initial Coin Offerings (ICOs) oft begeben, um die Entwicklung neuer Blockchain-Protokolle zu finanzieren.[9] Für diese Arbeit wird der Begriffsdefinition in Art. 2 Abs. 1 lit. c) TVTG folgend für alle Erscheinungsformen der Begriff „Token" verwendet.[10]

Fiat-Geld (Geld ohne inneren Wert)

In der Diskussion rund um Kryptowährungen hat sich der Begriff «Fiat» als Synonym für staatliche Währungen, wie den Schweizer Franken oder den Euro, etabliert. Fiat ist lateinisch, leitet sich vom Passivverb «fieri» ab und kann übersetzt werden mit «es sei getan», «es geschehe» oder auch «es werde». Ein bekanntes Beispiel für die Verwendung des Verbs «fieri» ist das Bibelzitat aus der Schöpfungsgeschichte «Fiat lux» (es werde Licht!). Es handelt sich um eine «creatio ex nihilo», eine Schöpfung aus dem Nichts. Fiat-Geld ist ein Tauschmittel ohne intrinsischen (inneren) Wert, welches (aus dem Nichts) durch einen Gesetzgebungsakt als Zahlungsmittel geschaffen wird. Die Schaffung durch den Staat unterscheidet eine 100-Schweizer-Franken-Banknote auch von der 100-Schweizer-Franken-Note, welche als Spielgeld dient und vom Spielehersteller gedruckt wird. Mit der Banknote kann man in Restaurants zahlen, mit dem Spielgeld nicht. Eines der entscheidenden Kriterien zur Abgrenzung von anderen Erscheinungsformen ist die Akzeptanz als Zahlungsmittel. Gesetzliche Zahlungsmittel müssen in der jeweiligen Jurisdiktion von den Gläubigern angenommen werden, widrigenfalls sie sich im Annahmeverzug befinden.[11] Die Akzeptanz ist, auch

---

[8] Vgl. auch schon NÄGELE/BERGT, Kryptowährungen und Blockchain-Technologie im liechtensteinischen Aufsichtsrecht, LJZ 2018, S. 64 f.
[9] LANGER/NÄGELE, Blockchain- und tokenbasierte Unternehmen in Liechtenstein, IWB 2018, S. 3 f.
[10] M.w.N. NÄGELE, Sekundärmarkt für Security Token (2020), S. 9 f.
[11] REGIERUNG DES FÜRSTENTUMS LIECHTENSTEIN, BuA Nr. 54/2019, S. 12.

wenn gesetzlich vorgeschrieben, nicht ohne weiteres bzw. bis in alle Ewigkeit gegeben; so haben bspw. die Bewohner von Moskau in den 1980er Jahren Zigaretten als Zahlungsmittel dem Rubel vorgezogen.[12]

Miner

«Miner» sind Nodes, welche die Mining-Funktion ausführen. Dies mit dem Ziel, bei bspw. der Bitcoin-Blockchain ca. alle zehn Minuten einen neuen Block an die Blockchain anzuhängen. In den meisten Fällen speichern die Miner nicht die gesamte Blockchain (Funktion: «Full-Blockchain»), sondern «kennen» nur den letzten Block.

Node

Unter «Nodes» werden Teilnehmer eines Netzwerks verstanden. So werden die Teilnehmer des Bitcoin-Blockchain-Netzwerkes als Nodes bezeichnet. Dabei gibt es verschiedene Arten von Nodes, die jeweils unterschiedliche Funktionen haben. Die Nodes sind untereinander zwar alle gleichberechtigt, müssen aber nicht zwangsläufig die gleichen Funktionen ausüben.

(Full-)Node

Ein «Full-Node» führt alle vier wesentlichen Funktionen aus, die für die Funktion der Bitcoin-Blockchain notwendig sind. Diese sind:

- «(Network-)Routing-Node»,
- «Full-Blockchain»,
- «Mining», und
- «Wallet».

Jeder Node muss als Weiterleitungsknoten („Routing-Node") funktionieren. Die anderen drei Funktionen kommen in unterschiedlicher Kombination vor. Die Funktion «Full-Blockchain» speichert eine Kopie der gesamten Blockchain-Datenbank. Die meisten «Wallets» speichern keine Kopie der gesamten Datenbank, sondern stellen (nur) die Wallet-Funktion zur Verfügung (vgl. den Begriff Wallet im Folgenden). Auch die Miner speichern i.d.R. keine Kopie der gesamten Datenbank (vgl. die Begriffsdefinition zu Mining).[13]

---

[12] Vgl. zu Fiat money und der Schaffung durch Staaten MANKIW, Principles of economics² (2001), S. 611; Vgl. zu "Fiat" und der Begriffsherkunft in Wikipedia, Fiatgeld (23.01.2021, https://de.wikipedia.org/w/index.php?title=Fiatgeld&oldid=206054572).

[13] ANTONOPOULOS, Mastering bitcoin. Programming the open blockchain (June 2017), S. 188 ff.

Smart Contract

Auf der Basis von verschiedenen VT wie insb. Ethereum[14] oder Aeternity[15] ist es möglich, eigene Token mit individuellen Funktionen zu erstellen. Den Funktionsumfang des jeweiligen Token definiert ein Softwareprogrammierer in der jeweiligen Programmiersprache[16]. Damit neue Token möglichst einfach untereinander kompatibel bleiben, wurden Standards wie bspw. der ERC-20-Standard[17] entwickelt. Kompatibel sind die Token dabei aber regelmässig nur mit anderen Token, die auf der gleichen Technologie basieren. Eine Vielzahl der Token-Emissionen, Initial-Coin-Offerings («ICOs»), hatten Token zum Inhalt, die auf Basis des ERC-20-Standards entwickelt wurden. Durch die Standardisierung können Smart Contracts relativ einfach mit anderen Token interagieren. Das ist insb. dann wichtig, wenn Smart Contracts bei anderen Smart Contracts automatisiert Folgeereignisse auslösen sollen. Das Paradebeispiel ist die Auslösung einer Zahlung in einer Kryptowährung.

Stablecoin

Hierbei handelt es sich um Token, die von einem Emittenten ausgegeben werden und deren Wert von verschiedenen gesetzlichen Währungen, Waren, Kryptowährungen oder einer Kombination solcher Werte abgeleitet wird. Die Europäische Kommission verwendet in ihrem Entwurf für eine «Markets-in-Crypto-Assets-Verordnung» für Stablecoins den Begriff «**wertreferenzierte Token**».[18]

---

[14] ETHEREUM, Ethereum is a global, open-source platform for decentralized applications, https://ethereum.org/ (14.04.2020).

[15] AETERNITY, a blockchain for scalable, secure and decentralized æpps, https://aeternity.com/ (16.04.2020).

[16] Die Programmiersprache, welche für Smart Contracts auf der Ethereum-Blockchain verwendet wird, wird Solidity genannt; ETHEREUM, Solidity, https://github.com/ethereum/solidity (12.02.2021); Bei Aeternity heisst die Sprache Sophia und ist ganz ähnlich aufgebaut wie Solidity; AETERNITY, The Sophia Language, https://aeternity.com/documentation-hub/protocol/contracts/sophia (12.02.2021).

[17] BUTERIN/VOGELSTELLER, ethereum/EIPs 20, https://github.com/ethereum/EIPs/blob/master/EIPS/eip-20.md (02.02.2021).

[18] EUROPÄISCHE KOMMISSION, Vorschlag für eine Verordnung für Markets in Crypto-assets (MiCA), https://eur-lex.europa.eu/legal-content/EN/TXT/?uri=CELEX:52020PC0593 (21.01.2021); Vgl. die Übersicht über die unterschiedlichen Token-Klassen bei der MiCa NÄGELE, MiCA — Markets in Crypto-assets Regulation and the DLT Pilot Regime — What impact might these proposed EU regulations have on Liechtenstein and the TVTG (aka Blockchain Act)? https://thomas-naegele.medium.com/mica-markets-in-crypto-assets-mica-and-dlt-pilot-regime-what-impacts-do-these-proposed-eu-fc3b85609dca .

Token-Ökonomie

Unter «**Token-Ökonomie**» wird die Digitalisierung der Wirtschaft durch «Tokenisierung» von Vermögenswerten verstanden.[19] Der Begriff ist bis dato nicht wissenschaftlich definiert und umfasst alle Anwendungen von Token in jedem Bereich der Wirtschaft, insb. auch des Finanzmarkts.[20] Die Tokenisierung von Vermögenswerten schafft dabei höhere Rechtssicherheit in digitalen Transaktionen und erhöht die Effizienz und das Vertrauen in der digitalen Wirtschaft.[21] Die Token-Ökonomie ist deshalb als Teil der Digitalisierung der Wirtschaft zu sehen und fügt sich so in die Entwicklung der letzten Jahrzehnte ein.[22] Durch **Token, welche Rechte repräsentieren** können, werden die **Vermögenswerte** von Smart Contracts **digital ansprechbar**. Mit anderen Worten kann man über das Recht durch digitale Befehle verfügen. Dies bildet die Basis der Token-Ökonomie: Eine voll digitale Wirtschaft, bei der Token die Rechte digital repräsentieren können, entsteht.

Tokenisierung

«**Tokenisierung**» beschreibt den Vorgang, der dazu notwendig ist, dass Token Rechte repräsentieren können. Darunter fällt auf der einen Seite die technische Ausgestaltung der Token nach den Anforderungen der Rechte-Repräsentation und auf der anderen Seite die rechtliche Verbindung zwischen dem Token und dem repräsentierten Recht. Das TVTG bzw. die Gesetzesmaterialien sprechen davon, dass der Token eine Art «Container zur Repräsentation von Rechten» sei. Mittlerweile hat sich der Begriff «Token-Container-Modell» etabliert.[23] Der Prozess der «Tokenisierung» ist mit der Verbriefung aus dem Wertpapierrecht vergleichbar.

Tokenholder = Verfügungsberechtigter über den Token

Der Begriff «**Tokenholder**» wird in der Praxis oft unscharf sowohl für den «Eigentümer» als auch «Besitzer» des Token verwendet. Der Begriff Tokenholder setzt sich zusammen aus «Token» und «holder» (vom englischen Begriff «holder», was sich mit

---

[19] HASLER, Rechtssicherheit für die Token-Ökonomie, NZZ Neue Zürcher Zeitung AG.
[20] Vgl. zur Frage, wie Tokenisierung den Finanzmarkt verändern könnte SUNYAEV/KANNENGIEẞER/BECK/TREIBLMAIER/LACITY/KRANZ/FRIDGEN/SPANKOWSKI/LUCKOW, Token Economy 2021, S. 16 f.
[21] DÜNSER, Legalize Blockchain. How States Should Deal with Today's Most Promising Technology to foster prosperity (2020), S. 38 ff.
[22] DÜNSER, Legalize Blockchain, S. 38 f.
[23] Vgl. bspw. auch schon die Ausführungen zum Token-Container-Modell in NÄGELE/XANDER, ICOs und STOs im liechtensteinischen Recht, in *Piska/Völkel* (Hrsg.), Blockchain rules (2019), S. 394 ff.

«Besitzer» übersetzen lässt). Das TVTG spricht aber nicht von Besitz und Eigentum. Im System des TVTG ist der Tokenholder jene Person, die Inhaber der **Verfügungsberechtigung** über einen Token ist (Eigentümer). Davon zu unterscheiden ist diejenige Person, die **Verfügungsgewalt** über den Token hat. Diese ist mit einem Besitzer einer Sache zu vergleichen. Er kann zwar verfügen, darf es mitunter aber nicht.

Wallet

Der Begriff Wallet ist mehrfach besetzt. Primär steht er für eine Softwareanwendung, die als Benutzeroberfläche dient. Die Software ermöglicht dabei, über die Token zu verfügen, verwaltet die VT-Schlüssel und VT-Identifikatoren, zeigt die Bestände an und erstellt und signiert Transaktionen.[24] Diese Softwareanwendung wird auch «SPV-Wallet» genannt. Dabei ist «SPV» die englischsprachige Abkürzung für «Simplified Payment Verification». Es handelt sich um einen Node, also einen Teilnehmer eines Blockchain-Netzwerkes, der die Wallet-Funktion ausübt. Im Unterschied zu einem Full-Node speichert ein Wallet-Node keine Kopie der gesamten Blockchain.

Zeitstempel (timestamp)

Bei VT-Systemen in Form von Blockchains enthalten die Blöcke meistens einen Zeitstempel („**timestamp**"). Damit eignen sich Blockchains besonders, um vergleichsweise einfach und unveränderbar einen bestimmten (Daten-)Status zu einem gewissen Zeitpunkt zu dokumentieren. Dabei wird der «Hash» des Datenstandes in eine Transaktion geschrieben, die dann wiederum bei der Einfügung in einen Block mit einem Zeitstempel versehen wird. Dies erlaubt es jedermann, einfach und öffentlich zugänglich durch das Aufrufen einer Webseite zu prüfen, zu welchem Zeitpunkt (auf ein paar Minuten genau) der Hash durch die Blockchain „dokumentiert" wurde. Eine mögliche Anwendung ist die Umsetzung der digitalen Signatur unter Verwendung von VT-Systemen.[25]

---

[24] ANTONOPOULOS, Mastering bitcoin, S. 93.

[25] Blockaxs verwendet die Stellar Blockchain, um Verträge digital zu unterschreiben. Dabei wird ein Hash des Dokuments in Transaktionen auf der Stellar Blockchain geschrieben: BLOCKAXS, Innovatives Vertragsmanagement der Zukunft, https://blockaxs.com/ (25.02.2021).

Einführung

Zentral, Dezentralisiert (engl. Decentralized) und Verteilt (engl. Distributed)

In einem zentralen Netzwerk gibt es meist nur eine zentrale Instanz (Server), welche die Kontrolle hat. Das bedeutet aber auch, dass bei Angriffen nur die zentrale Instanz

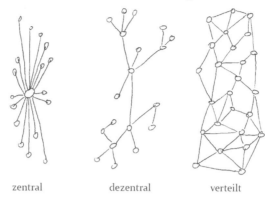

zentral   dezentral   verteilt

Abbildung 1 Zentral, Dezentral und Verteilt

angegriffen werden muss. Es handelt sich also um eine einzelne Fehlerstelle («single point of failure»), die zum Ausfall des gesamten Netzwerks führt. Denn fällt der Server aus, können die Clients keine Daten mehr austauschen. Die Clients speichern im Ergebnis die Daten sinnhafterweise in der zentralen Datenbank des Servers, damit alle über die gleichen Daten verfügen können. Dezentralisierung hingegen sieht vor, dass es mehrere Server gibt, welche untereinander verbunden sind. Diese Server teilen sich die Aufgaben auf. Durch diese Verteilung bzw. Aufteilung der Aufgaben auf viele dezentrale Server ist die Ausfallwahrscheinlichkeit wesentlich geringer als bei zentralen Systemen (vgl. die Abbildung: Fällt ein Knotenpunkt aus, der die Äste mit dem Netzwerk verbindet, verlieren diese aber den Zugang zum Netzwerk). Dezentrale Netzwerke sind dabei eine Unterform von verteilten (distributed) Netzwerken. Die Hauptunterschiede zwischen verteilten und dezentralen Netzwerken liegen darin, wo und wie Entscheidungen getroffen und wie Informationen im Netzwerk verteilt werden.[26] In einem verteilten Netzwerk gibt es keine zentralen Server mehr, weshalb der Ausfall eines Teilnehmers nicht zu Beeinträchtigungen führt (no single point

---

[26] Vgl. auch EAGAR, What is the difference between decentralized and distributed systems? EcoNova.

of failure)[27]. Vgl. die Abbildung 1[28]; Jeder Node («Teilnehmer») hat mehrere Verbindungen zum Netzwerk und der Ausfall eines Nodes hat keinen Einfluss auf das Gesamtsystem.

§ 2 Die technischen Grundlagen hinter der Blockchain-Technologie

I Die drei Kerntechnologien hinter der Blockchain-Technologie

Um vertrauenswürdige Technologien zu verstehen, muss man vorgängig den Begriff «Blockchain» und die einzelnen technischen Grundlagen verstehen. Die wesentlichen drei technologischen Grundlagen für Blockchain-Systeme – die in der Folge erläutert werden sollen - sind dabei:

1. Peer-to-peer-Netzwerke;

2. Asymmetrische-Verschlüsselung; und

3. Hashing.[29]

1 Peer-to-peer Netzwerk

Für die Anwendung in «vertrauenswürdigen Technologien» werden die Transaktionen nicht über eine zentrale Stelle – bspw. die Server eines Finanzintermediärs (wie einer Bank) abgewickelt -, sondern direkt zwischen den angeschlossenen Computern.[30] Dabei spielt die Art des verwendeten Computernetzwerkes eine entscheidende Rolle, ob eine Technologie als vertrauenswürdig i.S.d. TVTG angesehen werden kann oder nicht.

Computernetzwerke lassen sich nach verschiedenen Kriterien einteilen. Ein wesentliches Kriterium ist die Einteilung nach der Art der Arbeitsaufteilung der Netzwerkteilnehmer. Es werden «Client-Server-Netzwerke» von «Peer-to-Peer-Netzwerken» unterschieden. Client-Server-Netzwerke sind hochgradig zentralisierte Netzwerke, bei denen die Server an zentraler Stelle Ressourcen und Funktionen zur Verfügung stellen und Clients (die Arbeitsstationen) diese in Anspruch nehmen. Die zentralen

---

[27] Sofern es nicht zu einem gleichzeitigen Ausfall so vieler Teilnehmer kommt, dass es wiederum zu Datenverlusten und Betriebsausfällen führt.

[28] Basierend auf Fig. 1 Centralized, Decentralized and Distributed Networks; BARAN, On Distributed Communications. Introduction to Distributed Communications Networks (1964), S. 2.

[29] VAN HIJFTE, Blockchain Platforms. A Look at the Underbelly of Distributed Platforms (2020), S. 33.

[30] BUCHLEITNER/RABL, Blockchain und Smart Contracts, ecolex 2017, S. 4.

Server sind der «single point of truth». Daher haben bei einer Banktransaktion die Bankkunden faktisch keine Kontrolle über die Datenstände bei den involvierten Systemen.

Bei Peer-to-Peer-Netzwerken hingegen sind die Netzwerkteilnehmer («Clients» oder «Arbeitsstationen») prinzipiell gleichberechtigt («peer» kann man etwa mit «Kollege» oder «Gleichgestellter» übersetzen). Jeder Netzwerkteilnehmer stellt also die Ressourcen seines eigenen Rechners den anderen Teilnehmern zur Verfügung.[31] Somit ist jeder Teilnehmer gleichzeitig «Server» und «Client» und die Kontrolle wird von allen Teilnehmern geteilt.[32] Bei der Übertragung der Informationen zwischen den verschiedenen Nodes (Teilnehmern) kann es dazu kommen, dass verschiedene Nodes verschiedene Informationsstände haben (bspw. veraltete Informationen oder bewusst veränderte Informationen). Es gibt keinen «single point of truth».[33] Es ist also wesentlich, welchen Teilnehmern – wenn überhaupt - man «vertrauen» kann. Ohne zentrale Server gibt es zwei Techniken, um Vertrauen zu schaffen. Einerseits dadurch, dass alle Teilnehmer im Netzwerk über die gleichen Informationen verfügen (Anwendung eines sog. «Gossip-Protokolls») und andererseits durch Konzepte, die auf «lokaler» Reputation aufbauen.[34]

2 Asymmetrische Verschlüsselung

Kern der asymmetrischen[35] Verschlüsselung (auch als «Public-Key-Verfahren» bezeichnet) bildet ein **Schlüsselpaar** aus einem öffentlichen und einem privaten Schlüssel. Für die Verschlüsselung wird ein anderer Schlüssel («Public-Key») wie für die Entschlüsselung («Private-Key») verwendet. Der öffentliche Schlüssel kann und soll – wie der Name schon vermuten lässt – jedermann bekannt sein. Der private Schlüssel hingegen ist sicher aufzubewahren und kann vereinfacht als Passwort betrachtet werden. Kennt man den Public-Key des Empfängers, kann man jede beliebige Information oder Nachricht mit dem bekannten Public-Key verschlüsseln. Diese Verschlüsselung kann nur von der Person entschlüsselt werden, welche über den pas-

---

[31] KERSKEN, IT-Handbuch für Fachinformatiker[6] (2013), S. 194.
[32] VAN HIJFTE, Blockchain Platforms, S. 7.
[33] Es gibt keine zentrale Stelle, welche festlegt, was der richtige Informationsstand ist.
[34] VAN HIJFTE, Blockchain Platforms, S. 8 f.
[35] Im Gegensatz zur symmetrischen Verschlüsselung, bei der zur Verschlüsselung und Entschlüsselung derselbe Schlüssel verwendet wird; Der Schlüssel muss also sicher ausgetauscht werden, was die Anwendung bspw. im Internet verunmöglicht; Vgl. KERSKEN, IT-Handbuch für Fachinformatiker[6], S. 1129.

senden «Private-Key» zum «Public-Key» verfügt, mit welchem die Nachricht verschlüsselt wurde. Eingesetzt werden diese asymmetrischen Verschlüsselungstechnologien neben vertrauenswürdigen Technologien wie Blockchain/DLT-Systemen bspw. im Internet (SSL) und für E-Mails (PGP, S/MIME).[36]

3 Hash-Funktion

Unter der «Hash-Funktion» oder auch unter «**Hashing**» versteht man die Anwendung von bestimmten Algorithmen, um eine Eingabe willkürlicher Länge oder Grösse in eine Ausgabe bestimmter Länge zu verwandeln. Diese Ausgabe wird auch «Hash» genannt. Dabei handelt es sich um eine **Einweg-Funktion**, d.h., es sollte nicht möglich sein, von der Ausgabe (dem Hash) wieder auf die Originaleingabe zurückzukommen. Die Eingabe ist dabei immer von willkürlicher Länge. Sie kann also auch kleiner sein als die Ausgabe. Als Eingabe könnte man auch das gesamte vorliegende Buch verwenden und würde als Ausgabe wiederum eine Zeichenfolge der gleichen bestimmten Länge erhalten. Verwendet man die gleiche Eingabe erneut mit derselben Hash-Funktion, kommt man zum selben Ergebnis, demselben Hash. Definiert man einen bestimmten Hash als Zielwert der Ausgabe und möchte dann die Eingabe durch Hinzufügen, Ändern oder Löschen von Zeichen so anpassen, bis man eine Eingabe erhält, die zur gewünschten Ausgabe führt, wäre dies zwar möglich, sollte aber möglichst schwierig sein.[37] Als Algorithmus für die folgenden Beispiele, welche Hashing veranschaulichen sollen, wurde SHA-256 verwendet, welcher als Ausgabe eine Zeichenfolge mit 64 Zeichen ausgibt:[38]

Verwendet mal als Eingabe bspw. «TVTG», ergibt dies den Hash:

24ff016aa0c7112eb726b9bafd3284ba5c4c295e671f95346355fca80dac089e

Bereits ein Leerzeichen nach «TVTG», also die Eingabe «TVTG » führt zu einer komplett anderen Ausgabe:

6125f0a50ec78fda456ac0b566913ef4f14f4ad5039525a909c21260fb81bb88

---

[36] Zu asymmetrischer Verschlüsselung vgl. KERSKEN, IT-Handbuch für Fachinformatiker[6], S. 1129.

[37] VAN HIJFTE, Blockchain Platforms, S. 1 f.

[38] Jedermann kann bspw. unter https://emn178.github.io/online-tools/sha256.html als Hash SHA256 auswählen und „TVTG" eingeben und wird zum selben Resultat kommen.

Ein anderes Beispiel für einen relativ kurzen Text ist die Legaldefinition von Token in Art. 2 Abs. 1 Bst. c TVTG.[39] Diese ergibt den Hash:

619bcd9a02dde99b2b891abaad2e4ec7f1d1d51a5658cb497a814e55cf468df5

Man sieht also, dass sich Hashing hervorragend eignet, um die Integrität von Daten zu überprüfen. In der IT wird Hashing daher - wenig überraschend - schon länger eingesetzt. Kennt man den Input – bspw. den gesamten Gesetzestext des TVTG - und möchte sicher gehen, dass dieser nicht verändert wurde, prüft man einfach, ob die Hash-Funktion zum selben Ergebnis kommt. Man vergleicht also den Hash-Wert zum Ausgangszeitpunkt mit jener Information, die man nun vorliegen hat.[40] Ergibt dies den gleichen Hash, wurde die Information nicht verändert. Man hat also einen unveränderten Gesetzestext vor sich. Dies ermöglicht es auch äusserst schnell, Ergebnisdaten (von beliebiger Grösse) zu vergleichen.[41]

Ein Beispiel aus der Praxis soll den Nutzen von Hashing verdeutlichen: In der heutigen Zeit werden die ausgetauschten Datenmengen immer grösser und E-Mails lassen den Versand von Nachrichten mit relativ grossen Anhängen meist nicht zu. Will ein Mandant bspw. einem Rechtsanwalt ein Konvolut an Dokumenten in elektronischer Form als .pdf-Dateien zur Verfügung stellen, werden oft Cloud-Dienste wie Google Docs oder Dropbox.com verwendet. Der Rechtsanwalt wird sich fragen müssen, wie er im Zweifel den Beweis antreten kann, welche Daten ihm der Mandant zur Verfügung gestellt hat. Bei E-Mail-Anhängen ist das vergleichsweise einfach, man kann die Originalnachricht samt Anhang vorlegen. Verwendet der Mandant aber eine E-Mail-Nachricht ohne Anhang und verweist auf Downloadlinks, gerät der Rechtsanwalt mitunter in eine Beweisproblematik. In vielen Fällen sind solch erstellte Downloadlinks nämlich dynamische Links. Das heisst, der Mandant kann die hinter dem Link stehenden Dateien nach Belieben und ohne dass der Rechtsanwalt davon was merken muss verändern. Im schlimmsten Fall werden die Dateien ausgetauscht oder neue Dateien hinzugefügt, ohne dass dies der Anwalt nachvollziehen kann. Hier bietet sich an, die Dateien durch den Anwalt herunterzuladen und alle Dateien einzeln durch

---

[39] Als Eingabe wird hier verwendet: „"Token": eine Information auf einem VT-System, die: 1. Forderungs- oder Mitgliedschaftsrechte gegenüber einer Person, Rechte an Sachen oder andere absolute oder relative Rechte repräsentieren kann; und 2. einem oder mehreren VT-Identifikatoren zugeordnet wird."

[40] So kann man bspw. prüfen, ob Software, welche über das Internet verteilt wird, nicht durch Dritte verändert wurde, um bspw. Schadsoftware einzubauen. Die Hersteller geben daher die Hash-Werte der Dateien bekannt.

[41] VAN HIJFTE, Blockchain Platforms, S. 33.

einen Hashing-Algorithmus zu schicken. Die erstellte Liste mit den Dateinamen und den jeweiligen Hash-Werten wird dann per E-Mail an den Mandanten geschickt, der dies kurz bestätigt. Der Mandant kann jede einzelne Datei mit dem Hash-Verfahren prüfen, bevor er die Bestätigung ausstellt. Der Anwalt kann so sicher sein, dass er die richtige Sachverhaltsgrundlage für sein Rechtsgutachten verwendet und dies notwendigenfalls auch beweisen.

II   Blockchain - wie eine Kette von Blöcken entsteht

1   Zu den Begriffen «Blockchain» und «Distributed Ledger Technologies»

Blockchain: Der Begriff «**Blockchain**» wurde im Zusammenhang mit der ersten Kryptowährung Bitcoin geprägt. Der Begriff hat dabei viele Bedeutungen. Unter anderem bezeichnet «Blockchain» einen Teil der Technologien, auf welchen diverse Kryptowährungen, wie bspw. Bitcoin, Ether, Dash, Aeternity oder Litecoin basieren. Diese Kryptowährungen sind technologisch z.T. unterschiedlich ausgestaltet und «Blockchain» wird als Überbegriff für diese Technologien verwendet.[42] Der Begriff «Blockchain» setzt sich aus «Block» und «chain» zusammen. Die Blöcke enthalten die Transaktionsdaten und werden chronologisch nacheinander gereiht und mittels Hash (Prüfsumme) des vorhergehenden Blockes verkettet: Es entsteht eine **Kette von Blöcken**.[43]

Die Transaktionsdaten, welche in den Blöcken gespeichert werden, bilden zusammen das (verteilte) **Hauptbuch (die verteilte Datenbank)**, welches wiederum einen Überblick über die Geschäftsfälle und «Kontostände» liefert. Dieses Hauptbuch wird von einer möglichst grossen Anzahl Nutzern («Nodes») dezentral gespeichert, um Manipulationen durch Minderheiten möglichst auszuschliessen. Aufgrund der Verteilung des Hauptbuches auf möglichst viele Nodes werden manche blockchaintechnologischen Umsetzungen auch vom Begriff der Technologie der verteilten Hauptbücher - engl. «Distributed Ledger Technologies» - umfasst.[44]

---

[42] Den Begriff „Blockchain" findet man im Bitcoin Whitepaper von 2008 nicht, dafür erklärt es die Funktionsweise des Systems als chain of blocks; Vgl. NAKAMOTO, (PSEUDONYM), Bitcoin: A Peer-to-Peer Electronic Cash System, https://bitcoin.org/bitcoin.pdf (11.04.2020); Vgl. zudem NÄGELE, Sekundärmarkt für Security Token, S. 7.

[43] m.w.N. NÄGELE, Sekundärmarkt für Security Token, S. 7; insb. auch LANGER/NÄGELE, IWB 2018, S. 1.

[44] Vgl. zu verteilten Datenbanken "Distributed Database" SUNYAEV, Internet Computing. Principles of Distributed Systems and Emerging Internet-Based Technologies1 (2020), S. 267.

Distributed Ledger Technology (DLT): Der englische Begriff «**Distributed Ledger Technology**» («**DLT**») kann mit «Technologie verteilter Hauptbücher» übersetzt werden und bezeichnet – wie der Name schon sagt – die Technologie hinter den verteilten Hauptbüchern.[45] Es handelt sich also um Datenbanken, welche Daten dezentral - meist geografisch auf der ganzen Welt verteilt - zur Verfügung stellen. Es gibt demzufolge keinen zentralen Betreiber oder jemanden, der die Kontrolle über das Netzwerk hat. Nicht zwingend erforderlich, um unter den Begriff «DLT» zu fallen, ist es hingegen, die Daten in Form von Blöcken (Blockchain) aneinander zu reihen. Daher sind nicht alle DLT-Systeme auch Blockchains und nicht alle Blockchains sind auch DLT-Systeme. Sowohl DLT-Systeme wie Blockchain-Systeme verwenden Konsens-Algorithmen, um sich abzustimmen. Hauptunterschied zwischen den Begriffen Blockchain und DLT ist also die Art und Weise, wie Daten hinzugefügt werden.[46]

Gemessen am Handelsvolumen, sind die meistgenutzten[47] Blockchains die Bitcoin- und die Ethereum- (**ETH – Ether/Ethereum**) Blockchain. Eine aus Liechtenstein heraus entwickelte Blockchain ist die Aeternity-Blockchain.[48]

1.1   Zur Transaktionsbestätigung und der Entstehung der verketteten Blöcke

Die Blockchain als eine Kette von Blöcken entsteht - vereinfacht dargestellt - wie folgt:

1. Ein Teilnehmer **signiert eine Transaktion** mit seinem Privaten Schlüssel.
2. Die signierte **Transaktion** wird mittels **Gossip-Protokoll** an andere Netzwerkknotenpunkte (Peers) **verteilt**, welche die Transaktion auf Basis von bestimmten Kriterien **validieren**.
3. Wurde die Transaktion validiert, wird sie **in einen Block eingefügt**, der wiederum an das **Netzwerk verteilt** wird. Zu diesem Zeitpunkt gilt die Transaktion als bestätigt.
4. Der neue Block wird Teil der Datenbank (des Hauptbuches) und der nächste **Block** wird **durch Hashing** mit dem vorhergehenden Block **verknüpft**. Die

---

[45] M.w.N. Nägele, Sekundärmarkt für Security Token, S. 7; insb. auch BuA Nr. 54/2019, S. 55.
[46] Van Hijfte, Blockchain Platforms, S. 37.
[47] Gemessen am Handelsvolumen; CoinMarketCap, 24 Hour Volume Rankings (Currency), https://coinmarketcap.com/currencies/volume/24-hour (14.04.2020).
[48] Nägele, Sekundärmarkt für Security Token, S. 7 f.

Transaktion wird somit zum zweiten Mal **bestätigt** und der Block zum ersten Mal.

5. Jedes Mal, wenn ein neuer Block bestätigt wurde, erhalten auch die vorgängigen Blöcke eine weitere Bestätigung.[49]

Nun mag man sich die Frage stellen, wieso die Blöcke nicht nur einmal bestätigt werden. Dies hängt eng mit der Frage zusammen, ob Transaktionen unter Einsatz von VT-Systemen final sind.

1.2 Zur Frage der Finalität bei Transaktionen

Finalität ist in der Finanzwelt eine äusserst zentrale Funktion und bezeichnet den **Zeitpunkt** oder den Status, ab dem eine **Transaktion** – sowohl rechtlich, als auch faktisch - **als gültig angesehen** wird. Oft wird erst dann die Gegenleistung erbracht. In modernen Transaktionssystemen werden erhaltene Fiat-Gelder oder Wertpapiere unmittelbar weiterverwendet bzw. transferiert. Ohne den Status der Finalität wäre das nicht möglich.[50] Vitalik Buterin, der Gründer von Ethereum, stellt als Antwort auf die Kritik, dass bei Blockchain-Systemen nie echte Finalität erreicht werden könne, die These auf, dass es eine einhundertprozentige Abwicklungsfinalität in keinem System gibt, auch in keinem zentralen. Zentrale Systeme können angegriffen und die Datenstände verändert werden, in Zentralbanken kann es zu Korruption kommen und Wertpapiere können gestohlen werden.[51] Dieser Argumentation ist m.E. zu folgen, was schliesslich bedeutet, dass man immer nur mit einer gewissen Wahrscheinlichkeit sagen kann, dass eine Transaktion nicht mehr verändert wird (final ist). Je nach eingesetztem VT-System wird technisch betrachtet **Finalität zu keinem Zeitpunkt erreicht**.[52] Zu lösen ist dieses Problem daher sowohl bei den klassischen als auch bei auf VT basierenden Transaktionssystemen nur durch eine **recht-**

---

[49] BASHIR, Mastering Blockchain. Distributed ledgers, decentralization and smart contracts explained (2017), S. 24.

[50] DEUTSCHE BUNDESBANK, Distributed-Ledger-Technologien im Zahlungsverkehr und in der Wertpapierabwicklung, https://www.bundesbank.de/resource/blob/665446/cfd6e8fbe0f2563b9fc1f48fabda8ca2/mL/2017-09-distributed-ledger-technologien-data.pdf (19.01.2021), S. 43.

[51] M.w.N. auf dem Blog der Ethereum Foundation BUTERIN, On Settlement Finality, https://blog.ethereum.org/2016/05/09/on-settlement-finality (19.01.2021); und VAN HIJFTE, Blockchain Platforms, S. 30.

[52] VAN HIJFTE, Blockchain Platforms, S. 30.

liche Fiktion der Finalität. Die Regierung des Fürstentums Liechtenstein («Regierung») spricht in den Gesetzesmaterialien zum TVTG Transaktionen auf VT-Systemen Finalität zu.[53]

Bei sechs Bestätigungen einer Transaktion ist die Wahrscheinlichkeit, dass ein Angreifer, welcher über weniger als 25 Prozent der Hash-Leistung im Netzwerk verfügt, bei 0.00137, die Transaktion erfolgreich zu «überholen». Bei 13 Bestätigungen reduziert sich diese Wahrscheinlichkeit auf 0.000001. In der Praxis werden als ausreichende Anzahl an Bestätigungen bei Bitcoin bspw. meist zwischen sieben bis zehn Bestätigungen vorausgesetzt. Die Überlegung dahinter ist, dass eine nachträgliche Veränderung – wenn auch theoretisch möglich – durch die enormen Kosten unwirtschaftlich ist.[54] Handelt es sich um kleine Transaktionen, wird bereits eine Bestätigung als ausreichend angesehen.

Bei Blockchain-Systemen gab es bereits ein paar «Rückabwicklungen» durch sog. «Forks» wie bspw. im Falle von **The DAO**». The DAO war eine dezentrale, autonome Organisation (englisch: "Decentralized Autonomous Organization"). Diese dezentrale Organisation hatte kein Management und keinen Betreiber im klassischen Sinne. Finanziert durch ein ICO, wurde der DAO-Token veröffentlicht. In der Folge wurden Sicherheitslücken ausgenützt und es konnten Werte in Höhe von ca. 50 Millionen US-Dollar abgezogen werden (bekannt unter dem Begriff «DAO-Hack»).[55] Um diesen Hack rückgängig zu machen, liess man die Ethereum-Community abstimmen und 85 Prozent entschieden sich im Juli 2016 für einen Fork. Da manche Miner die alte Protokollversion weiterverwendeten, entstand «Ethereum Classic». Die Transaktionen wurden somit – untechnisch gesprochen - rückgängig gemacht.[56]

---

[53] Vgl. insb. ErwG 14, Art. 3 Abs. 1 und 3; RL 98/26/EG des Europäischen Parlaments und des Rates vom 19. Mai 1998 über die Wirksamkeit von Abrechnungen in Zahlungs- sowie Wertpapierliefer- und -abrechnungssystemen (Finalitäts-RL), ABl. EG 1998/166, S. 45.

[54] M.w.N. NÄGELE, Sekundärmarkt für Security Token, S. 10; insb. auch BuA Nr. 54/2019, S. 126; und "Why is it expensive to manipulate the Blockchain" VOSHMGIR, Token economy. How blockchains and smart contracts revolutionize the economy¹ (2019), S. 59.

[55] Details zum DAO-Hack und den unterschiedlichen Lösungsvorschlägen (Hard-Fork und Soft-Fork) sind bei Coindesk nachzulesen SIEGEL, The DAO Attack: Understanding What Happened, CoinDesk; Vgl. zu DAO auch schon BÜCH, Die Blockchain und das Recht, LJZ 2018, S. 58.

[56] Vgl. auch in Wikipedia, The DAO (19.01.2021, https://en.wikipedia.org/w/index.php?title= The_DAO_(organization)&oldid=991306039).

2 Konsens-Algorithmen

Der Begriff «Algorithmus» ist eine Schritt-für-Schritt-Anleitung, um ein mathematisches Problem zu lösen. Der Begriff leitet sich vom arabischen Mathematiker Mohamed Ibn Musa Al Chwarismi ab. Jeder Computer versteht eine oder mehrere Sprachen, mit denen man Algorithmen einprogrammieren kann. Kennt der Computer einen Algorithmus, kann man ihn immer wieder mit Eingaben ausführen und der Computer geht die Schritt-für-Schritt-Anleitung durch und kommt zu einem Ergebnis. Ein einfacher Algorithmus kann bspw. die Kosten für ein Buch berechnen:[57]

- Buchform oder .pdf?
  > Eingabe: .pdf -> Kosten CHF 19.90, Berechnung beendet.
  > Eingabe: Buchform ->
- Möchten Sie ein Hard- oder ein Softcover?
  > Eingabe: Softcover – Kosten CHF 24.90, Berechnung beendet.
  > Eingabe: Hardcover – Kosten CHF 28.90, Berechnung beendet.

Bei Konsens-Algorithmen handelt es sich um Abläufe («Schritt-für-Schritt-Anleitungen») zur Einigung auf ein bestimmtes Ergebnis oder einer Auswahl innerhalb einer Gruppe oder eben eines Netzwerkes. Bei der dezentralen Speicherung von Informationen müssen sich die Teilnehmer untereinander einigen, welche Daten gespeichert werden. Damit kann gewährleistet werden, dass alle auf denselben Datenstand zurückgreifen und über dieselbe Informationslage verfügen. Zudem wird verhindert, dass jemand eine Transaktion zweimal durchführen und somit dieselbe digitale Währung (bspw. eine Kryptowährung) doppelt ausgeben kann («Double-Spending»).[58] Bei Blockchain-Systemen werden vorwiegend zwei Typen von Konsens-Algorithmen eingesetzt: der Proof-of-Work und der Proof-of-Stake Konsens-Algorithmus.

2.1 Proof-of-Work («PoW»)

Der bis dato wichtigste Typ von Konsens-Algorithmen, der auch bei der ersten Blockchain - der Bitcoin-Blockchain - eingesetzt wird, ist der Proof-of-Work («PoW») Algorithmus. Mit der Zeit wurde PoW von vielen weiteren Blockchains verwendet und z.T. abgewandelt. PoW stellt den Minern[59] eine **komplizierte mathematische Auf-**

---

[57] KERSKEN, IT-Handbuch für Fachinformatiker[6], S. 34 f.
[58] EIGELSHOVEN/ULLRICH/GRONAU, Konsens-Algorithmen von Blockchain, I4OM 2020, S. 30.
[59] Englisch; Angelehnt an die Goldsucherzeit, bei denen in Minen nach Gold geschürft wurde.

gabe, die sie lösen müssen. Der Prozess zur Findung der Lösung wird Mining genannt. Sind die Miner erfolgreich, erhalten sie eine Belohnung, genannt «**Block-Reward**».[60] Die Miner suchen den vom Netzwerk gesetzten «Ziel-Hash» für den nächsten Block der Blockchain. Damit jeder eine andere Aufgabe erhält, wird zusätzlich eine einmalige Zeichenfolge (Nonce)[61] angegeben. Durch den Einsatz von sehr viel Rechenleistung durch die Miner werden wahllos Kombinationen (auch bekannt unter «**Brute-Force**-Methode»[62]) durchprobiert, bis die Lösung gefunden wird.[63] Da die Computer immer schneller werden, passt das System die Schwere der Aufgaben an. Je mehr Rechenleistung dem System zur Verfügung steht («**Hash-Rate**»), umso schwieriger werden die Rechenaufgaben. Bei Bitcoin bspw. dauert es im Durchschnitt etwa zehn Minuten, bis der nächste Block «geschürft» ist. Ob der gefundene Hash eine[64] richtige Lösung für die Aufgabe darstellt, ist wiederum sehr leicht zu überprüfen[65]. Derjenige, der als erster ein passendes Ergebnis findet, wird mit der Blockprämie („Block-Reward"; bei Bitcoin derzeit 6.25 BTC pro Block) belohnt. Bei Bitcoin wird die Blockprämie alle vier Jahre halbiert (bekannt unter „Bitcoin Halving"), was – im Zusammenhang mit der **maximalen Anzahl von Bitcoin von 21 Millionen** - zu Knappheit führt. Im Jahre 2140 wird der Höchststand von 21 Mio. BTC erreicht werden.[66]

Wohlgemerkt erhalten alle anderen Miner für das Zur-Verfügung-Stellen ihrer Rechenleistung und der damit einhergehenden (hohen) Energiekosten nichts. Der hohe Energiekonsum ist dabei einer der wesentlichsten Kritikpunkte für PoW-Algorithmen. Dieses (teure) Anreizmodell sorgt aber gerade für die Sicherheit bei Blockchain-Transaktionen. Die Miner haben wenig Interesse daran, falsche Lösungen anzubie-

---

[60] EIGELSHOVEN/ULLRICH/GRONAU, I40M 2020, S. 30.

[61] Diese Zeichenfolge ist zudem für jeden Teilnehmer unterschiedlich und nur einmal gültig, um zu verhindern, dass Blöcke vorab berechnet werden.

[62] Brute Force kommt aus dem Englischen und bedeutet rohe Gewalt.

[63] Vgl. zu Nonce auch VÖLKEL, Vertrauen in die Blockchain und das Sachenrecht, ZFR 2020/218, S. 493.

[64] Jeder Miner hat aufgrund seiner Nonce eine andere Aufgabe zu lösen, es gibt also verschiedene Lösungen für das Problem.

[65] Vgl. Ausführungen zur Hash Funktion.

[66] Zu Bitcoin Halving und dem Block-Reward vgl. HUBER, Bitcoin 2020 – die Halbierung der Blockprämie, https://www.bitcoinsuisse.com/de/outlook/bitcoin-in-2020-halving-the-block-reward-2 (07.02.2021).

ten, da diese leicht erkannt werden und sie dann keine Belohnung erhalten. Nur richtige Lösungen werden dazu führen, dass andere Miner den nächsten Block auf Basis (Hash) dieser Blockchain zu schürfen («minen») beginnen.[67]

Es besteht die Möglichkeit, dass mehrere Miner gleichzeitig eine richtige Lösung finden. Dies führt dazu, dass kurze Zeit zwei Blockchains (man spricht von einem **Fork**) bestehen. Dieser Zustand mit ungewollt zwei Blockchains besteht meistens allerdings nur für kurze Zeit, da grundsätzlich **immer die längste Blockchain weiterverwendet** wird. Aufgrund dieser Ausgestaltung werden die Miner für den Einsatz von viel Rechenleistung mit Kryptowährung («Block Reward») belohnt, um die richtige Lösung zu finden. Welche Transaktionen in den Blöcken stehen, ist dabei irrelevant. Durch dieses Anreizsystem wird also das gewünschte Verhalten - Rechenleistung zur Verfügung stellen, um den sicheren Betrieb des Systems zu gewährleisten – erzielt. In dem Prozess werden die Ergebnisse dabei automatisiert mehrfach geprüft.

2.2 Proof-of-Stake («PoS»)

Durch Entwicklung des Proof-of-Stake («PoS») Algorithmus wurde das Ziel verfolgt, einige der Nachteile von «PoW» zu beseitigen. Zudem wurde insb. der Energieverbrauch reduziert, der bei «PoW» immer wieder zu Kritik führt. Erstmals wurde ein PoS-Algorithmus 2012 bei Peercoin eingesetzt.[68]

Stake ist Englisch und lässt sich mit Hinterlegung, Einsatz, Einlage, Beteiligung oder Anteil übersetzen. Dem Namen folgend basiert die Entscheidung, wer den nächsten Block an die Blockchain anfügen darf, nicht auf Arbeit, wie bei Proof-of-Work. Bei «Proof-of-Stake» geht es vielmehr um den Anteil, den jemand bereit ist zu hinterlegen. Je höher der Anteil an allen verfügbaren Protokoll-Token (Coins) ist, die durch den **Validator** hinterlegt werden, desto grösser ist sein Risiko, die hinterlegten Token zu verlieren. Er ist also bereit, Token zu riskieren, um einen Validator-Node betreiben zu dürfen. Währenddessen der Hinterleger einen Validator betreibt, sind die Token nicht anderweitig zu verwenden (er „staked" die Token, auch «**Staking**» genannt). Verhält er sich falsch, wird er bestraft, indem Token konfisziert werden. Auch hier wird ein **Anreizmodell** geschaffen, welches zum gewünschten Verhalten führen soll. Die einfachste Implementierung von «PoS» ist bekannt unter der Bezeichnung „Follow-the-Satoshi" (FTS)-Algorithmus. Dabei wird per **Zufallsgenerator** einfach

---

[67] VAN HIJFTE, Blockchain Platforms, S. 45.
[68] PEERCOIN, The Pioneer of Proof of Stake, https://www.peercoin.net/ (30.04.2021).

ein Token ausgesucht und der Tokenholder kann den nächsten Block an die Blockchain anhängen. Dafür erhält der Tokenholder die Blockprämie.[69]

Bei **Ethereum 2.0** müssen 32 ETH[70] hinterlegt werden, um einen Validator betreiben zu dürfen. Das mag viel erscheinen, ist im Vergleich zu den Initialkosten für PoW-Mining aber eher niedrig.[71] Basierend auf der Anzahl von Token[72], die ein Netzwerkteilnehmer bereit ist zu staken, steigt seine Chance, durch den Zufallsgenerator ausgewählt zu werden, um den nächsten Block zu verarbeiten (Mining). Je nach Algorithmus gibt es noch weitere Kriterien, die bei der Auswahl eine Rolle spielen.[73]

Demzufolge steht die Anzahl der Token, die man bereit ist zu riskieren (hierzu gleich mehr) in direktem Zusammenhang mit der Chance, als Miner für den nächsten Block ausgewählt zu werden. Selbstredend ist dieser Algorithmus wesentlich effizienter als «PoW». Es muss letztlich keine Rechenleistung „verschwendet" werden, um als Validator ausgewählt zu werden, um den nächsten Block vorzuschlagen und damit eine Belohnung erhalten zu können. Als Validator bei Ethereum 2.0 erhält man aber nicht nur eine Belohnung, wenn man den Block vorschlägt, sondern auch dann, wenn man Bescheinigungen („**Attestations**") über neu erstellte Blöcke ausstellt. Erst, wenn eine bestimmte Anzahl an Bescheinigungen vorhanden sind, wird der Block an die Blockchain angehängt. Das Anreizmodell von «PoS» sieht zudem vor, dass Validatoren – vergleichsweise milde - bestraft werden, wenn sie ihre Aufgaben nicht wahrnehmen, weil sie bspw. offline sind. Sollten Validatoren allerdings versuchen, die Blockchain zu „attackieren", indem sie bspw. falsche Datensätze vorschlagen, sieht der PoS-Algorithmus empfindliche Strafen vor (bis zum Verlust des gesamten Bestandes, welcher für das Staking hinterlegt wurde). Zudem wird der «Übeltäter» aus dem Netzwerk ausgeschlossen. Vergleicht man das Anreizmodell bzw. die Bestrafung von unerwünschtem Verhalten von «PoS» mit jenem von «PoW», verliert der Miner bei «PoW» bei unredlichem Verhalten die Chance auf den Block-Reward. Unredliche Miner bei «PoS» hingegen, die eine Attacke auf die Blockchain durchführen, verlieren die Energiekosten für die (erfolglose) Attacke und bekommen keinen Block-Reward.

---

[69] SALEH, Blockchain Without Waste: Proof-of-Stake (2018), S. 8.
[70] Das entspricht am 07.02.2021 einem Wert von etwas mehr als USD 50'000.--.
[71] MUZZY, What Is Proof of Stake? https://consensys.net/blog/blockchain-explained/what-is-proof-of-stake (06.02.2021).
[72] Bzw. den protokolleigenen Coins wie Ether bei Ethereum.
[73] EIGELSHOVEN/ULLRICH/GRONAU, I4OM 2020, S. 31.

Der Verlust der Token «at Stake» wäre zu vergleichen mit dem Verlust des Investments in das gesamte Mining-Equipment bei «PoW». Das müsste man sich noch dazu denken.[74]

Auch wenn man mit «PoS» noch nicht über die gleichen Erfahrungswerte wie mit PoW verfügt, geht man davon aus, dass «PoS» sicherer als «PoW» ist. Naturgemäss haben jene Validatoren mit den meisten Token „at stake" auch das höchste Interesse an einem ordentlichen Betrieb des Netzwerks. Sollten unbefugte Transaktionen möglich sein (51 Prozent Attacke), so schadet das nicht nur den direkt Betroffenen, sondern auch der Reputation des Netzwerks und damit dem Wert ihrer Token.[75]

§ 3 Die Entwicklung von der ersten Kryptowährung bis hin zum TVTG

I Die Entstehungsgeschichte von Kryptowährungen

1 Die Entstehung von Bitcoin - die Geburtsstunde des Phänomens «Blockchain»

Am 31. Oktober 2008 14:10 Uhr[76] veröffentlichte ein namentlich unbekannter Kryptograf unter dem Pseudonym **Satoshi Nakamoto** ein Diskussionspapier mit dem Titel «Bitcoin: A Peer-to-Peer Electronic Cash System».[77] Dieses Papier wurde bekannt unter dem Namen «Bitcoin-Whitepaper». Am 03. Januar 2009 wurde der erste Block der Bitcoin-Blockchain (auch genannt «Genesis Block»)[78] von Satoshi Nakamoto geschürft. Zwei Tage davor wurde die erste Version eines Bitcoin-Clients veröffentlicht. Am 12. Januar hat Satoshi Nakamoto zehn bitcoin an den Softwareentwickler Hal Finney transferiert. Fast neun Monate später wurden erstmal bitcoin gegen USD getauscht. Basierend auf dem Energieaufwand betrug der Umrechnungskurs BTC 1'392.33 für einen USD.[79] Im Juli 2010 wurden bitcoin zum ersten Mal über eine Börse namens «Mt. Gox» zum Kurs von USD 0.06 gehandelt, im Februar 2011 erreichte er den Wert eines USD und am 05.06.2017 betrug der durchschnittliche Marktpreis in

---

[74] Muzzy, What Is Proof of Stake?
[75] Van Hijfte, Blockchain Platforms, S. 46.
[76] Satoshi Nakamoto, Bitcoin P2P e-cash paper, http://www.metzdowd.com/pipermail/cryptography/2008-October/014810.html (10.06.2017).
[77] Sixt, Bitcoins und andere dezentrale Transaktionssysteme, S. 1.
[78] Bitcoin Wiki, Genesis Block, https://en.bitcoin.it/wiki/Genesis_block.
[79] Sixt, Bitcoins und andere dezentrale Transaktionssysteme, S. 29.

USD 2'820.96[80]. Das Handelsvolumen am 05.06.2017 betrug in USD 116'503'749.16 und pro Tag wurden ca. 270'000 Transaktionen durchgeführt. Bereits im November 2013 erreichte der Kurs den damaligen Höchststand von USD 1'242.-- und Bitcoin hatte eine Marktkapitalisierung von USD 13.5 Mrd. Den ersten wesentlichen Einbruch erlitt der Kurs in Zusammenhang mit der Insolvenz der damals grössten Bitcoin-Handelsplattform («Kryptobörse»), Mt.Gox, im Februar 2014.[81] Am 17. Dezember 2017 erreichte der Kurs einen weiteren Rekord von ca. USD 19'500.--, woraufhin der Kurs im Dezember des Folgejahres fast wieder auf USD 3'000.-- eingebrochen war. Den zwischenzeitlich letzten Höchststand (in der Szene «All Time High» oder abgekürzt «ATH» genannt) erreichte der Kurs am 13. März 2021 mit über USD 60'000.--.[82] Auch wenn Bitcoin als Zahlungsmittel (daher auch der Begriff «Kryptowährung») entwickelt wurde, darf man sich doch die Frage stellen, ob bspw. Bitcoin die Funktionen von **Geld** in der Praxis auch wirklich erfüllen kann.

Die heutige Erscheinungsform von Geld hat sich über Jahrtausende entwickelt und muss gewisse Eigenschaften mitbringen, um die drei folgenden, wesentlichen Funktionen:

1. als Tausch- und Zahlungsmittel,
2. als Recheneinheit und als
3. Wertaufbewahrungsmittel,

erfüllen zu können.[83]

Um die Funktion als Tausch- und Zahlungsmittel erfüllen zu können, muss das jeweilige Geld von den Parteien akzeptiert werden.[84] **Gesetzliche Zahlungsmittel** werden per Gesetz definiert und müssen im Geltungsbereich akzeptiert werden. Mit anderen Worten kann man bei Kaufverträgen die Gegenleistung in gesetzlicher Währung nicht ablehnen. Die ausschliesslich gesetzliche Währung in Liechtenstein ist

---

[80] BLOCKCHAIN.INFO, Währungs Statistik, https://blockchain.info/de/stats.
[81] DEUTSCHE PRESSE AGENTUR, Bitcoin-Börse Mt.Gox insolvent, FAZ.
[82] COINMARKETCAP, Bitcoin (BTC) Kurs, Grafiken, Marktkapitalisierung, https://coinmarketcap.com/de/currencies/bitcoin (13.03.2021).
[83] Vgl. insb. FRANK/BERNANKE, Principles of economics (2001), S. 616 f.; und KOLLER/SEIDEL, Geld war gestern. [wie Bitcoin, Regionalgeld, Zeitbanken und Sharing Economy unser Leben verändern werden]¹ (2014), S. 25.
[84] KOLLER/SEIDEL, Geld war gestern¹, S. 24 f.

nach Art. 1 FrWG[85] der Schweizerfranken als «Liechtensteiner Franken». In Liechtenstein gelten als gesetzliches Zahlungsmittel diejenigen Münzen, Banknoten und anderen Zahlungsmittel, welche in der Schweiz als gesetzliche Zahlungsmittel anerkannt sind.[86] Würde die Schweiz demzufolge einen digitalen Schweizer Franken auf Basis von vertrauenswürdigen Technologien einführen (Stichwort: Central Bank Digital Currency oder abgekürzt «CBDC»), so würde dieser auch in Liechtenstein als gesetzliche Währung gelten. In Liechtenstein gibt es bereits seit längerem mehrere Akzeptanzstellen für Kryptowährungen, insb. für Bitcoin und Ether. So kann man in Hotels, Restaurants oder bei Dienstleistern (vorwiegend Rechtsanwälten und Steuerberatern) Kryptowährungen als Zahlungsmittel verwenden.[87]

Mittels Geld können Preise von Gütern in Relation zueinander gesetzt werden und damit erfüllt <u>Geld die Funktion als Recheneinheit</u> (vgl. Englisch «unit of account»). Damit ist eine objektive **Quantifizierbarkeit von Produkten** und Dienstleistungen möglich: Ein Liter Milch kostet doppelt so viel wie zwei Brötchen. Diese Quantifizierbarkeit förderte die Entstehung komplexer und stark arbeitsteiliger Gesellschaften.[88] Diese Funktion von Geld ist bspw. auch durch Bitcoin erfüllbar.

Die dritte Funktion von Geld ist die <u>Wertaufbewahrungsfunktion</u>. Durch diese Funktion wurde es möglich, dass Kauf und Verkauf zeitlich auseinander liegen können und Waren nicht direkt getauscht werden müssen.[89]

Bitcoin wurde, wie bereits festgehalten, als Zahlungsmittel konzipiert und wird auch vereinzelt als Zahlungsmittel akzeptiert. Bitcoin erfüllt die Wertaufbewahrungsfunktion und kann als Recheneinheit verwendet werden. Da Bitcoin ebenfalls keinen inhärenten Wert hat und alle Funktionen von Geld erfüllt, könnte man Bitcoin auch als Fiat-Geld qualifizieren.[90] Auf der anderen Seite ist festzuhalten, dass auch im Jahre

---

[85] Gesetz vom 26. Mai 1924 betreffend die Einführung der Frankenwährung (FrWG), Liechtensteinisches Landesgesetzblatt (1924).

[86] Vgl. Art. 1 Abs. 2 FrWG.

[87] ALBRICH, Unklare Rechtslage noch ein Hindernis für Bitcoin-Automaten, Liechtensteiner Volksblatt; NÄGELE RECHTSANWÄLTE GMBH, auf Twitter, https://twitter.com/NaegeleLAW/status/873156452482940930?s=20 (23.01.2021).

[88] KOLLER/SEIDEL, Geld war gestern¹, S. 25.

[89] DEUTSCHE BUNDESBANK, Begriff und Aufgaben des Geldes, https://www.bundesbank.de/Redaktion/DE/Dossier/Service/schule_und_bildung_kapitel_1.html?notFirst=true&docId=153022#doc153022bodyText1 .

[90] BuA Nr. 54/2019, S. 13.

2021 Bitcoin keine breite Akzeptanz als Zahlungsmittel gefunden hat. Heute werden bitcoin daher auch mehr mit Gold als mit gesetzlichen Währungen verglichen.

2 Die Entstehung von Ethereum – einer Smart-Contract-Plattform für dezentrale Anwendungen

Einer der wesentlichen Meilensteine war die Entwicklung von Ethereum. BUTERIN hatte am 27. November 2013 ein Whitepaper veröffentlicht, mit dem Titel «*Ethereum: A Next-Generation Smart Contract and Decentralized Application Platform*».[91] Er sah den Bedarf an einer - wie er es nannte - «*public ownership database*», die mehr kann, als nur als Geld zu funktionieren. Er wollte mit Ethereum einen Baukasten für nahezu jede Anwendung schaffen, um individuelle Währungen, Finanzderivate, Identitätssysteme und dezentrale Organisationen und vieles mehr durch einfache Programmierung auf Basis des Ethereum-Protokolls zu ermöglichen. Er nannte es auch: «*Lego of crypto-finance*».[92] Vom 22. Juli bis zum 02. September 2014 fand dann die Finanzierungskampagne statt (das Ethereum ICO). Dabei konnte man Ether für bitcoin kaufen. Man kaufte also mit bitcoin einen Token, der noch nicht existierte, da das zu Grunde liegende Protokoll Ethereum noch gar nicht entwickelt war.

Am 30. Juli 2015 ging die erste Version von Ethereum live, genannt Frontier. Bemerkenswert in der Geschichte von Ethereum ist auch der «DAO-Hack», der zu einem «Fork» von Ethereum führte (vgl. 2. Teil, § 2, II, 1.2), woraus Ethereum-Classic entstanden ist. Am 1. Dezember 2020 hat die Beacon-Chain den ersten Block produziert und somit einen wesentlichen Schritt in Richtung Ethereum 2.0 genommen, mit welchem von Proof-of-Work auf Proof-of-Stake als Algorithmus umgestellt werden soll.[93]

3 Die Entstehung von Aeternity – ein Blockchain-Protokoll, das aus Liechtenstein heraus entwickelt wurde

Am 11.11.2016 wurde die AETERNITY ANSTALT in das Handelsregister des Fürstentums Liechtenstein eingetragen.[94] Am 3. April 2017 wurde Phase 1 der «Contribution Campaign» (ICO) durchgeführt und Aeternity konnte 40'000 Ether einsammeln.

---

[91] ETHEREUM, History of Ethereum, https://ethereum.org/en/history (28.02.2021).
[92] BUTERIN, Ethereum whitepaper, https://web.archive.org/web/20140206034718/http://www.ethereum.org/ethereum.html (28.02.2021).
[93] Vgl. auch hierzu ETHEREUM, History of Ethereum.
[94] AMT FÜR JUSTIZ DES FÜRSTENTUMS LIECHTENSTEIN, Handelsregistereintrag AETERNITY ANSTALT, https://oera.li/cr-portal/auszug/auszug.xhtml?uid=FL-0002.528.358-1# (28.02.2021).

Phase 2 folgte dann im Mai 2017, bei der sowohl mit Ether als auch mit bitcoin teilgenommen werden konnte.[95] Am Ende der 2. Phase am 9. Juni 2017 waren die eingesammelten Kryptowährungen ETH und BTC zusammen ca. 62.5 Millionen US-Dollar wert.[96] In der Folge hat die Aeternity Anstalt aus Liechtenstein heraus die Aeternity-Blockchain entwickelt und galt am 08.05.2018 mit einer (Crypto-)Marktkapitalisierung von über einer Milliarde US-Dollar als erstes «Blockchain-Unicorn» Liechtensteins.[97] Aeternity hat einen wesentlichen Beitrag zur Entwicklung des liechtensteinischen Blockchain-Ökosystems geleistet und als Pionier viele offene oder neue Fragen das erste Mal an die lokalen Behörden gerichtet. Nicht zuletzt hat Aeternity auch dazu beigetragen, dass die liechtensteinische Regierung sich vergleichsweise früh mit Regulierungsfragen zu ICOs und sonstigen Blockchain-Themen auseinandergesetzt hat.

II Die Entstehung des Token- und VT-Dienstleister-Gesetzes

Die liechtensteinische Regierung hat sich seit 2016 intensiv mit den Entwicklungen rund um das Thema Blockchain auseinandergesetzt und schnell das Potential dieser neuen Technologien erkannt, welches wesentlich über die Anwendung zur Schaffung eines alternativen, intermediärslosen Zahlungsmittels (Kryptowährungen wie bspw. Bitcoin) hinausgeht.[98] Die Regierung hatte bei der Schaffung des TVTG das Bild einer auf Basis dieser neuen Technologien entstehenden Token-Ökonomie mit dem Konzept der Repräsentation von realen Werten in Form von Rechten in Token vor Augen.[99]

Allein im Jahr 2017 wurden im neu geschaffenen Regulierungslabor bei der Finanzmarktaufsicht Liechtenstein (FMA) mehr als 100 Unternehmen betreut. Durch diese Betreuung hat sich die FMA vertieft mit den wesentlichen Fragen der Unternehmen

---

[95] AETERNITY, aeternity campaign - Twitter Suche / Twitter, https://twitter.com/search?q=aeternity%20campaign&src=typed_query&pf=on (28.02.2021).
[96] in Wikipedia, List of highest-funded crowdfunding projects (28.02.2021, https://en.wikipedia.org/w/index.php?title=List_of_highest-funded_crowdfunding_projects&oldid=1008322414).
[97] NÄGELE/FELDKIRCHER/BERGT/ESNEAULT, National legal & regulatory frameworks in select European countries, in *thinkBLOCKtank* (Hrsg.), Token Regulation Paper v1.0., S. 118.
[98] BuA Nr. 54/2019, S. 11.
[99] BuA Nr. 54/2019, S. 26 ff.

beschäftigt. Dies trug wesentlich zum Aufbau von Know-how bei.[100] Liechtenstein wurde somit früh mit Kryptowährungen, Wechselstuben, Bitcoin-Automaten und ICOs konfrontiert.[101]

Das Ministerium für Präsidiales und Finanzen (MPF) von Regierungschef Adrian Hasler hat sich gefragt, wie ein Staat mit der Blockchain-Technologie umgehen soll.[102] Ebenfalls bereits 2016 wurde daher von der liechtensteinischen Regierung eine Arbeitsgruppe zum Thema Blockchain gegründet.[103] Die Arbeitsgruppe der Regierung hat sich insb. zu Beginn mit der Frage auseinandergesetzt, ob der bestehende Rechtsrahmen der Innovationskraft dieser neuen Technologien ausreichend Raum bietet. Die zu frühe rechtliche Erfassung von neuen technologischen Entwicklungen kann dazu führen, dass deren Innovationskraft beschränkt wird. Zudem besteht das Risiko, dass die Technologie an sich erfasst oder umschrieben und somit nicht ausreichend abstrakt erfasst wird. Auf der anderen Seite war aber auch zu prüfen, ob durch das bestehende Recht die Nutzer solcher Technologien ausreichend geschützt sind. Beide Fragen wurden mit der Veröffentlichung des ersten Gesetzesentwurfes beantwortet. Man war der Ansicht, dass Handlungsbedarf bestehe. Regierungschef Adrian Hasler hat das Gesetzesvorhaben zum liechtensteinischen Token- und VT-Dienstleister-Gesetz (TVTG[104]) erstmals am 21.03.2018 der Öffentlichkeit mit den folgenden Worten vorgestellt:

«Das Gesetz wird folglich diese Transformation von der realen Welt in ein digitales Blockchain-Handelssystem und die darauf aufbauenden Basisdienstleistungen so regeln, dass neue Geschäftsmodelle entstehen können und die Rechtssicherheit für alle Beteiligten erhöht wird.»[105]

Bereits damals stellte Regierungschef Hasler klar, dass die Schaffung von **Rechtssicherheit für Unternehmen und Kunden** äusserst wichtig bei der Erstellung der

---

[100] HASLER, Rede von Regierungschef Adrian Hasler anlässlich des 4. Finance Forum Liechtenstein am 21. März 2018 im Vaduzer Saal, https://www.regierung.li/media/medienarchiv/2018-03-21_Ansprache_Finance_Forum_2018_RC.pdf?t=637433298910799802 (27.02.2021).

[101] HASLER, NZZ Neue Zürcher Zeitung AG.

[102] HASLER, NZZ Neue Zürcher Zeitung AG.

[103] Vgl. zur Arbeitsgruppe die Danksagung ("Acknowledgments"); Mitglieder dieser Arbeitsgruppe waren Thomas Dünser, Patrick Bont, Joahnn Gevers, Thomas Nigg und Peter Schnürer sowie der Autor dieses Werks, Thomas Nägele; DÜNSER, Legalize Blockchain, S. 14.

[104] Gesetz vom 3. Oktober 2019 über Token und VT-Dienstleister (TVTG), Liechtensteinisches Landesgesetzblatt (2019).

[105] HASLER, Rede von Regierungschef Adrian Hasler anlässlich des 4. Finance Forum Liechtenstein am 21. März 2018 im Vaduzer Saal.

Gesetzesvorlage war. Das Thema Blockchain umfasst nicht nur Kryptowährungen. Damit aber in Zukunft Vermögenswerte wie «Autos», «Musiktitel» oder «Wertpapiere» unter Einsatz von Blockchain-Technologien gehandelt werden können, sind neben der aufsichtsrechtlichen Erfassung vor allem auch zivilrechtliche Regelungen notwendig. Das TVTG verfolgt einen solch umfassenden Ansatz und enthält daher auch einen eigenen zivilrechtlichen Teil.

Im August 2018 hat die Finanzmarktaufsicht dann den **ersten Wertpapierprospekt** über das **öffentliche Angebot von Security Token** im Europäischen Wirtschaftsraum (EWR) **gebilligt**.[106] Das öffentliche Angebot von Security Token nennt man, anlehnend zu ICOs, Security Token Offering («STO»). Im selben Monat, am 28. August 2018, hat die Regierung in ihrer Sitzung den **Vernehmlassungsbericht zum «Blockchain-Gesetz» verabschiedet**. Betitelt war der Entwurf damals noch mit: «Gesetz über auf vertrauenswürdigen Technologien (VT) beruhende Transaktionssysteme (Blockchain-Gesetz; VT-Gesetz; VTG) und die Abänderung weiterer Gesetze».[107] Die Vernehmlassungsfrist endete am 16. November 2018 und es wurden Stellungnahmen aus dem In- und Ausland eingebracht. Es bestand demzufolge grosses Interesse an der liechtensteinischen Vorlage. Besonders hervor stachen bei den Stellungnahmen die Eingaben, welche sich mit den zivilrechtlichen Fragen und dem vorgesehenen Registrierungs- und Aufsichtssystem befassten. Dies hat die Regierung dazu veranlasst, den Aufbau der Vorlage anzupassen, indem eine nachvollziehbare **Teilung** zwischen **zivilrechtlichem** und **öffentlich-rechtlichem Teil** geschaffen wurde. Zudem wurden die Definitionen weiter detailliert und erläutert und zum Teil angepasst, insb. die Begriffe VT-Identifikator und die Token Definition.[108]

Am 7. Mai 2018 hat die Regierung in ihrer Sitzung den **Bericht und Antrag** betreffend die Schaffung eines Gesetzes über Token und VT-Dienstleister (Token- und VT-

---

[106] FINANZMARKTAUFSICHT LIECHTENSTEIN (FMA), Liste gebilligte Prospekte bis 20. Juli 2019, register.fma-li.li/fileadmin/user_upload/dokumente/publikationen/Prospekte_nach_WPPG/Liste_geb_Prospekte_bis_20190720_6_20200103.pdf (04.03.2020), S. 16.

[107] REGIERUNG DES FÜRSTENTUMS LIECHTENSTEIN, Vernehmlassung zum Blockchain-Gesetz gestartet, https://www.regierung.li/de/mitteilungen/212312/?typ=news (28.02.2021).

[108] REGIERUNG DES FÜRSTENTUMS LIECHTENSTEIN, Bericht und Antrag zum «Blockchain-Gesetz» verabschiedet, https://www.regierung.li/de/mitteilungen/222667/?typ=news (28.02.2021).

Dienstleister-Gesetz; TVTG) [109] **verabschiedet**.[110] Die erste Lesung[111] im Landtag des Fürstentum Liechtenstein fand im Juni 2019 statt, das **Eintreten** auf die Gesetzesvorlage **war unumstritten**. Die aufgeworfenen Fragen wurden von der Regierung behandelt, und in der Sitzung vom 3. September 2019 hat die Regierung die Stellungnahme[112] zur Schaffung eines Gesetzes über Token und VT-Dienstleister (Token- und VT-Dienstleister-Gesetz; TVTG) sowie die Abänderung weiterer Gesetze verabschiedet. Die Landtagsabgeordneten stellten insb. Fragen zum Risiko, dem Begriff «vertrauenswürdige Technologien», zur «dauerhaften Speicherung» in Blockchains, zu den VT-Dienstleistern, zum vorgesehenen Aufsichtssystem und dazu, wer mit der Durchführung betraut werden soll. Die Regierung hat daraufhin im Wesentlichen die Bestimmungen zu den Sorgfaltspflichten weiter präzisiert, indem der Begriff «Zahlungstoken» gestrichen und der Begriff des VT-Wechseldienstleisters angepasst wurde. Zudem wurde das Gebührenmodell angepasst.[113] Die zweite Lesung fand dann am 3. Oktober 2019 statt und der **Landtag des Fürstentums Liechtenstein stimmte der Vorlage** nach der 2. Lesung mit 22 Stimmen, somit **einhellig zu**.[114] Am 25. Oktober 2019 wurde das TVTG an der UNO in New York vorgestellt und stiess auch hier auf grosses Interesse.[115] Dies zeigt, wie der Gesetzesentwurf über die Landesgrenzen hinweg Beachtung gefunden hat und äusserst positiv aufgenommen wurde.[116] Das **TVTG** ist am **1.1.2020 in Kraft getreten**.

Aufgrund der Revision des Insolvenzrechts und der Anpassung der Begrifflichkeiten im Insolvenzrecht mussten die Art. 14, 20, 25 und 40 TVTG angepasst werden. Diese Änderung ist am 1.1.2021 in Kraft getreten. Am 1.4.2021 ist die Revision zur Einführung

---

[109] BuA Nr. 54/2019.

[110] REGIERUNG DES FÜRSTENTUMS LIECHTENSTEIN, Bericht und Antrag zum «Blockchain-Gesetz» verabschiedet.

[111] LANDTAG DES FÜRSTENTUMS LIECHTENSTEIN, Landtagsprotokoll 5./6./7. Juni 2019, Teil 2, S. 1049 ff.

[112] REGIERUNG DES FÜRSTENTUMS LIECHTENSTEIN, BuA Nr. 93/2019.

[113] REGIERUNG DES FÜRSTENTUMS LIECHTENSTEIN, Stellungnahme zum Token- und VT-Dienstleister-Gesetz («Blockchain-Gesetz») verabschiedet, https://www.regierung.li/de/mitteilungen/222882 (28.02.2021).

[114] LANDTAG DES FÜRSTENTUMS LIECHTENSTEIN, Landtagsprotokoll 2./3. Oktober 2019, Teil 2, S. 1911.

[115] Neben Dr. Thomas Dünser konnte auch Thomas Nägele als Panelist teilnehmen; REGIERUNG DES FÜRSTENTUMS LIECHTENSTEIN, Liechtensteins Blockchain-Gesetz stösst in der UNO auf grosses Interesse, https://www.regierung.li/de/mitteilungen/223020/?typ=news (28.02.2021).

[116] Vgl. zur positiven Aufnahme des Gesetzes WURZER, Practical Applications According to the Law on Tokens and TT Service Providers (Token- and TT Service Provider Act; TVTG), SPWR 2019, S. 252.

eines «VT-Agenten» in Kraft getreten. Durch diese Anpassung wird zudem der Anwendungsbereich des SPG auf den VT-Agenten erstreckt, um gleiche Rahmenbedingungen für VT-Dienstleister mit Sitz im Inland und ausländische Anbieter zu schaffen.[117]

---

[117] REGIERUNG DES FÜRSTENTUMS LIECHTENSTEIN, BuA Nr. 132/2020, S. 23 f.

3. TEIL DIE LEGALDEFINITION VON TOKEN NACH DEM TVTG

§ 1 Warum mit dem Token ein neues Rechtsobjekt eingeführt wurde

Auch wenn erste lokale Ansätze für Legaldefinitionen des Begriffes «Token» bestehen, gibt es nach wie vor keine einheitliche zivilrechtliche Definition von Token in - Die Europäische Bankenaufsicht (EBA) und die European Securities and kets Authority (ESMA) unterscheiden aufsichtsrechtlich zwischen den auch in Liechtenstein in der Praxis etablierten Kategorien und stellen fest, dass oft eine klare Zuordnung schwierig ist (sog. Hybrid-Token). Als essentiell erachten die Vorgenannten eine klare Abgrenzung zwischen jenen Token, auf welche die **Finanzmarktgesetzgebung Anwendung** finden soll, und den **Übrigen**.[118] Auch in der aufsichtsrechtlichen Praxis in Liechtenstein werden Token – je nach (wirtschaftlicher) Funktion – in die drei folgenden Gruppen unterteilt:[119] **Utility-Token, Payment-Token** (Currency Coins/Token) und **Security-Token** (Equity-Token). Ein entsprechender Klassifizierungsansatz wurde aber vom TVTG nicht aufgenommen.[120]

Bereits bei der Schaffung des TVTG hatte die Regierung die «Token-Ökonomie» vor Augen. Das **Regulierungskonzept**, das hinter dem TVTG steht, strebt daher auch eine **möglichst breite Anwendbarkeit der rechtlichen Grundlagen** an. Die Legaldefinition schafft ein **neues Rechtsobjekt**, den **Token**. Token können dabei einerseits einen eigenen (inneren) Wert haben («**intrinsische Token**») und bspw. als Währung fungieren. Andererseits können Token externe Werte in Form eines Rechtes repräsentieren («**extrinsische Token**»), wie bspw. Token, die «Aktionärsrechte» repräsentieren.[121]

---

[118] N ../E/BONT, Tokenized structures and assets in Liechtenstein law, Trusts Trustees 2019, S. ./ f.

BuA Nr. 54/2019, S. 141; Vgl. auch LANGER/NÄGELE, IWB 2018, S. 6; Vgl. auch SCHOPPER/RASCHNER, Die aufsichtsrechtliche Einordnung von Krypto-Börsen in Österreich, ÖBA 2019, S. 250; Vgl. zur europarechtlichen Einordnung bereits NÄGELE/BONT, S. 635.

[120] BuA Nr. 54/2019, S. 142.
[121] BuA Nr. 54/2019, S. 58.

Mit dem **Token- und VT-Dienstleister-Gesetz (TVTG)** hat Liechtenstein als eines der ersten Länder der Welt eine Legaldefinition für Token eingeführt.[122] Das TVTG definiert in Art. 2 Abs. 1 Bst. c) den Begriff:

„Token" als Information auf einem VT-System, die Forderungs- oder Mitgliedschaftsrechte gegenüber einer Person, Rechte an Sachen oder andere absolute oder relative Rechte repräsentieren kann und einem oder mehreren VT-Identifikatoren zugeordnet wird.

Das TVTG definiert den Token demzufolge als **Information** unter dem Einsatz der einschlägigen Technologie, welche Rechte repräsentieren kann. Damit wird ein neues Rechtsobjekt (sui generis) in die Liechtensteinische Rechtsordnung eingeführt.[123]

Dieser Ansatz blieb nicht unbeachtet. So hat am 24. September 2020 die Europäische Kommission mit der Veröffentlichung des „Digital Finance Package"[124] einen Vorschlag für eine Verordnung für **„Markets in Crypto-assets (MiCA)"**[125] vorgestellt, welcher in Art. 3 Abs. 1 Ziff. 2 eine Begriffsbestimmung für „Kryptowert" enthält, der wie folgt lautet:

„Kryptowert" eine digitale Darstellung von Werten oder Rechten, die unter Verwendung der Distributed-Ledger-Technologie oder einer ähnlichen Technologie elektronisch übertragen und gespeichert werden können.

Es scheint, dass sich die Europäische Kommission von der Legaldefinition des TVTG hat inspirieren lassen und ebenfalls das Konzept der Repräsentation (sie spricht von

---

[122] Allenfalls ist es sogar die weltweit erste Legaldefiniton; Vgl. hierzu A. FRICK, Zivilrechtliche Aspekte von Token im Zusammenhang mit dem liechtensteinischen Token- und VT-Dienstleister-Gesetz. Diplomarbeit Fakultät für Rechtswissenschaften der Universität Innsbruck, Schaan, Innsbruck (2020), S. 16.

[123] Vgl. NÄGELE, Sekundärmarkt für Security Token, S. 9; und insb. auch BuA Nr. 54/2019, 60 ff; A. FRICK, Zivilrechtliche Aspekte von Token im Zusammenhang mit dem liechtensteinischen Token- und VT-Dienstleister-Gesetz, S. 18.

[124] FINANCIAL STABILITY, FINANCIAL SERVICES AND CAPITAL MARKETS UNION, Digital finance package, https://ec.europa.eu/info/publications/200924-digital-finance-proposals_en (21.01.2021).

[125] EUROPÄISCHE KOMMISSION, Vorschlag für eine Verordnung für Markets in Crypto-assets (MiCA).

«Darstellung») als Basis verwendet.[126] Das TVTG und die MiCA ergänzen sich demzufolge sehr gut.[127]

Im **Zentrum des TVTG** steht somit die **Legaldefinition** des Begriffs «Token», um welche herum das TVTG erarbeitet wurde. Dies mit dem Ziel, eine adäquate Rechtsgrundlage für die Token-Ökonomie zu schaffen. Unter «**Token-Ökonomie**» wird die Digitalisierung der Wirtschaft durch «Tokenisierung» von Vermögenswerten verstanden. «**Tokenisierung**» ist die **Repräsentation von Rechten durch Token**. Das TVTG bzw. die Gesetzesmaterialien zum TVTG sprechen davon, dass der Token eine Art «Container zur Repräsentation von Rechten» sei[128]. Zwischenzeitlich hat sich der Begriff «**Token-Container-Modell**» etabliert.[129] In der Folge soll die Begriffsbestimmung von Token einer eingehenden Analyse unterworfen werden.

---

[126] Vgl. die Antworten von Dr. Joachim Schwerin der Europäischen Kommission zur Frage der Inspirationsquellen in RUGAARD, Towards a European token economy – driven by the EU Commission! https://thetokenizer.io/2021/01/10/towards-a-european-token-economy-driven-by-the-eu-commission (23.01.2021), S. 8.

[127] "The Liechtenstein TVTG and MiCA are milestones: they complement each other perfectly" sagte Joachim Schwerin; Vgl. NÄGELE, Why Liechtenstein is an attractive location for the token economy, https://thomas-naegele.medium.com/why-liechtenstein-is-an-attractive-location-for-the-token-economy-91d23c8ab1b0 ; Vgl. zur MiCA und dem TVTG insb. 2.5 MiCA and TVTG — These are the differences in NÄGELE, MiCA — Markets in Crypto-assets Regulation and the DLT Pilot Regime — What impact might these proposed EU regulations have on Liechtenstein and the TVTG (aka Blockchain Act)?

[128] BuA Nr. 54/2019, S. 58.

[129] Erstmals öffentlich vom Token-Container-Modell hat Nägele am 06.09.2019 als Vortragender beim Seminar "Blockchain meets Liechtenstein" gesprochen: UNIVERSITY OF LIECHTENSTEIN, Blockchain meets Liechtenstein, https://www.uni.li/de/universitaet/medienportal/medienmitteilungen/blockchain-meets-liechtenstein (17.05.2021).

Zu diesem Zweck werden die einzelnen Tatbestandselemente neu angeordnet und nummeriert bzw. die Rechterepräsentation gruppiert:

«Token»: eine

> (1) *Information* auf einem
>
> (2) *VT-System*, die
>
> (3) Rechte *repräsentieren kann* wie
>
>> (3a) *Forderungs- oder Mitgliedschaftsrechte* gegenüber einer Person,
>>
>> (3b) *Rechte an Sachen* oder
>>
>> (3c) *andere absolute oder relative Rechte* und
>
> (4) einem oder mehreren *VT-Identifikatoren zugeordnet* wird.

und in der Folge genauer betrachtet.

§ 2   Zu (1) «Informationen»

Die Begriffsbestimmung für Token in Art. 2 Abs. 1 Bst. c) TVTG verwendet den Begriff **«Information»**, ohne ihn in den Gesetzmaterialien näher zu erläutern. In diesem Kapitel wird daher das Tatbestandselement «Information» von der technischen Seite her ausführlich betrachtet, um dann die rechtliche Einordnung vornehmen zu können. Eine entsprechende ausführliche Betrachtung scheint angezeigt, um unpräzise Schlussfolgerungen wie bspw., dass der Token die Information sei, die es erlaube, Zugriff auf die Daten zu nehmen, zu vermeiden.[130] Es werden auch, wo als sinnvoll erachtet, die einzelnen technologischen Umsetzungen diskutiert, wie bspw. die verschiedenen Token-Standards.

---

[130] So stellt der Datensatz eben gerade nicht den Schlüssel dar, sondern, um bei diesem Beispiel zu bleiben, einen verschlossenen Container, der mit dem VT-Schlüssel gewisse Interaktionen (bspw. Transaktionen) erlaubt, auch wenn der Token dann wiederum als Schlüssel dienen kann; die Beschreibung von Raschauer/Silbernagl vereinfacht daher zu stark; RASCHAUER/SILBERNAGL, Grundsatzfragen des liechtensteinischen „Blockchain-Gesetzes" – TVTG, ZFR 2020/3, S. 13.

A   Was sind Informationen und Daten im Allgemeinen?

I   Zum Begriff Daten aus technischer Sicht

Aus Sichtweise der Informatik besteht zwischen Information und Daten bereits ein wichtiger Unterschied. **Daten sind interpretationswürdige**[131] **Repräsentationen von Informationen**, nutzbar zur Kommunikation, Verarbeitung oder eben zur Interpretation.[132] Sie repräsentieren Information analog[133] oder digital und sind in ihrer digitalen Variante binär codiert (Zustand ist «Ein» oder «Aus», symbolisch 0/1, Strom fliesst / fliesst nicht).[134] **Informationen sind digital**, wenn sie in Form von Zahlen dargestellt, präziser **binär gespeichert werden** und nicht mehr weiter aufgelöst werden können (kleinste Informationseinheit).[135] Mit anderen Worten sind Daten aus technischer Sicht maschinenlesbar (elektronisch verarbeitbar) codierte Informationen.[136]

Sollen Daten **elektronisch verarbeitet** werden, müssen sie in **binärer Form** vorliegen und allenfalls vorab übersetzt werden (man spricht von «**Digitalisierung**»[137]).[138] Die Abfolge der Nullen und Einsen kann auf verschiedene Art und Weise (magnetisch, optisch, magneto-optisch oder durch Halbleiterspeicher) – auf **Datenträgern**

---

[131] Ohne Interpretation der Daten werden Daten die Information nicht nützlich repräsentieren können, da die Information erst durch Interpretation nach bestimmten Grundsätzen entsteht. Wendet man andere an, kommt man zu einem anderen Ergebnis. Meines Erachtens ist es daher sachgerechter und leichter nachzuvollziehen, wenn man von "interpretationswürdig" statt "interpretierfähig" spricht. Vgl. hierzu SONNTAG, Informationstechnologie: Grundlagen, in *Jahnel* (Hrsg.), IT-Recht³ (2012), S. 5 m.w.N.

[132] SONNTAG in *Jahnel*, S. 5; Vgl. auch den Eintrag zu Begriff "data" in: INTERNATIONAL ORGANIZATION FOR STANDARDIZATION (ISO), (zit. ISO, Information technology), Information technology, https://www.iso.org/obp/ui/#iso:std:iso-iec:2382:ed-1:v1:en (29.04.2021).

[133] Analoge Informationen: Analoge Informationen können in einer kontinuierlichen Wellenform dargestellt und in immer kleinere Einheiten unterteilt werden; Vgl. KERSKEN, IT-Handbuch für Fachinformatiker⁶, S. 54.

[134] SONNTAG in *Jahnel*, S. 4; KERSKEN, IT-Handbuch für Fachinformatiker⁶, S. 53 f.

[135] KERSKEN, IT-Handbuch für Fachinformatiker⁶, S. 53 ff.

[136] Vgl. ZECH, Vorbemerkungen zu §§ 87a ff., in *Schuster/Grützmacher* (Hrsg.), IT-Recht¹ (2018), S. 1832.

[137] Digitalisierung: "Die Umwandlung der analogen Eindrücke aus der Realität in computergeeignete digitale Daten"; Vgl: KERSKEN, IT-Handbuch für Fachinformatiker⁶, S. 55.

[138] SCHNABEL, Computertechnik-Fibel, https://www.elektronik-kompendium.de/shop/buecher/computertechnik-fibel S. 9.

- gespeichert werden.[139] Möchte man aus den Daten wieder die ursprüngliche Information vor der Digitalisierung erhalten, so muss der Vorgang der Digitalisierung sozusagen wieder umgekehrt werden. Dafür müssen die Daten entsprechend interpretiert werden. Denn erst durch den konkreten Kontext werden Daten (wieder) zu Informationen, sie erhalten eine Bedeutung.[140] **Die Abfolge von Nullen und Einsen wird** mit anderen Worten **durch Interpretation zur Information.**[141] So kann beispielsweise «4711» eine Zahl darstellen, eine Postleitzahl (eine Zahl mit Spezialbedeutung), ein Datum oder ein Markenname (Text) sein.[142] Meist ist aber nur eine einzige Interpretation der Daten sinnvoll und gewünscht. So kann eine Bilddatei auch dazu verwendet werden, um als Musikstück zu dienen. Menschen werden diese Interpretation der Daten wiederum kaum als Musik verstehen, und die Repräsentation der Information «Bild» als Daten ist daher nur reproduzierbar, wenn man die Daten wiederum «richtig» interpretiert, um wieder ein Bild zu erhalten.[143]

II Zur zivilrechtlichen Einordnung von Daten

In den letzten Jahren sind die Digitalisierung und digitale Daten in vielen Bereichen unserer Wirtschaft zu einem wichtigen Thema geworden. «Daten sind das Gold», liest man in vielen Berichten von diversen Medien. Insb. durch die Europäische Datenschutz-Grundverordnung DSGVO[144] wurde vielen erst die Bedeutung personenbezogener Daten bewusst. Neben der Einordnung als Sache i.S.d. Sachenrechts (SR)[145] – und damit der Unterstellung unter die Regeln über Eigentum und Besitz[146] – dreht sich die Diskussion auch um die Einordnung als Immaterialgut und um die Frage, welche Schutzrechte anwendbar sein sollen.

---

[139] KERSKEN, IT-Handbuch für Fachinformatiker[6], S. 146; Vgl. zu Halbleiterspeichern wie Solid State Disks (SSD): in Wikipedia, Datenspeicher (27.12.2020, https://de.wikipedia.org/w/index.php?title=Datenspeicher&oldid=205970361).

[140] SONNTAG in *Jahnel*, S. 6.

[141] SCHNABEL, Computertechnik-Fibel[5], S. 9.

[142] SONNTAG in *Jahnel*, S. 5.

[143] SONNTAG in *Jahnel*, S. 6.

[144] VO (EU) 2016/679 des Europäischen Parlaments und des Rates vom 27. April 2016 zum Schutz natürlicher Personen bei der Verarbeitung personenbezogener Daten, zum freien Datenverkehr und zur Aufhebung der Richtlinie 95/46/EG (Datenschutz-Grundverordnung) (Text von Bedeutung für den EWR) (DSGVO), ABl. EG 2016/119, S. 1.

[145] Sachenrecht vom 31. Dezember 1922 (SR), Liechtensteinisches Landesgesetzblatt (1923).

[146] A. SCHMID/SCHMIDT/ZECH, Rechte an Daten – zum Stand der Diskussion, sic! 2018, S. 627.

Grundsätzliche Einigkeit herrscht allerdings darüber, dass Daten Gegenstand von Kauf- und Tauschverträgen[147], Schenkungen und – hauptsächlich wenn Daten als Werk i.S.d. URG[148] zu qualifizieren sind – Lizenzverträgen sein können.[149] Überraschenderweise ist aber bis heute **nicht abschliessend geklärt**, wie **Daten rechtlich einzuordnen sind**. Es stellt sich die Frage, ob Daten als Rechtsobjekt erfasst werden können. Dabei kommt es darauf an, auf welcher Ebene Daten abgegrenzt werden. Man unterscheidet dabei die Abgrenzung von Daten auf:

- semantischer (Bedeutungs-),
- syntaktischer (Zeichen-) oder
- struktureller (Träger-) Ebene.[150]

Ziemlich unstrittig liegt auf der strukturellen Ebene (Trägerebene) bei physischen Datenträgern jeweils eine Sache i.S.d. Sachenrechts vor (bspw. ein USB-Stick).[151] Auf syntaktischer Ebene (Zeichenebene) finden sich Daten nur selten als Gegenstand gesetzlicher Regelungen. Zu nennen wäre bspw. der strafrechtliche Schutz in § 126a StGB[152]. Dieser Straftatbestand schützt vor Datenbeschädigung durch Veränderung, Löschen oder sonst Unbrauchbarmachung von Daten.[153] Auf semantischer Ebene (Bedeutungsebene) hingegen werden insb. personenbezogene Daten durch das Datenschutzrecht geschützt.[154] Von dieser Unterscheidung ausgehend, lässt sich nun die Frage stellen, wie Daten zivilrechtlich einzuordnen sind.

1 Zur Frage der Unterstellung von Daten unter das Sachenrecht

Oft diskutiert wird die **Unterstellung** von Daten **unter das Sachenrecht** (SR). Das liechtensteinische SR wurde aus der Schweiz[155] rezipiert, weshalb die schweizerische Lehre und Rechtsprechung anwendbar ist. Eine Legaldefinition des Begriffs «Sache»

---

[147] Es stellt sich aber auch hier die Frage des Vertragsgegenstandes, meist sind die Datenträger (strukturelle Ebene) Vertragsgegenstand und nicht der Datenbestand (syntaktische Ebene) an sich, siehe sogleich.

[148] Gesetz vom 19. Mai 1999 über das Urheberrecht und verwandte Schutzrechte (Urheberrechtsgesetz) (URG), Liechtensteinisches Landesgesetzblatt (1999).

[149] ECKERT, Digitale Daten als Wirtschaftsgut: digitale Daten als Sache, SJZ 2016, S. 245 f.

[150] Vgl. zur deutschen Einordnung Rz. 22 ZECH in *Schuster/Grützmacher*, S. 1832; Vgl. zum Schweizer Datenbegriff A. SCHMID/SCHMIDT/ZECH, sic! 2018, S. 628.

[151] Vgl. für Deutschland Rz. 23 ZECH in *Schuster/Grützmacher*, S. 1832.

[152] Strafgesetzbuch (StGB), Liechtensteinisches Landesgesetzblatt (1988).

[153] Vgl. für Deutschland Rz. 24 ZECH in *Schuster/Grützmacher*, S. 1833.

[154] Vgl. für Deutschland Rz. 25 ZECH in *Schuster/Grützmacher*, S. 1833.

[155] In der Schweiz ist das Sachenrecht im Zivilgesetzbuch (ZGB) in den Art. 641 ff. verortet.

ist weder dem liechtensteinischen SR noch der Rezeptionsgrundlage, dem schweizerischen Sachenrecht, zu entnehmen.[156] Man ist demzufolge auf Lehre und Rechtsprechung nach Massgabe der Verkehrsauffassung angewiesen.[157] Die Schweizer Lehre definiert Sache als «einen körperlichen, von anderen abgegrenzten Gegenstand, der tatsächlicher und rechtlicher Beherrschung[158] zugänglich ist».[159]

Als zentrales Element zur Einordnung unter den Sachbegriff sieht die Schweizer Lehre die **Körperlichkeit**.[160] Sie fordert zur Erfüllung der Körperlichkeit «einen greifbaren Gegenstand» und beschränkt den Sachbegriff somit auf **materielle, massenbehaftete Gegenstände** und grenzt sie von übrigen Rechten und anderen nichtkörperlichen Gegenständen des Verkehrs ab.[161]

1.1 Vorbemerkungen zum liechtensteinischen Sachenrecht

Im Gegensatz zur Ansicht der Schweizer Lehre, wäre in Liechtenstein hingegen ein weiter **Sachbegriff**, der auch **nicht körperliche Daten umfasst**, denkbar:[162] Die Körperlichkeit stellt – wie auch im naturrechtlich geprägten § 285 des österreichischen ABGB[163] – keine Voraussetzung für den Sachbegriff dar.[164] Ursprünglich wurde

---

[156] Vgl. für die Schweiz WIEGAND in *Honsell/Vogt/Geiser*, Basler Kommentar[5] (2015), Vorbemerkungen zu Art. 641 ff., S. 847 N 5.

[157] A. SCHMID/SCHMIDT/ZECH, sic! 2018, S. 629.

[158] Die Beherrschbarkeit von Daten scheint eher unumstritten zu sein. Wobei man hier anscheinend die Begriffe Daten und Information gleichsetzt; Vgl. hierzu auch die Ausführungen in B, zu welche Informationen einen Token ausmachen; Vgl. zur Beherrschbarkeit auch schon ECKERT, SJZ 2016, S. 248; Vgl. auch A. FRICK, Zivilrechtliche Aspekte von Token im Zusammenhang mit dem liechtensteinischen Token- und VT-Dienstleister-Gesetz, S. 18.

[159] WIEGAND in *Honsell/Vogt/Geiser*[5], Vorbemerkungen zu Art. 641 ff., S. 847 N 6; Vgl. insb. zur Situation in Liechtenstein zur Frage der Körperlichkeit als Tatbestandsmerkmal beim Sachbegriff auch RIETZLER/M. FRICK/CASELLINI, Liechtensteinisches Blockchain Gesetz, in *Piska/Völkel* (Hrsg.), Blockchain rules (2019), S. 363 f.

[160] Vgl. zur Köperlichkeit WIEGAND in *Honsell/Vogt/Geiser*[5], Vorbemerkungen zu Art. 641 ff., S. 847N 5; Den Materialien zum TVTG ist zu entnehmen, dass man primär aufgrund der fehlenden Körperlichkeit der Information, die einen Token ausmacht, von der Anwendung des Sachenrechts abgekommen ist; Vgl. BuA Nr. 54/2019, S. 62.

[161] WIEGAND in *Honsell/Vogt/Geiser*[5], Vorbemerkungen zu Art. 641 ff., S. 849 N 10.

[162] OPILIO, Liechtensteinisches Sachenrecht. SR; Arbeitskommentar (2010), S. 32 f.

[163] Vgl. den Sachbegriff im § 285 des österreichischen ABGB: „Alles, was von der Person unterschieden ist, und zum Gebrauche der Menschen dient, wird im rechtlichen Sinne eine Sache genannt"; Österreichisches Allgemeines bürgerliches Gesetzbuch für die gesamten deutschen Erbländer der österreichischen Monarchie (öABGB), Justizgesetzsammlung (1811).

[164] Personen- und Gesellschaftsrecht (PGR), Liechtensteinisches Landesgesetzblatt (1926).

das liechtensteinische Sachenrecht wie das übrige Zivilrecht aus Österreich rezipiert und war ebenfalls im ABGB verortet. Zu diesem Zeitpunkt war die Körperlichkeit daher auch in Liechtenstein keine Voraussetzung. Erst später wurde das Sachenrecht dann aus der Schweiz rezipiert.

Man kann dennoch argumentieren, dass in Liechtenstein die **Körperlichkeit** auch nach Rezeption des SR aus der Schweiz keine Voraussetzung ist. In Liechtenstein finden sich nämlich sowohl naturrechtlich geprägte Gesetze, wie das – aus Österreich rezipierte - ABGB[165], als auch rechtspositivistisch geprägte wie das PGR. Die naturrechtlich geprägten Kodifikationen trennen nicht scharf zwischen Sachen- und (Obligationen-)Rechten. Das liechtensteinische Sachenrecht, wie dessen nunmehrige Rezeptionsgrundlage, das schweizerische ZGB hingegen, trennen Sachen und Rechte voneinander. Das SR und chZGB gründen massgeblich auf der Pandektenlehre und sehen Sachen- und Obligationenrechte relativ unabhängig nebeneinander. Man könnte argumentieren, dass das Sachenrecht vor demselben rechtspositivistischen Hintergrund wie das übrige Zivilrecht steht. Dann würde man zu einer rechtspositivistischen Auslegung des SR kommen, was zu einem weiten Sachbegriff ohne Körperlichkeitskriterium führen würde. Diese Auslegung würde auch leichter erklären lassen, warum das SR gewisse unkörperliche Sachen (Rechte) den körperlichen Sachen gleichstellt (vgl. Art. 34 SR)[166]. Zu nennen sind bspw. das Stockwerkeigentum in Art. 170a ff. SR, welches dem Stockwerkeigentümer einen Miteigentumsanteil an einem Grundstück samt Sonderrechten, bestimmte Teile eines Gebäudes ausschliesslich nutzen zu können, gewährt, oder die Naturkräfte in Art. 171 SR.[167] Sofern Naturkräfte der rechtlichen Herrschaft unterworfen werden können, sind sie Gegenstand des Fahrniseigentums, obwohl sie die Sachqualitäten nicht aufweisen. Demzufolge werden die sachenrechtlichen Regeln – vielfach allerdings nur sinngemäss - auf Energien und andere Naturkräfte angewandt.[168]

Aus den vorgenannten Gründen wäre ein **Sachbegriff vertretbar**, der auch **unkörperliche Sachen umfasst**.[169] Es stellt sich die Frage, ob die rechtlichen Konsequenzen der Unterstellung digitaler Daten als Wirtschaftsgüter, als sog. «res digitalis», zu adäquaten Lösungen führen würden. Diese Unterstellung unter den Sachbegriff und

---

[165] Allgemeines bürgerliches Gesetzbuch (ABGB), Liechtensteinisches Landesgesetzblatt (1811).
[166] Vgl. auch Rz. 15 WIEGAND in *Honsell/Vogt/Geiser*[5], Vorbemerkungen zu Art. 641 ff., S. 851.
[167] OPILIO, Liechtensteinisches Sachenrecht, S. 34 f.
[168] WIEGAND in *Honsell/Vogt/Geiser*[5], Vorbemerkungen zu Art. 641 ff., S. 851.
[169] OPILIO, Liechtensteinisches Sachenrecht, S. 34.

damit der Anwendung der sachenrechtlichen Regeln, wird in der Schweizer Lehre – mehrheitlich ablehnend[170] – kontrovers diskutiert[171]. Die Folgen einer solchen Unterstellung wären aber wohl nur schwer vollständig abschätzbar.[172]

1.2 Zur Unterstellung digitaler Daten unter das Sachenrecht (res digitalis)

Daten werden, wie aufgezeigt, in Form von Zuständen von Nullen und Einsen gespeichert und verarbeitet. Eine Mindermeinung in der Literatur sieht in dieser technisch bedingten Fixierung (Speicherung digitaler Daten auf einem Datenträger) die «Verkörperung» der Daten und damit eine Brücke zum Sachenrecht. Digitale Daten würden danach für sich bestehen und wären abgegrenzt gespeichert auf einem Datenträger als Sache temporär oder bleibend festgehalten. Daraus schliesst diese Mindermeinung, dass Daten damit physisch greifbar und real sind.[173] Diese Argumentation vermag nicht zu überzeugen. Nicht die Daten verkörpern sich auf einem Datenträger, sondern der Datenträger, also die reale Sache wird verändert, um die Daten zu speichern. Auch wenn man in dieser Veränderung wiederum eine abgegrenzte Sache sehen möchte, so wird diese mit dem Datenträger verbunden und geht als verbundene Sache ohnehin sofort wieder unter.

Anschaulich lässt sich das an optischen Datenträgern wie bspw. DVDs nachvollziehen. DVDs enthalten als Datenspeicher eine reflektierende Metallfläche, welche durch hineingebohrte Vertiefungen («Pits») und unveränderte Stellen («Land») eine bestimmte Abfolge der zwei Zustände (Pit/Land ~ Nullen und Einsen), also digitale Daten binär «speichert». Ein Laserstrahl kann diese Metallfläche wieder abtasten und die Abfolge der Zustände ausgeben.[174] Drei «exakte Kopien» von DVDs sind sachenrechtlich drei Gegenstände (strukturelle Ebene), welche in unterschiedlichem Besitz stehen und unterschiedliche Eigentümer haben können. Die durch die DVDs gespeicherten Daten hingegen (semantische Ebene) sind ident. Es ist mitunter nicht einmal

---

[170] Vgl. zum Diskussionsstand: A. SCHMID/SCHMIDT/ZECH, sic! 2018.

[171] Für eine Erweiterung des Sachbegriffs auf digitale Daten: ECKERT, SJZ 2016; Vgl. für die Gegenposition, welche keine Erweiterung des Sachbegriffs vorschlägt: A. SCHMID/SCHMIDT/ZECH, sic! 2018; Vgl. für Liechtenstein ebenfalls der Erweiterung zustimmend, allerdings werden hierbei Daten mit Informationen gleichgesetzt und die Beherrschbarkeit durch Blockchain argumentiert: RIETZLER/M. FRICK/CASELLINI in Piska/Völkel, S. 363 ff.

[172] Vgl. hierzu auch die Materialien zum TVTG, die sich mit der Frage der Anwendbarkeit des Sachenrechts auf Token auseinandergesetzt hat: BuA Nr. 54/2019, S. 62.

[173] ECKERT, SJZ 2016, S. 248.

[174] KERSKEN, IT-Handbuch für Fachinformatiker[6], S. 146.

festzustellen, welches der Original-Datensatz und welches die Kopie ist. Zudem können auf dem Datenträger digitale Daten gespeichert werden, welche einer Vielzahl unterschiedlicher Rechtssubjekte zuzuordnen sind. Erwirbt ein Käufer derivativ Eigentum an einer der drei DVDs (strukturelle Ebene), wäre eine Übertragung der Rechte an den darauf gespeicherten digitalen Daten (semantische Ebene), insb. bei mehreren «Dateneigentümern», nur dann von der Rechtsordnung getragen, wenn die Voraussetzungen für die Übertragung vorliegen.

Auch bei der Verkörperung von Rechten in Wertpapieren und der damit einhergehenden Körperlichkeit der Urkunde spielt das Sachenrecht in der Praxis bereits eine untergeordnete Rolle. Diese Rechte treten in der Schweiz schon länger in Form von Wertrechten und Bucheffekten auf. In Liechtenstein gab es Wertrechte schon vor dem Inkrafttreten des TVTG und den Anpassungen im PGR, seit 1.1.2020 treten Forderungs- und Mitgliedschaftsrechte neu auch als Token auf VT-Systemen in Erscheinung, somit als rein digitale Registerrechte.[175]

1.3 Zur Nichtunterstellung unter das Sachenrecht

Die aufgezeigte Unterstellung unter das Sachenrecht wirkt konstruiert und verkennt die wesentlichen Vorteile digitaler Daten: Sie sind – im Vergleich zu Sachen – gerade:

- nicht rivalisierend,
- nicht abnutzbar und
- nicht exklusiv.

Nicht rivalisierend sind digitale Daten deshalb, weil die **Nutzung durch eine Person** die – auch gleichzeitige – **Nutzung durch eine andere Person nicht beeinträchtigt**. Aufgrund ihrer **beliebigen Vervielfältigbarkeit** und unterschiedlichsten Speichermöglichkeiten nutzen Daten nicht ab. Nicht exklusiv sind Daten deshalb, weil eine **Nutzung durch Dritte nicht ausgeschlossen werden kann**.[176] Eine Verkörperung der Daten in realen Objekten (Datenträgern), um diese dem Sachenrecht zu unterstellen, bringt daher m.E. mehr Nach- als Vorteile und verkennt die Vorteile der Eigenschaften von digitalen Daten. Kommen wir auf das vorige Beispiel mit den drei DVDs zurück und gehen davon aus, dass jeweils dieselbe .pdf Datei auf den DVDs gespeichert ist. Jeder Besitzer einer DVD kann wiederum unendlich viele Kopien der darauf enthaltenden Informationen (in Form der .pdf Datei gespeichert) als binäre,

---

[175] WIEGAND in *Honsell/Vogt/Geiser*[5], Vorbemerkungen zu Art. 641 ff., S. 849.
[176] Vgl. zum Datenbegriff: A. SCHMID/SCHMIDT/ZECH, sic! 2018, S. 628.

digitale Daten erstellen. Das Schicksal digitaler Daten auf der semantischen Ebene und des sachenrechtlich erfassten Datenträgers auf struktureller Ebene laufen daher regelmässig auseinander. In diesem Zusammenhang sollte man sich auch vor Augen führen, wie Daten heute gespeichert werden. In den wenigsten Fällen werden Daten noch auf optischen Datenträgern wie DVDs gespeichert, geteilt und bearbeitet. Dies geschieht überwiegend in Rechenzentren, deren geographische Lokalität der Nutzer meist nicht einmal mehr kennt («Cloud»). Damit sollte aber augenscheinlich sein, dass in den allerwenigsten Fällen der **sachenrechtlichen Rechtszuständigkeit** in Form von Besitz und Eigentum über den Datenträger (strukturelle Ebene) das gleiche rechtliche Schicksal zukommen soll und kann, wie den darauf gespeicherten digitalen Daten (semantische Ebene), die in den meisten Fällen anderen Rechtssubjekten durch **(Schutz-)Rechte** zugeordnet sind.

Die Unterstellung von digitalen Daten unter den Sachbegriff und damit auch unter die sachenrechtlichen Übertragungsregelungen führt regelmässig zu einem Auseinanderlaufen der Rechtszustände und der Wirklichkeit. Es erscheint daher sachgerechter, das Schicksal der körperlichen Sachen (Datenträger) von den darauf digital gespeicherten Daten zu trennen. Im Gegensatz zu Naturkräften sind Daten auch nicht abnutzbar. Wie bereits beim TVTG für Token geschehen, würde sich – de lege ferenda - für digitale Daten eine autonome Regelung anbieten.[177] Als Vorbild könnte man sich die Inhaberschaft bei Immaterialgüterrechten zu Nutze machen.[178]

2 Zur Einordnung von Daten unter die Immaterialgüterrechte

Neben der weniger aussichtsreichen Unterstellung von Daten unter das Sachenrecht sind, wie bereits angeschnitten, die Immaterialgüterrechte als Grundlage für einen eigenen Lösungsansatz vielversprechender. Interessant ist dabei die Doppelung der Erfassung bei den Immaterialgüterrechten. Der Datenträger ist eine bewegliche Sache i.S.d. SR und das darauf gespeicherte Gedankengut dagegen ist Gegenstand des Immaterialgüterrechts.[179] Auch hier wird das Schicksal des Datenträgers (strukturelle Ebene) vom Inhalt (semantische Ebene) getrennt. Zur rechtlichen Einordnung

---

[177] Vgl. zur Frage der autonomen Regelung und Nichtunterstellung unter das Sachenrecht durch das TVTG RASCHAUER/SILBERNAGL, Grundsatzfragen des liechtensteinischen „Blockchain-Gesetzes" – TVTG, ZFR 2020/3, S. 13.

[178] A. SCHMID/SCHMIDT/ZECH, sic! 2018, S. 638; Für die Trennung (bzw. "Doppelung der rechtlichen Erfassung") spricht sich auch Wiegand aus; Vgl. Rz. 10 zur Körperlichkeit: WIEGAND in *Honsell/Vogt/Geiser*[5], Vorbemerkungen zu Art. 641 ff., S. 849.

[179] WIEGAND in *Honsell/Vogt/Geiser*[5], Vorbemerkungen zu Art. 641 ff., S. 849 N 10.

lohnt daher auch der Blick ins Urheberrecht. In Liechtenstein wurde das Urheberrechtsgesetz (URG) aus der Schweiz rezipiert und aufgrund der Mitgliedschaft im Europäischen Wirtschaftsraum (EWR) durch die Datenbank-Richtlinie angepasst.[180] Die Diskussion um Rechte an Daten hat durch Big-Data-Analysen wieder an Bedeutung gewonnen. Dabei spielt vor allem auch das wirtschaftliche Interesse an diesen grossen Datensätzen, wie auch das Datenbankherstellerrecht, eine entscheidende Rolle.[181] In der Folge soll daher eine Unterstellung unter die Immaterialgüterrechte, insb. der Schutz von Datenbanken, geprüft werden.

3 Zur Anwendung des Urheberrechts auf Computerprogramme

Nach Art. 2 Abs. 1) URG sind Werke unabhängig von ihrem Wert oder Zweck geistige Schöpfungen der Literatur und Kunst, die individuellen Charakter haben. In Abs. 2) leg. cit. werden verschiedene Werke genannt. Digitale Daten fallen auf den ersten Blick nicht darunter. Dabei ist auch hier das Werk, bspw. ein Musikstück, von der digitalen Vervielfältigung der .mp3 Datei (Werkexemplar) zu unterscheiden. Art. 2 Abs. 3 leg. cit. ordnet sodann die **Computerprogramme** auch den **Werken der Literatur und Kunst** zu. Sie sind aber weder als literarische noch als wissenschaftliches Sprachwerk zu qualifizieren.[182] Computerprogramme sind also **keine Werke**, werden **aber als solche behandelt**. Eine Legaldefinition von Computerprogrammen sucht man im URG vergeblich. Der Gesetzgeber der schweizerischen Rezeptionsgrundlage stellte immerhin fest, dass «Computerprogramme im herkömmlichen Sinn, verstanden als Folge von Befehlen, die der Computer ausführt um eine Aufgabe zu lösen», unter den Begriff fallen würden, aber auch «rein formale Aufgabenbeschreibungen» vom Begriff erfasst sein sollen.[183] Erfüllt ein Computerprogramm die üblichen Schutzvoraussetzungen, so entsteht ein Urheberrecht an ihm. Dies ist der Regelfall, da die Schutzvoraussetzungen nicht streng sind.[184]

In Art. 16 URG werden sodann zustimmungsbedürftige Handlungen bei Computerprogrammen vorgesehen. Diese Schutzrechte umfassen insb. die Vervielfältigung, die Bearbeitung oder Umarbeitung und jede Form der Verbreitung des Originals eines

---

[180] RL 96/9/EG des Europäischen Parlaments und des Rates vom 11. März 1996 über den rechtlichen Schutz von Datenbanken (Datenbank-RL), ABl. EG 1996/77, S. 20; Die genannte RL wurde mit Beschluss Nr. 59/1996 des Gemeinsamen EWR-Ausschusses in den EWR-Rechtsbestand übernommen und trat am 01.07.2000 für Liechtenstein in Kraft.

[181] ZECH in *Schuster/Grützmacher*, S. 1828; Vgl. auch *A.* SCHMID/SCHMIDT/ZECH, sic! 2018, S. 627.

[182] HANDLE, Der urheberrechtliche Schutz der Idee, SMI 2013, S. 241.

[183] Vgl. hierzu detailliert HANDLE, SMI 2013, S. 233.

[184] HANDLE, SMI 2013, S. 245 f.

Computerprogramms. Art. 24 URG sieht eine Erlaubnis der Entschlüsselung von Computerprogrammen zur Herstellung der Interoperabilität vor, sofern bestimmte Voraussetzungen vorliegen.

Digitale Daten in Form von Computerprogrammen sind zwar keine Werke i.S.d. URG, werden aber wie aufgezeigt also solche behandelt und sind besonders geschützt.

4 Zur Unterstellung von Daten unter das Datenbankrecht

Der Begriff «Datenbank» bezeichnet zum einen die Datensammlung selbst und zum anderen das Programm, das diese Daten verwaltet. Im ersten Fall bezeichnet der Begriff eine nach bestimmten Regeln strukturierte Ansammlung von Informationen zu verschiedenen Themengruppen. Das Programm (Database Management System oder kurz DBMS genannt) hingegen verwaltet die Daten und stellt Funktionen zum Suchen, Sortieren, Filtern und Formatieren von Informationen bereit.[185]

Das Erstellen der Datenbankstruktur, die Beschaffung, die Überprüfung oder die Darstellung von Informationen (Inhalten) in einer Datenbank erfordern in qualitativer und quantitativer Hinsicht mitunter wesentliche Investitionen. Das Erstellen einer Kopie einer (veröffentlichten) Datenbank hingegen ist leicht zu bewerkstelligen bzw. deren Inhalt leicht zu verwenden.[186] Die Europäische Union sah daher bereits 1996 die Notwendigkeit, die Produzenten von Datenbanken mit einer Datenbank-RL[187] besser zu schützen, um die Investitionen in moderne Datenspeicher- und Datenverarbeitungssysteme in der Gemeinschaft zu fördern.[188] Als geeignete Form zum Schutz von Datenbanken sah sie das Urheberrecht an.[189]

In Liechtenstein setzt das Urheberrechtsgesetz (URG) die Datenbank-RL um und sieht den sui-generis Schutz von Investitionen in Datenbanken in Art. 45 URG vor. Schutzgegenstand ist nicht die Datenbank selbst oder die Struktur der Datenbank, sondern die **Investition des Produzenten** (Herstellers) in den Inhalt der Datenbank.[190] So lässt das Schutzrecht sui-generis von Datenbanken die an ihrem Inhalt

---

[185] KERSKEN, IT-Handbuch für Fachinformatiker6, S. 699.

[186] Vgl. Art. 45 Abs. 1 URG; Vgl. auch BLOCHER, Gewerblicher Rechtsschutz und Urheberrecht, in Jahnel (Hrsg.), IT-Recht3 (2012), S. 242; Vgl. ErwG 7 und 8 Datenbank-RL, ABl. EG 1996/77, S. 20.

[187] Datenbank-RL, ABl. EG 1996/77, S. 20.

[188] Datenbank-RL, ABl. EG 1996/77, S. 20, ErwG 12.

[189] Datenbank-RL, ABl. EG 1996/77, S. 20, ErwG 5.

[190] BLOCHER in Jahnel, S. 245.

bestehenden Rechte unberührt.[191] Es wird also sachgerecht zwischen dem Träger von Informationen bzw. dessen Ausgestaltung und deren Funktionen bzw. die Investitionen in dieselbige unterschieden. Den Inhalten der Datenbank kommen wiederum gesonderte Urheberrechte zu, sofern es sich um geschützte Werke i.S.d. Art. 2 URG bzw. Vervielfältigungen davon handelt.

III   Fazit zur zivilrechtlichen Einordnung von Daten

Eine Mindermeinung lässt eine Unterstellung von digitalen Daten unter den Sachbegriff in Liechtenstein zu. Überzeugender scheint die überwiegend vorherrschende Meinung der Nichtunterstellung unter das Sachenrecht. Hierbei wird der Natur von digitalen Daten Rechnung getragen, die sich von bspw. den Naturkräften unterscheiden. Es ist zu unterscheiden zwischen dem Datenträger und den darauf gespeicherten Daten. Der Datenträger ist eine bewegliche Sache i.S.d. SR und das darauf gespeicherte Gedankengut dagegen ist Gegenstand des Immaterialgüterrechts und von diesem geschützt. Digitale Daten in Form von Computerprogrammen sind zwar keine Werke i.S.d. URG, werden aber wie aufgezeigt als solche behandelt und besonders geschützt.

B   Zur «Information», die einen Token ausmacht

I   Vorbemerkung

Wie dargestellt sind Informationen im Allgemeinen digitale Daten, die interpretiert wurden. Die Information, die einen Token ausmacht, ist somit von den Daten zu unterscheiden, die diese Information in digitaler Form festhalten.[192] Auch den Informationen fehlt es an der Körperlichkeit[193], weshalb nach Ansicht der Regierung bei Schaffung des TVTG Token nicht unter den Sachbegriff zu subsumieren sind: «*Da ein Token technisch lediglich eine Information oder ein Eintrag auf einem VT-System dar-*

---

[191] Datenbank-RL, ABl. EG 1996/77, S. 20, ErwG 18.
[192] Somit ist der Satz, dass Token "technisch betrachtet" Daten sind, richtig. Für das neu eingeführte Rechtsobjekt Token i.S.d. TVTG greift das aber zu kurz. So spricht sich Nägele/Xander bereits vor Inkrafttreten des TVTG für eine eigene Definition aus; vgl. hierzu NÄGELE/XANDER in *Piska/Völkel*, S. 376 f.
[193] Vgl. zur Frage der Körperlichkeit den BuA Nr. 54/2019, S. 62.

stellt, also „nur" aus digitalen Zeichenfolgen besteht, ist klar, dass ein Token keine Körperlichkeit aufweist.»[194] Token sind daher keine Sachen i.S.d. Sachenrechts. Die Regierung sah zudem die Notwendigkeit «tiefer Einschnitte» ins Sachenrecht, um eine adäquate Regelung zu ermöglichen und schaffte deshalb eine autonome Regelung für Token.[195]

Auch die bei Daten diskutierten urheberrechtlich gewährten Schutzrechte stellen keine adäquate Erfassung der Informationen (also der interpretierten, digitalen Daten), die Token ausmachen, dar, da auch die Schutzrechte wie das Sachenrecht den digitalen «Transport» von Rechten nicht ermöglichen.[196] Eine detaillierte Analyse des Tatbestandsmerkmals «Information» ist daher im Folgenden angezeigt.

Der Vollständigkeit halber sei hier auch noch die kontroverse Diskussion in der Schweizer Lehre rund um die Erfassung von Bitcoin mit dem Begriff des **subjektiven Rechts** erwähnt.[197] Darunter versteht man eine von der Rechtsordnung (dem objektiven Recht) anerkannte individuelle Berechtigung (ein Rechtsvorteil) mit bestimmtem Inhalt eines Rechtssubjekts. Dabei darf nicht jedermann ohne Weiteres über diese Berechtigung verfügen (Ausnahmecharakter der Berechtigung). Auch die subjektiven Rechte lassen sich unterteilen, in Rechte mit absolutem Charakter (gelten erga omnes) und solche mit relativem Charakter (gelten nur inter partes).[198] Eine entsprechende Diskussion ist in Liechtenstein – spätestens seit Inkrafttreten des TVTG – hinfällig, da das TVTG auch intrinsische Token wie Bitcoin erfasst.

---

[194] Die Unterstellung unter das Sachenrecht wäre aber möglich gewesen. Vgl. hierzu die Ausführungen im 3. Teil, § 2, A, II, 1.2.

[195] Vgl. zur Frage warum Token nicht dem SR unterstellt wurden, insb. die Ausführungen der Regierung in BuA Nr. 54/2019, S. 62; Vgl. zur Frage, ob der Weg einer eigenen Ordnung der überzeugendere ist, zustimmend schon A. FRICK, Zivilrechtliche Aspekte von Token im Zusammenhang mit dem liechtensteinischen Token- und VT-Dienstleister-Gesetz, S. 31; SILBERNAGL, Zivilrechtliche Regelungen des liechtensteinischen Blockchaingesetzes (TVTG) - Möglichkeiten für Österreich? Zak 2020/7, S. 10; Vgl. zur Voraussetzung der Körperlichkeit bei Token auch schon NÄGELE, Sekundärmarkt für Security Token, S. 14; LAYR/MARXER, Rechtsnatur und Übertragung von «Token» aus liechtensteinischer Perspektive, LJZ 2019, S. 12 f.

[196] Vgl. zur Eindordnung unter die Immaterialgüterrechte für die Schweiz schon THOUVENIN/FRÜH/LOMBARD, Eigentum an Sachdaten: Eine Standortbestimmung, SZW 2017, S. 28 f.

[197] Subjektive Rechte werden kontrovers diskutiert; ZOGG, Bitcoin als Rechtsobjekt – eine zivilrechtliche Einordnung, recht 2019, S. 100.

[198] ZOGG, recht 2019, S. 100.

Token und damit die Information, die einen Token ausmacht, sind danach zu unterscheiden, wie sie entstehen und wie in der Folge über sie verfügt werden kann. Im Folgenden werden daher an zwei Beispielen der Bitcoin- und Ethereum-Blockchain systemeigene Token (Coins) dargestellt. In der Folge sind dann Token genauer zu betrachten, die auf Basis einer bestehenden Blockchain durch Smart Contracts erstellt werden (Token im eigentlichen Sinn). Zur Veranschaulichung erfolgt dies am Beispiel von Token auf Basis von Ethereum und Aeternity. Zum besseren Verständnis werden dann auch noch die wesentlichsten Token-Standards dargestellt, die wiederum festlegen, aus welcher Information Token mindestens bestehen müssen.

II   Zu den systemeigenen Token (Coins)

1   Zum Bitcoin-Token (bitcoin)

1.1   Zur Bitcoin-Blockchain und dem Transaktionsmodell

Wenn man sich Bitcoin als grosse dezentrale Datenbank vorstellt, neigt man dazu zu denken, dass diese Datenbank in Form einer Tabelle mit Kontonummern (VT-Identifikatoren) und entsprechenden Werten, die diesen Kontonummern zugeordnet werden, aufgebaut ist. Kommt es zu einer Transaktion, wird bei Konto A der Betrag belastet und bei Konto B gutgeschrieben. Dieses Modell nennen wir «Kontomodell» und wir werden es bei Ethereum wieder sehen. Bitcoin führt aber keine Konti in der dezentralen Datenbank. Auch wenn die typischen Nutzerschnittstellen wie Wallets oder Blockchain-Explorer[199] die Informationen so aufbereiten, unterscheidet sich die Art und Weise, wie Transaktionen verarbeitet werden von den üblichen Modellen. Die dezentrale Datenbank von Bitcoin besteht - vereinfacht gesagt - aus allen jemals erfolgten Transaktionen, die miteinander verbunden sind. Möchte man nun wissen, über wie viel bitcoin eine Person[200] verfügt, muss geprüft werden, wie viele bitcoin an den/die VT-Identifikator(en) dieser Person transferiert wurden. Man durchforstet also alle jemals erfolgten Transaktionen und rechnet alle zusammen, die an die bestimmte «Person» gegangen sind und bis zum Zeitpunkt der Berechnung nicht wieder ausgegeben - d.h. in einer weiteren Transaktion verarbeitet - wurden. Als Ergeb-

---

[199] Vgl. bspw. eine Transaktion auf blockchain.info; BLOCKCHAIN.INFO, Blockchain Explorer, https://www.blockchain.com/btc/tx/a5cbbb32c7f3e2508cd1edef8db817ee9c0fc94b46ee97d5e2f8dd981c4fef48 (17.05.2021).
[200] Eine Person, die Verfügungsberechtigung über einen bestimmten VT-Identifikator hat.

nis erhält man die Anzahl bitcoin, über welche diese Person verfügen kann. Bei Bitcoin spricht man daher davon, dass die bitcoin von «Transaktion zu Transaktion wandern». Man nennt dies auch «**Transaktionsmodell**».

Mittels einer Transaktion werden bitcoin somit von Transaktion zu Transaktion übertragen. Bei genauerer Betrachtung besteht eine Bitcoin-Transaktion aus **Inputs** und **Outputs**. Die aus Inputs und Outputs bestehende Transaktion wird an das Bitcoin-Netzwerk übertragen, um in Blöcken zusammengefasst zu werden. Eine Transaktion referenziert immer auf die Outputs einer vorhergehenden Transaktion (**transaction output**) durch Einbeziehung in die neu zu schaffenden Transaktions-Inputs (**transaction input**). Dabei müssen immer die **gesamten Werte an bitcoin** des Outputs in neuen Eingaben **verwendet werden** (abzüglich Transaktionsgebühren)[201]. Wie gesagt «wandern» die bitcoin von Transaktion zu Transaktion. Man kann aber nicht eine Transaktion nur z.T. weiterübertragen, sondern nur alle bitcoin neu verteilen. Sind in der letzten Transaktion BTC 1.2 enthalten, müssen auch die ganzen BTC 1.2 weitertransferiert werden. Die Transaktionen an sich sind **nicht verschlüsselt** und können von **jedermann durchsucht** werden.[202] Um das Transaktionsmodell und vor allem auch die Zuordnung zu VT-Identifikatoren besser zu verstehen, muss man sich die Funktionsweise der Inputs, Outputs und der Scripts vor Augen führen:

Ein **Input** ist, wie bereits gesagt, immer ein Verweis auf einen Output einer vorhergehenden Transaktion. Der Input muss die Bedingung (**Unlocking-Script**) erfüllen, die im Output im Locking-Script definiert ist. Nur wenn man diese Bedingung erfüllen kann, ist es möglich, einen Input zu erstellen und die Bitcoin an einen neuen Output weiter-zu-transferieren.[203] Mehrere Inputs können in einer Transaktion kombiniert werden. Damit ist es möglich bitcoin von mehreren Outputs durch die entsprechenden Inputs in einer Transaktion zusammenzufassen. Man verfügt daher mittels einer Transaktion über bitcoin aus mehreren Outputs.

Ein **Output** enthält dabei die Instruktionen, um bitcoin weiterzusenden und besteht aus zwei Teilen:

---

[201] Präzise gesprochen werden alle Inputs verarbeitet (von engl. „congestion") und die Gebühren werden erst indirekt bei den Outputs abgezogen.

[202] BITCOIN WIKI, Transaction, https://en.bitcoin.it/wiki/Transaction (08.02.2021).

[203] BITCOIN WIKI, Transaction.

- Wert an bitcoin, der durch diesen Output weitertransferiert werden kann in Form von Satoshi (1 BTC = 100'000'000 Satoshi);
- Eine Bedingung definiert im «Locking-Script», welches den Wert an bitcoin «versperrt» und nur «geöffnet» werden kann, wenn man die im Script festgelegte Bedingung erfüllt.[204]

Standardmässig wird von einem **Locking-Script** eine passende Signatur («signature») zum definierten öffentlichen Schlüssel bzw. einer Abwandlung davon (VT-Identifikator, Public-Key, Adresse) verlangt. Dabei wird als öffentlicher Schlüssel sinnhafterweise jener im Locking-Script definiert, zu welchem der Transaktionsempfänger über den privaten Schlüssel verfügt. Es gibt aber auch Locking-Scripts, welche die Signatur mehrerer VT-Schlüssel erfordern («**Multi-Signature**»). Es sind sogar Locking Scripts möglich, bei denen man keine Bedingung erfüllen muss oder die Bedingungen nicht erfüllbar sind. Im ersten Fall kann jedermann die bitcoin weitertransferieren, im zweiten Fall niemand mehr. So kann bspw. vorausgesetzt werden, dass zehn Private-Keys verwendet werden müssen, oder ein Passwort statt eines Private-Keys, um die bitcoin weiter-zu-übertragen. Oder eben auch gar keine Autorisation oder Ähnliches; Die bitcoin kann dann derjenige übertragen, der sie als erster übertragen möchte.[205]

Wie mehrere Inputs zusammengefasst werden können, können auch mehrere Outputs in einer Transaktion kombiniert werden. Hier hat man aber nicht zu wenig BTC in einem Output, sondern zu viel und möchte nicht den gesamten Bestand an einen Dritten übertragen. Man kann daher mehrere Outputs kombinieren und so den gesamten Wert eines Inputs weitertransferieren. Ein Teil davon geht bspw. wieder an einen selbst zurück. Dabei ist wichtig festzuhalten, dass jeder Output einer Transaktion nur ein einziges Mal als Input einer darauf aufbauenden Transaktion verwendet werden kann. Das ist dann auch der Grund, warum immer alle bitcoin weitertransferiert werden müssen.[206]

Ein Beispiel veranschaulicht das: Hat man BTC 50 und möchte aber nur BTC 25 auf jemanden übertragen, werden zwei Outputs mit jeweils BTC 25[207] erstellt, wobei eine

---

[204] ANTONOPOULOS, Mastering bitcoin, S. 121.
[205] BITCOIN WIKI, Transaction.
[206] BITCOIN WIKI, Transaction.
[207] In diesem Beispiel werden zum leichteren Verständnis keine Transaktionsgebühren vorgesehen.

Zahlung an den Empfänger geht und eine zurück an den Sender (auch als Wechselgeld bezeichnet, da es letztlich zurückgeht an einen selbst). Diejenige Anzahl an bitcoin, die nicht in einer Ausgabe genannt sind, werden als Transaktionsgebühr betrachtet. Derjenige, der den Block erstellt, kann die Transaktionsgebühr vereinnahmen, indem er die Transaktionsgebühren in die «coinbase»-Transaktion des jeweiligen Blocks aufnimmt.[208]

1.2 Zu den Unspent Transaction Outputs (UTXO)

Ein Transaction Output, der noch nicht weitertransferiert wurde, hat den Status «nicht ausgegeben» («unspent transaction output», auch «UTXO»).[209] Es gibt also bei Outputs zwei Zustände:

- ausgegebene («spent transaction outputs») und
- noch nicht ausgegebene («unspent transaction outputs»).[210]

Das dezentrale Hauptbuch – oder mit anderen Worten die Bitcoin-Datenbank – speichert keine Information über Kontostände, sondern alle Transaktionen. Die bitcoin, über die ein Nutzer Verfügungsgewalt hat, können also auf tausende unspent transaction outputs («UTXO») verteilt sein.

Die Vorstellung der meisten Menschen, dass bitcoin von Wallet zu Wallet oder von Adresse zu Adresse transferiert werden, stimmt also bei näherer Betrachtung nicht. Bitcoin werden vielmehr von Transaktion zu Transaktion übertragen.[211] Damit man nicht jedes Mal diese aufwändige Berechnung durchführen muss, speichern Full-Nodes alle UTXO's in einer lokalen Datenbank zwischen. Diese Datenbank bezeichnet man als «UTXO set» oder «**UTXO pool**». Eine Wallet-Software kann sich diese Datenbank zu Nutze machen, indem sie nicht die gesamte Bitcoin-Blockchain-Datenbank herunterlädt, sondern nur den UTXO pool und dann jeweils die Transaktionen prüft und die Datenbank ergänzt.[212]

---

[208] BITCOIN WIKI, Transaction.
[209] ANTONOPOULOS, Mastering bitcoin, S. 119 f.
[210] MYCRYPTOPEDIA, Bitcoin's UTXO Set Explained - Mycryptopedia, https://www.mycryptopedia.com/bitcoin-utxo-unspent-transaction-output-set-explained (08.02.2021).
[211] VAN HIJFTE, Blockchain Platforms, S. 85.
[212] ANTONOPOULOS, Mastering bitcoin, S. 119 f.

1.3 Zur Information, die einen Bitcoin-Token ausmacht

Da wir nun wissen, wie Transaktionen bei Bitcoin funktionieren, kann man sich vorstellen, aus **welcher Information** ein **bitcoin «besteht»**. Bitcoin ist teilbar, ein bitcoin besteht aus 100'000'000 Satoshi. Wie viele bitcoin einem Verfügungsberechtigten zuzuordnen sind, ist das Ergebnis einer Berechnung, für wie viele Outputs er die Bedingung(en) erfüllen kann (meistens durch Signieren mit einem Private-Key) und diese noch nicht weitertransferiert wurden («UTXO»). Die Information, wer wie viel bitcoin «hat», ist also nicht direkt aus der dezentral in Form einer Blockchain gespeicherten Datenbank herauszulesen, sondern wird von jedem Full-Node berechnet und in einer UTXO-pool-Datenbank lokal zwischengespeichert.[213] Das bedeutet aber auch, dass ein bitcoin keine Zeichenfolge ist (syntaktische Ebene), also nicht aus Daten an sich besteht, sondern eine Information als interpretierte Daten, nämlich die Berechnung der UTXO (semantische Ebene). Deshalb ist es auch richtig, dass das TVTG in der Definition von Token **nicht von einer Zeichenfolge** spricht.

Bei Bitcoin ist **Inhaber der Verfügungsgewalt** diejenige Person, die in der Lage ist, die Bedingung(en), welche im relevanten Output (Locking-Script) definiert sind, zu erfüllen. Meistens wird als Bedingung die Kenntnis des Private-Keys (VT-Schlüssel) verlangt, um eine Transaktion zu signieren. Als VT-Identifikator kann wie in den Anfängen von Bitcoin auch eine IP-Adresse dienen, oder jede andere Bedingung, die im Locking-Script festgelegt wird. Wie ausgeführt, ist es auch möglich, keine Bedingung zu definieren. Somit sind die Token auch keinem VT-Identifikator zugeordnet und erfüllen - streng betrachtet - nicht mehr die Kriterien der Token-Definition in Art. 2 Abs. 1 lit. c TVTG. In diesem Fall sind die bitcoin wohl als «**herrenlos**» zu qualifizieren. Derjenige, der den Output erstellt hat, wollte sie offensichtlich nicht mehr in seiner Verfügungsberechtigung und Verfügungsgewalt halten. Nach SR-Grundsätzen hätte die Person die bitcoin derelinquiert. Findet jemand die herrenlosen bitcoin und ordnet sie durch eine Transaktion wieder einem VT-Identifikator zu (funktional adäquat zu einer Aneignung i.S.d. Art. 188 SR), erfüllen die Token wiederum das Erfordernis der Zuordnung und sind damit wiederum Token i.S.d. TVTG. Verfügungsberechtigter ist somit derjenige, der einen «herrenlosen» Token mit «Aneignungswille» einem VT-Identifikator zuordnet, über welchen er Verfügungsgewalt hat.

---

[213] Vgl. hierzu auch schon NÄGELE/XANDER in *Piska/Völkel*, S. 376.

2 Zum Ethereum-Token (Ether)

2.1 Zur Ethereum Virtual Machine (EVM)

Bitcoin wurde als digitale Währung entwickelt, Ethereum hingegen als dezentraler Computer. Ethereum ist daher mehr als nur eine dezentrale Datenbank. Ethereum wird auch als «**World Computer**» bezeichnet. Darunter ist ein emulierter Computer zu verstehen, der auf allen Ethereum-Nodes läuft und die Smart Contracts (Computerprogramme) ausführt. Eine Kopie der EVM läuft somit auf allen Nodes und prüft die Ausführung der Programme. Die **Ethereum Blockchain**, also die dezentrale Datenbank hingegen, speichert dann wiederum den **Status des World Computers**, der die Transaktionen und Smart Contracts ausführt. Genannt wird dieser emulierte Computer «**Ethereum Virtual Machine**» oder kurz «**EVM**».[214]

2.2 Zur Information, die einen Ether-Token ausmacht

Im Gegensatz zu Bitcoin, nutzt Ethereum ein Modell mit Kontoguthaben statt einem Transaktionsmodell. Die Konten haben erwartungsgemäss einen Kontosaldo und - möchte man eine Transaktion machen - wird geprüft, ob das Senderkonto über genügend Guthaben verfügt. Trifft dies zu, wird dem Empfängerkonto der Betrag gutgeschrieben und dem Senderkonto abgezogen, genannt **Kontomodell**.[215] Die Information, aus der Ether besteht, ist also das Ergebnis einer Abfrage, welchem VT-Identifikator wie viele Ether zugewiesen sind.[216]

3 Zur Entstehung von systemeigenen Token durch Mining

Wesentlich für die Erfassung der Information, die einen Token ausmacht, ist auch das Verständnis über die Entstehung von Token. Das TVTG sieht für die Erzeugung von Token eine eigene Rolle vor, den Token-Erzeuger, und spricht daher auch sachgerecht von der Erzeugung von Token und nicht von deren Entstehung. Da manche Token aber keinen Erzeuger im eigentlichen Sinne haben, wird im Folgenden auch von Entstehung gesprochen. Token im Sinne des TVTG können auf verschiedene Weise «entstehen». Eine Form der Entstehung basiert auf dem «**Schürfen nach neuen Token**», auch «Mining» genannt. Beim bereits erläuterten Proof-of-Work («PoW») Algorithmus von Bitcoin erhalten die Miner beim erfolgreichen Lösen der

---

[214] ANTONOPOULOS, Mastering bitcoin, S. 26.
[215] VAN HIJFTE, Blockchain Platforms, S. 157.
[216] Vgl. hierzu auch schon NÄGELE/XANDER in *Piska/Völkel*, S. 376.

Aufgabe eine sog. «Blockprämie» (engl. „**Block-Reward**").[217] Derjenige, der als erster ein passendes Ergebnis findet, wird mit der Prämie belohnt, die anderen gehen leer aus. Bei Bitcoin erhält der erfolgreiche Miner derzeit 6.25 BTC pro Block, die Blockprämie wird dabei alle 4 Jahre halbiert (bekannt unter „**Bitcoin Halving**"). So «entstehen» bzw. werden den Minern auf ihre VT-Identifikatoren «neue» bitcoin zugeordnet, bis die maximale Anzahl von bitcoin von 21 Millionen «gefunden» sind. Der Höchststand von 21 Millionen bitcoin wird im Jahre 2140 erreicht werden. In diesem Sinne gibt es auch **keinen Emittenten**, der die Token zuteilt. Der Prozess ist vielmehr mit dem «Schürfen nach Gold» zu vergleichen, das einiges an Aufwand verursacht und wo am gefundenen Gold originär Eigentum erworben wird.[218] Auch der Entwurf der Markets in Crypto-assets (MiCA)[219] Verordnung der Europäischen Kommission sieht in Art. 4 Abs. 2 lit. b für Kryptowerte (Token), die **automatisch geschürft** werden, Ausnahmen von Pflichten nach MiCA vor. Diese Ausnahmen sollen gelten, wenn «*die Kryptowerte als Gegenleistung für die Pflege der DLT oder die Validierung von Geschäften automatisch geschürft werden*»[220]. Mit anderen Worten wäre es nach MiCA zulassungsfrei möglich, ein neues Bitcoin-Protokoll öffentlich anzubieten. Auch der Handel auf Handelsplattformen wäre nicht zulassungspflichtig.

Durch Mining entstehen meistens die sog. systemeigenen «Protokoll-Token» oder «Coins» wie bitcoin. Bitcoin können nur bedingt technisch ausgestaltet bzw. angepasst werden. Möglich ist die Definition von Bedingungen im sog. «**Locking-Script**» (es gibt daher keine Smart Contracts im eigentlichen Sinne). Praxisrelevant sind dabei bspw. Multi-Signature-Anforderungen, die mit einer solchen Bedingung umgesetzt werden können. Dann benötigt es mehrere Signaturen, um eine Transaktion auslösen zu können. Bitcoin sind **intrinsische Token**, welche **durch Mining entstehen**. Sie sind die «systemeigenen Token» («Coins») der Bitcoin-Blockchain. Sie

---

[217] Zu Bitcoin Halving und dem Block-Reward vgl. HUBER, Bitcoin 2020 – die Halbierung der Blockprämie.

[218] Vereinzelt wird die Rechtsansicht vertreten, dass die Miner eine einfache Gesellschaft bilden, um den Zweck der Ausgabe von bspw. bitcoin zu verfolgen. Dies wohl im Bestreben um v.a. aufsichtsrechtlich ein Regelungssubjekt zu finden. Die einfache Gesellschaft hat keine Rechtspersönlichkeit und es müsste ohnehin wieder auf die einzelnen Miner zurückgegriffen werden, was in der Praxis nicht durchsetzbar wäre, weil Miner grds. anonym sind. Meines Erachtens wäre es angezeigt, VT-Systeme und deren Natur zu verstehen, um das Aufsichtsrecht adäquat anzuwenden. Jedenfalls seit der Veröffentlichung des MiCA-Entwurfes durch die Europäische Kommission sollte die Unterstellung unter bestehendes Recht überdacht werden.

[219] EUROPÄISCHE KOMMISSION, Vorschlag für eine Verordnung für Markets in Crypto-assets (MiCA).

[220] Art. 4 Abs. 2 lit. b EUROPÄISCHE KOMMISSION, Vorschlag für eine Verordnung für Markets in Crypto-assets (MiCA).

haben daher keinen eigentlichen Erzeuger und leiten ihren Wert nicht von repräsentierten Rechten ab.

III Zu Token im eigentlichen Sinn

Neben den soeben beschriebenen systemeigenen Token (Coins), die durch Mining entstehen, wurde es in der Folge möglich, auf Basis von bestehenden Blockchains neue Token zu erstellen. Technisch ausgestaltet werden diese Token durch Smart Contracts. Am Beispiel von Ethereum und Aeternity soll in der Folge dargestellt werden, welchen Inhalt die Smart Contracts zur Erstellung von Token haben, mit anderen Worten, aus welcher Information der Token wiederum besteht. Es wird aufzuzeigen sein, dass die Information keine Unterscheidung zwischen den einzelnen Token zulässt, oder eben jeder Token eine eindeutige Identifikation erhält und somit nicht mehr fungibel ist.

1.1 Zur Entstehung von Token durch Smart Contracts

Ethereum hat die Entstehung von Token wesentlich vereinfacht. Statt ein neues VT-System von Grund weg neu zu entwickeln, um dann wie bei Bitcoin die Protokoll-Token zu schürfen, kann man auf Basis von bspw. Ethereum oder Aeternity vergleichsweise einfach eigene Token im **Baukastensystem**[221] erstellen. Vor allem mit dem zwischenzeitlich unter dem Begriff «ERC-20» bekannten Standard, können Token in wenigen Minuten «programmiert» und «veröffentlicht» (engl. «deployed») werden. Meist wird dabei nur der Token-Name, eine Abkürzung und die gewünschte Anzahl an Token definiert. Die durch den Smart Contract geschaffenen Token werden dann zu Beginn an VT-Identifikatoren bei der technischen Erzeugung zugeordnet.

Diese Token entstehen daher nicht durch Mining, sondern durch die Programmierung und Veröffentlichung («**Deployment**») auf einem bestehenden System. Deren Erstellungskosten belaufen sich auf ein paar wenige Schweizer Franken. Diese Token haben (eigentlich) keinen intrinsischen Wert und wurden meist im Rahmen von Initial Coin Offerings («ICOs») zur Unternehmensfinanzierung verwendet. Was der Käufer mit den Token tun kann, hängt wesentlich von den technischen Funktionen und Möglichkeiten der Token und den Rechten ab, die im Token repräsentiert werden.

---

[221] So lassen sich im Internet eine Vielzahl solcher Angebote finden, bspw: VITTORIO MINACORI, Create ERC20 Token for FREE, https://vittominacori.github.io/erc20-generator (21.02.2021).

1.2 Zur Entstehung von Token durch Minting

Hat man nun durch die Veröffentlichung eines Smart Contracts einen neuen Token erschaffen und die initiale Anzahl an Token definiert, gibt es weitere Möglichkeiten, wie Token entstehen können. Sofern im Smart Contract vorgesehen, ist es möglich, die Anzahl an gesamthaft verfügbaren Token zu erhöhen, auch «**Minting**» genannt. Damit ist faktisch kein Aufwand verbunden, es wird nämlich nur der Wert an gesamthaft verfügbaren Token erhöht und die neu entstandenen Token einem VT-Identifikator zugewiesen.

2 Zu den unterschiedlichen Token-Standards

2.1 Allgemeines zu den auf Ethereum basierenden Token-Standards

Token-Standards beschreiben eine Kombination von Funktionen, die in einem Smart Contract enthalten sein müssen, damit sie mit anderen Smart Contracts oder Software, wie beispielsweise Kryptobörsen oder Wallets, interagieren können. Es gibt keinen universellen Standard für alle Token. Man muss, je nach verwendeter Technologie, unterschiedliche Standards unterscheiden. Da Token daher aber untereinander meist nicht kompatibel sind, erschwert dies die Interoperabilität. Der derzeit am weitest verbreitete Token-Standard ist der ERC-20-Standard. ERC ist dabei die Abkürzung für „**Ethereum Request for Comments**" und bedeutet frei übersetzt «mit der Bitte um Kommentierung». Dieser Begriff stammt aus der Softwareentwicklung und hat folgenden Hintergrund: Ethereum bezeichnet neben der Blockchain bekanntlich auch die Software bzw. das Protokoll der Ethereum-Blockchain. Die Smart-Contract-Programmiersprache von Ethereum heisst „**Solidity**". Die Software von Ethereum wird immer weiterentwickelt und die Entwickler müssen sich ständig auf neue Funktionen und Verbesserungen einigen. Dies geschieht dadurch, dass die Entwickler ein sog. **Ethereum Improvement Proposal (EIP)** veröffentlichen. Ein EIP ist ein Design-Dokument, welches neu angedachte Funktionen oder Verbesserungen beschreibt.[222] Erreicht ein EIP einen gewissen Status, wird aus dem EIP ein ERC. ERC ist daher eine Art «Label für manche EIPs», die einen Standard definieren bei der Verwendung von Ethereum.[223] Token Standards wie ERC-20 oder ERC-721 sind solche-Standards. Die Zahl hinter dem ERC steht für die Diskussion bzw. das diskutierte

---

[222] ANTONOPOULOS/WOOD, Mastering Ethereum. Building smart contracts and DApps (2018), S. 32; ETHEREUM, ethereum/EIPs, https://github.com/ethereum/EIPs (21.02.2021).

[223] ANTONOPOULOS/WOOD, Mastering Ethereum, S. 33 f.

Thema (EIP) und ist eine fortlaufende Zahl. So wurde bspw. mit EIP-16[224] die Frage diskutiert, ob man für gewisse EIPs Standards definieren soll, eben ERCs. Aus dem EIP-20 wurde sodann der ERC-20, der nunmehr weit verbreitetste Token-Standard.

2.2 Zu ERC-20-Token (Fungible Token)

ERC-20-Token sollen eine möglichst breite Anwendung ermöglichen und daher nahezu alles auf Ethereum repräsentieren können wie bspw.:

- Reputation in einem Online-Spiel,
- Fähigkeiten von Spielfiguren,
- Lotterietickets,
- Finanzinstrumente wie bspw. die Anteile an einer Gesellschaft,
- Gesetzliche Währung wie bspw. CHF oder
- 1 g Gold.[225]

Ein ERC-20 kompatibler **Token-Smart-Contract** hat daher primär eine Aufgabe: **transferierbar zu sein**. Er benötigt daher nicht viele Funktionen. Im Wesentlichen sind dies die Funktionen:

- **Token** von einem VT-Identifikator an einen anderen **zu übertragen** («**transfer**»), die Funktion, um die
- **Anzahl von Token**, die einem **VT-Identifikator zugeordnet** sind, **abzufragen** («**balanceOf**») und die
- Abfrage der **Anzahl gesamthaft verfügbarer Token** («**totalSupply**»).

Es ist daher nicht nur leicht, Token von einer Adresse[226] an die andere zu übertragen, sondern auch die Anzahl der Token pro Adresse und die gesamte Anzahl der Token abzufragen. Daneben kann man dem Token u.a. einen Namen geben («**name**», bspw. «TetherToken»), ein Symbol («**symbol**», bspw. «USDT»), die Anzahl der Dezimalstellen definieren («**decimals**», bspw. 8, dann ist der Token durch 100'000'000 teilbar), oder auch die Möglichkeit einräumen, dass Smart Contracts Token transferieren («**transferFrom**»).[227] Wurde der Smart Contract veröffentlicht («deployed»), ist es

---

[224] ETHEREUM, ethereum/EIPs Issue #16 ·, https://github.com/ethereum/EIPs/issues/16 (21.02.2021).
[225] ETHEREUM, ERC-20 Token Standard, https://ethereum.org/en/developers/docs/standards/tokens/erc-20 (21.02.2021).
[226] In der Diktion des TVTG sind Adressen VT-Identifikatoren.
[227] BUTERIN; VOGELSTELLER, ethereum/EIPs 20.

nicht mehr möglich, Änderungen am Smart-Contract-Code vorzunehmen. Werden die Token nicht den Anforderungen entsprechend programmiert, oder enthalten sie Sicherheitslücken, kann dies zu grossen Auswirkungen und bis hin zum kompletten Funktionsverlust der Token führen. Dies ist auch die Ratio hinter der aufsichtsrechtlichen Erfassung der **Token-Erzeugung** als registrierungspflichtige Dienstleistung durch das TVTG.

Im Standard sind ERC-20-Token **frei transferierbar** und **nicht** voneinander **unterscheidbar** (sie sind **fungibel**, folglich **Gattungsschulden**). Gestaltet man einen ERC-20-Token-Smart-Contract technisch aber so aus, dass er unteilbar ist (totalSupply = 1 und decimals = 0), gibt es nur einen einzigen, unteilbaren Token. Dieser wird eindeutig identifizierbar durch die Token-Smart-Contract-Adresse, -> insoweit wird der ERC-20 kompatible Token zur Speziesschuld (Stückschuld).[228] Man sieht an diesem Beispiel, wie wichtig es ist, sich mit den Sachverhaltsgrundlagen detailliert zu beschäftigen. Nicht alle ERC-20-kompatiblen Token sind ohne weitere Prüfung der technischen Ausgestaltung einfach als Gattungsschulden zu qualifizieren.[229]

Verwendet man bei der Erstellung eines ERC-20-Smart-Contracts keine zusätzlichen Funktionen, ist es bei Verlust des VT-Schlüssels nicht mehr möglich, über die Token zu verfügen (sie sind **nicht wiederherstellbar**). Es gibt keine Möglichkeit, Token von anderen VT-Schlüsseln «zurückzuholen» und es ist auch **nicht möglich, die Anzahl an verfügbaren Token zu ändern** («**totalSupply**»). Für viele Anwendungen sind einige der vorgenannten Funktionen aber essentiell. So müssen bei Ausgabe von Wertrechten unter Verwendung von VT-Systemen Vorkehrungen getroffen werden, wie bei Verlust des VT-Schlüssels nach Durchführung des **Kraftloserklärungsverfahrens** nach Art. 10 TVTG dem letzten Verfügungsberechtigten wieder Verfügungsgewalt eingeräumt werden kann. Zudem muss vorgesehen werden, dass Token nur an VT-Identifikatoren zugeordnet werden können, deren Verfügungsberechtigte sich vorab identifiziert haben. In der Praxis wird dies durch eine sogenannte «Whitelisting-Funktion» umgesetzt. Dabei prüft der Token-Smart-Contract vor Durchführung der Transaktion, ob die Empfängeradresse auf einer **Whitelist** (also der Liste mit den zugelassenen Empfängern) steht. Ist dies der Fall, wird die Transaktion durchgeführt,

---

[228] In der Praxis mag es aus Kompatibilitätsüberlegungen sinnvoll sein, ein ERC-20-kompatible Programmierung zu verwenden, statt eines ERC-721 kompatiblen Smart Contracts. Auf der anderen Seite ist die Veröffentlichung eines Smart Contracts auch immer mit Gebühren verbunden. In der Praxis gilt es daher, die Vorteile der Kompatibilität mit dem Nachteil der damit einhergehenden Kosten abzuwägen.

[229] VOGELSTELLER/BUTERIN, ERC-20 Token Standard, https://github.com/ethereum/EIPs/blob/master/EIPS/eip-20.md (21.02.2021).

wenn nicht, wird die Transaktion nicht durchgeführt. Ohne eine entsprechende Prüfung kennen Verbandspersonen nur die VT-Identifikatoren (Adressen) und nicht die Identität ihrer Gesellschafter.[230] Whitelist ist aber keine Funktion, die im ERC-20-Standard vorgesehen ist, hierfür haben sich andere Standards entwickelt, vgl. hierzu die Ausführungen zu ERC-1400 im 3. Teil, § 2, B, III, 2.4.

Im Standard auch nicht vorgesehen ist bspw. die Funktion, die Anzahl an gesamthaft verfügbaren Token zu erhöhen («mint»), auch «Minting» genannt, - englisch für «Prägung» bzw. das «Prägen von Münzen». Im Gegensatz zum Mining benötigt es hier keinen Aufwand («PoW») oder Einsatz («PoS»), um die **Anzahl der Token zu erhöhen**, sondern einfach die Berechtigung dazu und die vorgängige Berücksichtigung der «mint»-Funktion bei der Programmierung des Token-Smart-Contracts. Durch die Ergänzung eines ERC-20-Standard-Smart-Contracts um eine mint-Funktion, verliert dieser die Kompatibilität zu ERC-20 nicht. Bei anderen Funktionen kann diese aber durchaus verloren gehen. Ob die Anzahl der total verfügbaren Token (totalSupply) nach der Erstellung und Veröffentlichung des Token veränderbar ist, hat aber je nach Anwendung wesentliche Auswirkungen. Auf der einen Seite wird es u.U. notwendig sein, die Anzahl an Token erhöhen oder reduzieren zu können. Anderseits gibt es Anwendungen, wo dies gerade nicht möglich sein soll (knappe Güter wie bspw. einige Kryptowährungen). Verwendet man bspw. einen Token, um Miteigentumsanteile zu repräsentieren, ist es wichtig, dass die Anzahl an Token nicht einfach verändert werden kann.

Alle diese Funktionen der Smart Contracts, wie diese selbst, werden bei Ethereum durch die Ethereum Virtual Machine («EVM») ausgeführt. Ethereum ist daher, wie einleitend festgehalten, vergleichbar mit einem grossen dezentralen Computer, für dessen Rechenleistung man die Gebühren (genannt «gas») in Ether bzw. deren Untereinheit «gwei»[231] bezahlt. Jede Transaktion kostet also Ether, bzw. ein Bruchteil von Ether, gwei.[232]

Ob ein Token eine **Stück- oder Gattungsschuld** ist, ob eine unveränderbare, fixe Anzahl oder eine variable, totale Anzahl an Token verfügbar ist, oder ob es Beschrän-

---

[230] Nicht zuletzt, um den Pflichten zur Führung des Verzeichnisses wirtschaftlich berechtigter Personen nachzukommen; Gesetz vom 6. Dezember 2018 über das Verzeichnis der wirtschaftlichen Eigentümer inländischer Rechtsträger (VwEG), Liechtensteinisches Landesgesetzblatt (2019).
[231] 1 Ether = 1'000'000'000 gwei.
[232] ANTONOPOULOS/WOOD, Mastering Ethereum, S. 85.

kungen bei der Übertragung gibt, wird im jeweiligen Token-Smart-Contract festgelegt. Man muss also den Smart Contract lesen und verstehen, um rechtliche Einordnungen vornehmen zu können. Werden neue Token bspw. auf Basis von Ethereum veröffentlicht, so hat sich in der Praxis etabliert, den Token-Smart-Contract im Klartext[233] zu veröffentlichen. Jeder Token hat eine sog. «**contract address**». Durch die contract address lässt sich der Smart Contract **eindeutig identifizieren**. Nicht eindeutig muss der Name des Smart Contracts sein («**name**»). Es können beliebig viele Smart Contracts denselben Namen tragen.

Zum besseren Verständnis soll in der Folge ein Beispiel eines ERC-20-kompatiblen Token-Smart-Contracts genauer betrachtet werden. Es bietet sich ein Token an, der bei einem ICO verwendet wurde, bspw. der Token von Aeternity. Auf bspw. etherscan.io kann dieser Token-Smart-Contract, wie jeder andere auf Ethereum basierende, öffentlich eingesehen werden. Es sind aber nicht alle in lesbarer Form veröffentlicht. Beim AE ERC-20-Token handelt es sich um eine angepasste Version eines ERC-20 Standard-**Token-Smart-Contract**. Der Smart Contract des ERC-20 AE Token von Aeternity ist mit seiner «contract address» zu finden unter:

https://etherscan.io/address/0x5ca9a71b1d01849c0a95490cc00559717fcf0d1d#code[234]

Je mehr Kommentare[235] man im Source Code findet, desto leichter ist dieser nachzuvollziehen. So kann man im obigen Beispiel folgenden Code lesen:

function AEToken() HumanStandardToken(0, "Aeternity", 18, "AE") { uint nYears = 2; transferableUntil = now + (60 * 60 * 24 * 365 * nYears); }

Liest man den Kommentar darüber, lautet dieser: „*// Date when the tokens won't be transferable anymore*". Der Token läuft also ab, so dass er nach Ablauf von ca.[236] zwei Jahren nicht mehr transferierbar sein wird. Hier handelt es sich also um einen Token mit einer fixen Laufzeit. Nach Ablauf der Laufzeit ist der Token nicht mehr weitertransferierbar und verliert somit seine wohl wesentlichste Funktion.

---

[233] Im Standard ist der Quellcode der Token-Smart-Contracts nicht veröffentlicht.

[234] ETHERSCAN.IO, Aeternity (AE) Contract Address, https://etherscan.io/address/ 0x5ca9a71b1d01849c0a95490cc00559717fcf0d1d#code (08.02.2021).

[235] Bei der Programmiersprache von Ethereum, genannt Solidity, werden Kommentare durch / gekennzeichnet. Darin lassen sich Erläuterungen frei erstellen.

[236] Da Ethereum direkt kein Zeitsystem hat, behilft man sich mit der Blockhöhe, die wiederum nur ungefähr in Zeit umgerechnet werden kann. Dabei geht man von der durchschnittlichen Zeit aus, die es benötigt, bis der nächste Block «gemined» wird.

Der Aeternity ERC-20 Smart Contract sieht bspw. auch vor, dass alle Token am Anfang an jenen VT-Identifikator zugewiesen werden, welcher den Smart Contract auf der Ethereum Blockchain veröffentlicht („creator")[237]:

> *"balances[msg.sender] = _initialAmount; // Give the creator all initial tokens"*

Es ist demzufolge gar nicht so schwer nachzuvollziehen, was die einzelnen Funktionen bedeuten.

Zusammengefasst kann man also sagen, dass der am weitesten verbreitete Token-Standard ERC-20 in der Praxis meist als Basis für Kryptowährungen genutzt wurde und nach wie vor wird und meistens Gattungsschulden darstellt. Es wurde aber auch aufgezeigt, wie wichtig es ist, sich die Ausgestaltung der **Token-Smart-Contracts** im Detail anzusehen, um keine Überraschungen, wie unveränderbare Ablaufzeiten von Token, zu übersehen. Auch die Frage, ob ein ERC-20-Token ein **intrinsischer** oder ein **extrinsischer** Token ist, kann nicht pauschal beantwortet werden. Die meisten ERC-20 basierenden Token wurden als Kryptowährung ausgestaltet, weshalb sie intrinsische Token sind und deren Wert nicht von einem externen Wert abhängen. Werden diese Token dazu verwendet, um bspw. als Wertrechte oder **Stablecoins**[238] zu fungieren, so leiten sie ihren Wert vom Wertrecht oder eben anderen Werten ab. Diese Token wiederum sind als extrinsische Token zu qualifizieren.

2.3 Zu ERC-721 Token (Non-Fungible Token)

Der wesentliche Unterschied zwischen den (fungiblen) Standardtoken ERC-20 und den nicht fungiblen Token nach dem **ERC-721**, ist deren eindeutige Unterscheidbarkeit bzw. Bestimmbarkeit. Im September 2017 wurde auf github.com der ERC-721-Standard für **nicht fungible Token** («NFT») veröffentlicht. Dieser neue Standard ERC-721 sieht vor, dass jeder Token auf Basis des gleichen Smart Contracts durch eine eindeutige „**tokenID**" identifizierbar wird. Wichtig dabei ist es, das Zusammenspiel der contract address des Smart Contracts mit der tokenID zu verstehen. Es muss möglich sein, dass ein anderer Smart Contract die gleichen tokenIDs vergibt. Sonst wären tokenIDs knappe Ressourcen wie bspw. Domainnamen im Internet. Zu vergleichen ist die Kombination aus contract address und tokenID mit der Modellnummer und der Seriennummer eines Produktes. Die Modellnummer beschreibt die Gattung, eben das Modell, die Seriennummer hingegen (bspw. «12345678») das einzelne

---

[237] Das ist auch üblich so.
[238] Vgl. zu Stablecoins die einleitenden Begriffsbestimmungen.

Stück der Modellserie. Es kann vorkommen, dass eine Fotokamera die gleiche Modellnummer oder die gleiche Seriennummer wie eine Luxusuhr trägt. Erst durch die Kombination von Modellnummer und Seriennummer wird das einzelne Stück eindeutig identifiziert. Gleich verhält es sich bei der contract address und der tokenID. Die contract address beschreibt das Modell des Token, die tokenID wie die Seriennummer das einzelne Stück aus der Modellserie. Durch die Kenntnis der contract address und der tokenID wird eine eindeutige Zuordnung möglich.

Die Zuordnung des jeweiligen Token zu einem VT-Identifikator erfolgt dabei im ERC-721-Standard mit einer bestimmten Funktion, genannt «**ownerOf**». Diese Funktion gibt einem den VT-Identifikator zurück, zu welchem der Token mit der bestimmten tokenID zugeordnet ist. Mit anderen Worten fragt man das VT-System, wem ein Token «gehört». Daneben ist es möglich, für jeden bestimmten Token eine «**tokenUri**» zu setzen, die wiederum bspw. einen Link zu einer Webseite mit weiteren Informationen enthält.[239]

ERC-721-Token können bspw. auch nach ihrem Alter unterschieden werden. Sie sind unterschiedlich selten oder ergeben bei der Verwendung in dezentralisierten Applikationen (dApps) einen unterschiedlichen Output, bspw. ein Bild. Immaterialgüterrechtlich wäre die Information, die das Bild ergibt, u.U. als Werk geschützt und der creator wohl Urheber i.S.d. Urheberrechts. ERC-721-konforme Token werden aufgrund ihrer individuellen Beschreibung zur Speziesschuld, es kommt gerade auf den bestimmbaren Token an.[240]

2.4 Zu ERC-1400 Security Token (Share-Token)

Wie dargestellt, ist bei der Anwendung von Token als Kryptowährung deren freie Übertragbarkeit eine wichtige Funktion. Sollen aber bspw. Wertrechte (digitale Aktien) in Form von Token unter Verwendung von VT-Systemen genutzt werden, so würde eine freie Übertragbarkeit zu Problemen führen. Dieser - wie auch anderen spezifischen Herausforderungen bei der Verwendung von Token zur Repräsentation von Mitgliedschaftsrechten, wie bspw. den Aktionärsrechten -, hat sich ERC-1400 angenommen. Nach diesem Standard erzeugte Token werden daher auch Share-Token genannt.

---

[239] ETHEREUM, ERC-721 Non-Fungible Token Standard, https://ethereum.org/en/developers/docs/standards/tokens/erc-721 (21.02.2021).
[240] ETHEREUM, ERC-721 Non-Fungible Token Standard.

Die ursprünglich unter dem EIP 1400 begonnene Diskussion wurde aufgesplittet in die EIPs 1411 («Security Token Standard») und 1410 («Partially Fungible Token Standard»). Die Nummer für den Standard ist aber geblieben und titelt weiter mit ERC-1400. In der Standardbeschreibung von ERC-1400 ist festgehalten, dass ERC-1400-Token rückwärtskompatibel zu ERC-20 sein müssen. Daneben wurden folgende verpflichtende Funktionen definiert, die für den Lebenszyklus von Wertrechten essentiell sind:[241]

- **canTransfer**: Um zu prüfen, ob ein Transfer erfolgreich sein wird (bspw. vorgängige Abfrage einer Whitelist);
- **controllerTransfer** («force transfer»[242]): Ermöglicht es bspw., die gerichtliche Durchsetzung von Token-Transfers ohne Zutun des eigentlich Verfügungsberechtigten zu ermöglichen;[243]
- **events** bei Ausgabe und Rücknahme: Bei der Ausgabe und Rücknahme von Token müssen sog. events[244] ausgelöst werden, die dann wiederum als Start für weitere Verarbeitungsschritte dienen können;
- **metadata**: Es muss die Möglichkeit bestehen, weitere Informationen über bspw. besondere Aktionärsrechte oder Übertragungsbeschränkungen hinzuzufügen; diese Metadaten müssen bei Transfers sowohl durch off-chain- und on-chain-Daten wie auch Parameter des Transfers angepasst werden können;
- **documentation**: Es muss möglich sein, relevante Dokumente über das Wertrecht abzufragen bzw. zu abonnieren (bspw. ein Whitepaper, Wertpapierprospekt).[245]

---

[241] ETHEREUM, ERC 1400: Security Token Standard · Issue #1411 · ethereum/EIPs, https://github.com/ethereum/eips/issues/1411 (21.02.2021).

[242] Force transfer wird genauer diskutiert im ERC-1644, der Teil des ERC-1400 ist und der es einem Controller ermöglicht, Transfers auszuführen, daher auch "Controller Token Operation Standard"; DOSSA/RUIZ/VOGELSTELLER/GOSSELIN, ERC-1644: Controller Token Operation Standard · Issue #1644 · ethereum/EIPs, https://github.com/ethereum/EIPs/issues/1644 (22.02.2021).

[243] Da hier ein weiterer VT-Identifikator definiert wird, der Transaktionen auslösen kann; Auslösen kann eine entsprechende Transaktion entweder der Erzeuger od ein bestimmter "Controller", bspw. ein Gericht oder ein Dienstleister; ETHEREUM, ERC 1 Security Token Standard · Issue #1411 · ethereum/EIPs.

[244] Diese events können dann dazu verwendet werden, um weitere anzustossen. Ohne event (auch eine Transaktion) wird die Ethereum-Blockch

[245] ETHEREUM, ERC 1400: Security Token Standard · Issue # reum/EIPs.

Daneben ist im Standard die Möglichkeit vorgesehen, dass off-chain **signierte Daten** in eine **Übertragungstransaktion eingebracht** werden, um die **Transaktion on-chain zu validieren**.[246] Eine weitere wichtige Funktion besteht darin, **Token zu vernichten** bzw. unbrauchbar zu machen (auch «**burn**» genannt). Die einfachste Umsetzung besteht darin, dass diese Token an eine Adresse geschickt werden, über die niemand verfügen kann, wie bspw. die Adresse «0x0». Der Controller hat diese Möglichkeit selbstredend, da er Transaktionen an jede Adresse auslösen kann.[247]

Die Identität spielt bei der Anwendung von Token als Wertrechte eine grosse Rolle. Wie bereits festgehalten, müssen Verbandspersonen die Identität ihrer Mitglieder (bspw. ihrer Aktionäre) kennen, um ihre Pflichten erfüllen zu können. Diese kommen nicht zuletzt aus dem Bereich der Sorgfaltspflichten. In Liechtenstein wurde die freie Übertragbarkeit von Inhaberpapieren eingeschränkt (Immobilisierung von Inhaberaktien).[248] Mit der canTransfer-Funktion können bspw. vor einer Übertragung Freigabelisten («**Whitelists**») abgefragt werden, die alle Adressen enthalten, welche einen KYC[249] und AML[250] Vorgang durchlaufen haben.

3 Auf Aeternity basierende Token

Die Aeternity-Blockchain wurde von der Aeternity Anstalt mit Sitz in Vaduz, Liechtenstein entwickelt. Die Programmiersprache, um Smart Contracts für die Aeternity-Blockchain zu entwickeln, wird «**Sophia**» genannt.[251] Sie ähnelt der Ethereum-Smart-Contract-Programmiersprache «Solidity» sehr. Auf github.com finden sich Smart-Contract-Beispiele auf Basis von Sophia für Fungible Token, Non-Fungible Token und weitere Smart Contracts.[252] Was etherscan.io für Ethereum ist, ist aeternal.io

---

[246] ETHEREUM, ERC 1400: Security Token Standard · Issue #1411 · ethereum/EIPs.
[247] ANTONOPOULOS/WOOD, Mastering Ethereum, S. 223.
[248] REGIERUNG DES FÜRSTENTUMS LIECHTENSTEIN, BuA Nr. 69/2012, S. 4.
[249] KYC: Englische Abkürzung für Know-Your-Customer. Hierbei wird die Identität des Vertragspartners festgestellt.
[250] AML: Englische Abkürzung für Anti-Money-Laundering. Hierbei werden bspw. Fragen nach der Mittelherkunft gestellt.
[251] AETERNITY, The sophia language, https://aeternity-sophia.readthedocs.io/en/latest (22.02.2021).
[252] AETERNITY, aepp-sophia-examples, https://github.com/aeternity/aepp-sophia-examples (22.02.2021).

für Aeternity. Auch wenn die technischen Umsetzungen in diesem Beispiel ähnlich sind, führen sie mitunter für die Subsumtion zu wesentlichen Unterschieden.

3.1 Aeternity Fungible Token

Fungible Token auf Sophia-Basis sind ebenfalls austauschbar, teilbar und ident, weshalb sie sich für Kryptowährungen eignen und als Gattungsschuld zu qualifizieren sind. In den meisten Fällen wird es sich daher um intrinsische Token handeln.[253] Bei der Erstellung wird der „**owner**" des Smart Contracts definiert, der das Recht erhält, Token zu «**minten**». Zudem ist eine «**burn**» Funktion vorgesehen, die es erlaubt, die Anzahl Token, die einer Adresse zugeordnet sind, zu zerstören. Bei Sophia sind daher schon viele Funktionen im Standard enthalten. Token werden einem «account» bzw. einer Adresse zugeordnet, was nach der Diktion des TVTG dem «VT-Identifikator» entspricht. Nutzer mit Verfügungsgewalt können Token transferieren, Token zerstören oder Dritten die Möglichkeit einräumen, Token in ihrem Namen zu transferieren. Der Token-Smart-Contract ermöglicht zudem die Abfrage, welcher Adresse ein Token zugeordnet ist und wie viele Token es in Summe («**total_supply**») gibt.[254]

3.2 Aeternity Non-Fungible Token

Auch NFTs können auf Sophia-Basis umgesetzt werden. Hier gibt es ebenfalls eine eindeutige ID, genannt «**token_id**». Damit wird unterscheidbar, um welchen Token es sich konkret handelt, was ihn wiederum zur Stückschuld macht. Mit «**token_uri**» können dem Token Metadaten zugeordnet werden, die bspw. die URL zu einer Website enthält, die wiederum ein Echtheitszertifikat anzeigt.[255]

Auch wenn noch kein Beispiel für die Anwendung als Wertrechte veröffentlicht ist, lassen sich die Anforderungen, die bspw. im ERC-1400 definiert sind, auch mit Sophia umsetzen. Aeternity spricht hier von «**Restricted Fungible Tokens**».[256]

---

[253] Analog zu fungiblen Token bei Ethereum, gibt es aber auch hier Token, die extrinsische Token sind, da sie ihren Wert von externen Werten ableiten.

[254] GITHUB, Fungible token example, https://github.com/aeternity/aepp-sophia-examples/tree/master/libraries/FungibleToken (22.02.2021).

[255] AETERNITY, Non fungible token example, https://github.com/aeternity/aepp-sophia-examples/tree/master/libraries/NonFungibleToken (22.02.2021).

[256] AETERNITY, æternity - a blockchain for scalable, secure and decentralized æpps, https://aeternity.com/#sophia (22.02.2021).

IV   Zur Frage der Beherrschbarkeit von Daten

Wie im 3. Teil § 2 A aufgezeigt, sind Daten nicht mit Informationen gleichzusetzen und eine differenzierte Betrachtung ist angezeigt. Vereinzelt wird argumentiert, dass VT Daten beherrschbar machen würden und daher das Sachenrecht auf Token Anwendung finden solle. Für eine Anwendung des Sachenrechts auf Token sprach sich vor Inkrafttreten des TVTG RIETZLER/FRICK/CASELLINI[257] aus. Die Gegenposition haben NÄGELE/XANDER in derselben Publikation eingenommen.[258] Als wesentliches Argument führen RIETZLER/FRICK/CASELLINI die Beherrschbarkeit von Token durch den VT-Schlüssel an. So sei es mit Bitcoin erstmals möglich geworden, Daten beherrschbar zu machen.[259] Wie aufgezeigt, ist aber zwischen Daten und Informationen zu unterscheiden. Das TVTG verwendet bewusst nicht den Begriff «Daten», sondern spricht von «Informationen». Nicht Daten werden wie von RIETZLER/FRICK/CASELLINI argumentiert durch Blockchain beherrschbar, sondern Token unter Verwendung einer Blockchain. Die Blockchain-**Technologie ermöglichte es erstmals** ohne zentrale Autorität, dass **bestimmte Informationen manipulationsgeschützt** einem VT-Identifikator zugeordnet werden können und nur durch den VT-Schlüssel darüber verfügt werden kann. «Niemand ausser mir kann meinen bitcoin verwenden, niemand kann ihn kopieren.»[260] Diese Information wird dann wiederum von einer möglichst grossen Anzahl Netzwerkteilnehmer in Form von Daten auf unterschiedlichsten Datenträgern – verteilt - gespeichert und verarbeitet. Wir haben es bei der **Information, die einen Token** ausmacht, somit – in den meisten Praxisfällen - um besonders qualifizierte, interpretierte, digitale Daten zu tun, die auf einer möglichst grossen Anzahl von Netzwerkteilnehmern gespeichert und verarbeitet werden. Daher wurden Daten nicht, wie von RIETZLER/FRICK/CASELLINI festgehalten, durch Einführung von dezentralen Systemen beherrschbarer, sondern noch weniger beherrschbar als zuvor.[261]

---

[257] RIETZLER/M. FRICK/CASELLINI in *Piska/Völkel*, S. 364 f.
[258] NÄGELE/XANDER in *Piska/Völkel*, S. 367 ff.
[259] RIETZLER/M. FRICK/CASELLINI in *Piska/Völkel*, S. 364.
[260] Hier wird zu Veranschaulichung ein simplifiziertes Beispiel verwendet. In der Folge werden die Eigenschaften von Bitcoin detailliert aufgearbeitet.
[261] Dies zeigt auch die Diskussion rund um die Nicht-Vereinbarkeit der Datenschutzgrundverordnung (DSGVO) mit der Blockchain deutlich. Das Recht auf Vergessen ist faktisch nicht mehr umzusetzen, weil man die Daten auf einer beliebigen Anzahl Netzwerkteilnehmer gespeichert hat.

V   Fazit zur Information, die einen Token ausmacht

Wenn das TVTG von «Information» spricht, meint es «interpretierte Daten» gespeichert auf VT-Systemen. Die Unterscheidung von Daten und Information ist dabei wichtig. Gemeinsam haben Daten und Informationen (interpretierte Daten), dass sie keine Sachen i.S.d. Sachenrechts sind. Als wesentliches Abgrenzungsmerkmal dient hierbei die fehlende Körperlichkeit beider. Token, und damit die Information, die einen Token ausmacht, sind von den Daten zu unterscheiden, die diese Informationen speichern und verarbeiten. Das TVTG verwendet daher den erklärungsbedürftigen Begriff «Information» statt Daten als Tatbestandsmerkmal in seiner Definition des Begriffs Token. Welche interpretierten Daten nun die Information eines Token ausmachen, variiert je nach Token. Die Information, die einen bitcoin ausmacht, ist etwas schwer zu fassen und beginnt mit der Frage, wie viele bitcoin einem Verfügungsberechtigten zuzuordnen sind. Die Information, wer wie viel bitcoin «hat», ist nicht direkt aus der dezentral in Form einer Blockchain gespeicherten Datenbank herauszulesen, sondern wird von jedem Full-Node berechnet und in einer Datenbank lokal zwischengespeichert. Die Information, aus der ein bitcoin besteht, ist also nicht eine einfache Zeichenfolge (syntaktische Ebene), sondern das Ergebnis einer Berechnung (Transaktionsmodell). Im Gegensatz zu Bitcoin, nutzt Ethereum ein Modell mit Kontoguthaben. Die Konten haben erwartungsgemäss einen Kontosaldo und - möchte man eine Transaktion machen – wird geprüft, ob das Senderkonto über genügend Guthaben verfügt. Trifft dies zu, wird dem Empfängerkonto der Betrag gutgeschrieben und dem Senderkonto abgezogen, genannt Kontomodell. Die Information, aus der Ether besteht, ist also das Ergebnis einer Abfrage, welchem VT-Identifikator wie viele Ether zugewiesen sind. Um den Begriff umfassend zu erfassen, muss man sich aber nicht nur vor Augen führen, wie systemeigene Token durch Mining entstehen und in Transaktionen zugeordnet und übertragen werden, sondern auch wie Token im eigentlichen Sinn technisch ausgestaltet werden durch die Programmierung von Smart Contracts. Denn neben den systemeigenen Token (Coins) wurde es in der Folge auch möglich, auf Basis von bestehenden VT neue Token zu erstellen. Technisch ausgestaltet werden diese Token durch Smart Contracts. Neue Token kann man auf Basis von bspw. Ethereum oder Aeternity vergleichsweise einfach im Baukastensystem erstellen. Diese Token entstehen daher nicht durch Mining, sondern durch die Programmierung und Veröffentlichung («Deployment») auf einem bestehenden System. Die Information, aus der ein solch geschaffener Token besteht, ist daher wiederum eine andere als bei systemeigenen Token. Der Token-Smart-Contract definiert die Informationen, die verfügbar sind. Token-Standards beschreiben eine Kombination von Funktionen, die in einem Smart Contract enthalten sein müssen, damit sie mit anderen Smart Contracts oder Software, wie beispielsweise Kryptobörsen oder Wallets interagieren können. Sie beschreiben also mit anderen Worten einen gewissen Mindestinhalt. Für die rechtliche Einordnung sind diese Smart Contracts äusserst relevant. Ob ein Token als eine Stück- oder Gattungsschuld qualifiziert, eine unveränderbare, fixe Anzahl oder eine variable, totale Anzahl an Token verfügbar ist, oder ob es Beschränkungen bei der Übertragung gibt, wird im jeweiligen Token-Smart-Contract festgelegt. Der wesentliche Unterschied zwischen dem (fungiblen) Standardtoken ERC-20 und den nicht fungiblen Token nach dem ERC-721 («NFT»), ist bspw. deren eindeutige Unterscheidbarkeit bzw. Bestimmbarkeit. Daneben bestehen viele weitere Standards, unter anderem auch mehrere für Security-Token (bspw. der ERC-1400). Zusammengefasst kann festgehalten werden, dass das Tatbestandsmerkmal Information die nötige Flexibilität mit sich bringt, um verschiedenste Arten von Token, sowohl systemeigene wie von anderen VT-Systemen basierende Token, zu umfassen.

VI   Exkurs zum Token-Erzeuger nach TVTG

Das Aufsichtsmodell und damit die VT-Dienstleister nach TVTG stehen nicht im Zentrum dieser Arbeit. Da die Abgrenzung der Dienstleistungen des Token-Erzeugers eng mit der Entstehung des Token zusammenhängt, soll an dieser Stelle kurz eine Abgrenzung vorgenommen werden.

Art. 2 Abs. 1 lit. l TVTG definiert den Token-Erzeuger als VT-Dienstleister wie folgt:

> «"Token-Erzeuger": eine Person, die einen oder mehrere Token erzeugt».

Die Erzeugung von Token ist dabei von den Tätigkeiten vor der Erzeugung und nach der Erzeugung, sowie anderen Tätigkeiten abzugrenzen. Es stellt sich die Frage, welche Tätigkeit das Gesetz einer Registrierungspflicht nach TVTG unterwerfen will. Die Ausführungen zum Token-Erzeuger auf S. 153 des BuA 54/2019[262] sind dafür zusammen mit denen auf S. 38 des BuA 54/2019[263] zu lesen. Die «Erzeugung» von Token und damit das Abgrenzungsmerkmal von nicht registrierungspflichtigen Vorgängen wird auf S. 38 beschrieben wie folgt:

---

[262] BuA Nr. 54/2019, S. 153.
[263] BuA Nr. 54/2019, S. 38.

Die Token-Erzeugung ist der Vorgang der Einbringung[264] einer Information auf einem Transaktionssystem. Der Token steht in der Folge a priori dem Erzeuger (creator bei Ethereum) zur Verfügung. Wer einen Token somit eingebracht hat, ist bei Ethereum bspw. durch Abfrage des Wertes **creator** bei jedem Smart Contract einfach auszulesen. Als Antwort erhält man einen VT-Identifikator. Technisch gesehen ist somit einfach nachzuvollziehen, welcher VT-Identifikator einen Smart Contract veröffentlicht (deployed) hat. Der **creator** ist bei Ethereum demzufolge gleichzusetzen mit dem **Token-Erzeuger nach TVTG**, da er den Token-Smart-Contract (das ist an dieser Stelle unter «Information» gemeint) auf einem Transaktionssystem (hier Ethereum) einbringt (deployment). Der Token-Erzeuger ist meist der Inhaber der Verfügungsgewalt über einen Token, identifiziert durch den VT-Identifikator. In den meisten Fällen wird die technische Ausgestaltung durch einen Dienstleister erfolgen, der zwar Verfügungsgewalt hat, aber nicht der Verfügungsberechtigte ist.

Meist wird jene Person, die einen Token-Smart-Contract programmiert hat, diesen auch veröffentlichen. Es kann aber auch sein, dass der Token-Erzeuger zwar die **Verantwortung** und **Kontrolle** übernehmen möchte, nicht aber die technische Ausgestaltung. Dann ist der Programmierer nicht auch gleichzeitig Token-Erzeuger i.S.d. TVTG. Das TVTG erachtet daher die Erzeugung als den kritischen Vorgang, der im Sinne des TVTG einer Registrierungspflicht unterliegen soll. Für die Qualifikation als Token-Erzeuger gemäss TVTG ist mit anderen Worten ausschlaggebend, dass der Token durch einen **Dienstleister berufsmässig erzeugt**, d.h. auf das VT-System eingebracht wird. Dienstleister, welche Token nicht auf dem VT-System selbst erzeugen, sind nicht zu registrieren. Die Letztgenannten erstellen die Regeln (Software, Protokoll), wie sich die Token verhalten, welche Interaktionen möglich sind und insbesondere unter welchen Umständen sie übertragen werden können[265]. Diese technischen Dienstleistungen werden in der Praxis u.U. auch von Token-Erzeugern erbracht, eine Registrierungspflicht wird hier aber noch nicht ausgelöst[266]. Die Einbringung auf ein

---

[264] Je nach VT-System nennt man den Vorgang der Initialisierung bzw. Veröffentlichung des Token auch «Deployment of the Smart Contract» oder «Initialisierung».

[265] BuA Nr. 54/2019, S. 153.

[266] Dies ist mit einem Rechtsanwalt vergleichbar, der sein Sekretariat einfache Angelegenheiten (wie bspw. ein Schuldentriebverfahren) vorbereiten lässt und es dann nur noch unterschreibt. Das Sekretariat braucht in diesen Fällen keine Zulassung als Rechtsanwalt.

VT-System entspricht dabei nicht einem mitunter als Token-Emittent registrierungspflichtigen öffentlichen Verkauf, der regelmässig nach der Erzeugung passiert.[267]

Demzufolge kann sich ein Token-Emittent beispielsweise eines Dienstleisters bedienen, um den Token technisch gegen Entgelt umsetzen zu lassen (er programmiert den Token-Smart-Contract). Solange der Emittent selbst auch die Erzeugung vornimmt, also den Token in das VT-System einbringt (veröffentlicht, deployed), handelt er zwar tatbestandsmässig nach Art. 2 Abs. 1 lit. l TVTG, es fehlt aber an der Berufsmässigkeit nach Art. 12 TVTG, da er insb. nicht für Dritte tätig wird.[268]

§ 3 Zu (2) «Auf einem VT-System»

A Vertrauenswürdige Technologien (VT) und VT-Systeme

Was unter vertrauenswürdigen Technologien und VT-Systemen zu verstehen ist, könnte von grösserer Bedeutung nicht sein. Gegenstand, Zweck und Anwendungsbereich der allgemeinen, zivilrechtlichen wie aufsichtsrechtlichen Bestimmungen des TVTG beziehen sich immer auf vertrauenswürdige Technologien (vgl. Art. 2 Abs. 1, Art. 3 Abs. 1, Art. 11 Abs. 1 TVTG). Insbesondere mit Art. 7 Abs. 1 und Abs. 2 TVTG verfolgt der Gesetzgeber das Ziel der intensiven Verknüpfung von repräsentiertem Recht und Token dergestalt, dass das Recht ohne den Token weder geltend gemacht noch auf andere übertragen werden kann. Die angestrebte Verkehrssicherheit bei Transaktionen mit Token setzt voraus, dass man dem Rechtsschein trauen kann, der von Token ausgeht. Mit anderen Worten, wenn der Token das Eigentumsrecht an einer Uhr repräsentiert, dann reicht es für den Eigentumsnachweis aus, wenn der Tokenholder seine Verfügungsberechtigung am Token beweist (Legitimationswirkung nach Art. 8 Abs. 1 TVTG). Eine Leistung des Schuldners an den so Ausgewiesenen wirkt dann schuldbefreiend (Befreiungswirkung nach Art. 8 Abs. 2 TVTG).[269]

Nutzt man als Dienstleister keine VT oder VT-Systeme, ist man kein VT-Dienstleister und darf sich auch nicht so nennen (Bezeichnungsschutz nach Art. 24 TVTG). Das bedeutet aber auch, dass wenn man für die Dienstleistungserbringung kein VT-System nutzt, man sich nicht als VT-Dienstleister registrieren lassen kann. Es soll nicht möglich sein, Dienstleistungen wie die VT-Token-Verwahrung anzubieten, ohne die

---

[267] In einigen Fällen werden noch zu erstellende Token verkauft, die zeitliche Abfolge ist hier kein Abgrenzungskriterium; BuA Nr. 54/2019, S. 38 f.
[268] BuA Nr. 54/2019, S. 86.
[269] Vgl. hierzu detailliert 3. Teil, § 4, C.

sichere Aufbewahrung und Transparenz von VT-Systemen, die diesen neuen intermediärslosen Regulierungsansatz überhaupt erlauben.

Diese weitreichenden Rechtsfolgen schaffen die Rechtssicherheit, die der Gesetzgeber mit dem TVTG angestrebt hat. Warum aber wurde intermediärslosen, digitalen Transaktionen nicht schon vor der Entwicklung von VT und VT-Systemen die genannten Rechtsfolgen zugewiesen, und was unterscheidet ein VT-System von einer «normalen» Datenbankanwendung? Nehmen wir als Beispiel eine Handy-Applikation, die es einem erlaubt, Wertpapiere zu kaufen und zu verkaufen. Das IT-System wird hierbei von einem regulierten Intermediär betrieben. Der Nutzer hat keinen Einblick in das IT-System und muss darauf vertrauen können, dass die Anzeigen in der Applikation auch den Tatsachen entsprechen. Wenn der Kunde eine bestimmte Stückzahl einer bestimmten Aktie kauft, und diese in der App angezeigt wird, dann vertraut er darauf, dass er auch Aktionär der Gesellschaft wurde. Solche Wertpapierdienstleistungen sind regulierten Intermediären vorbehalten, die durch die Aufsichtsbehörden bewilligt und beaufsichtigt werden müssen. Die weitreichende Regulierung und Kontrolle der Intermediäre reduziert das Risiko, dass der Kunde geschädigt wird. Er kann den Dienstleistern vertrauen. Wohlgemerkt wäre es aus technischer Sicht dem Intermediär einfach möglich, die Informationen in den von ihm betriebenen Datenbanken beliebig zu verändern. Durch die Aufsicht und das System, in welches die Intermediäre eingebettet sind, wird dies aber von vorneherein erschwert bzw. würde früher oder später auffallen, was zu aufsichtsrechtlichen Konsequenzen führen würde. Bei regulierten Intermediären ist es für den regulatorischen Ansatz unbeachtlich, ob die Aufzeichnungen in analoger oder digitaler Form erfolgen. Da er die Aufzeichnungen verwaltet, kann er sie beeinflussen. Diese leichte Manipulierbarkeit macht die weitreichende Regulierung von Intermediären notwendig, um Missbrauch zu verhindern. VT und VT-Systeme ermöglichen es hingegen, ohne regulierte Intermediäre Missbrauch auch bei digitalen Systemen nahezu auszuschliessen:

«Die Relevanz der Blockchain-Technologie ist in der Möglichkeit begründet, «Informationen» so digital abzubilden, dass diese praktisch weder kopier- noch manipulierbar sind und sicher zwischen Personen übertragen werden können. Die Sicherheit wird ausschliesslich durch mathematische Verfahren (z.B. Verschlüsselungstechnik, Kryptographie) und definierte Regeln gewährleistet.»[270]

---

[270] BuA Nr. 54/2019, S. 5.

Durch die technische Ausgestaltung der Systeme ist es also nahezu ausgeschlossen, dass einzelne Personen zu ihrem Vorteil unberechtigt die Informationen zu ihren Gunsten verändern. Trifft dies auf ein System zu, so erlaubt dies einen neuen intermediärslosen regulatorischen Ansatz mit den genannten Rechtsfolgen, allerdings nur dort, wo die technische Ausgestaltung der Systeme Missbrauch verhindern kann. Welche Systeme nun so ausgestaltet sind, um als VT und VT-Systeme zu qualifizieren, soll in der Folge untersucht werden.

Nachvollziehbar ist der Wunsch nach einer «Liste» mit VT und VT-Systemen, die es aber leider nicht gibt. Weder die Regierung noch die FMA haben entsprechende Listen veröffentlicht. Die ursprünglich angedachten Überlegungen, auf Verordnungsebene einen Kriterienkatalog aufzustellen, wurden nicht nur aufgrund verfassungsrechtlicher Überlegungen, sondern auch zu Gunsten der **Technologie-Neutralität** verworfen.[271] Die Begriffe «VT-System» und «vertrauenswürdige Technologien» sind deshalb bewusst weit gefasst. Auslegehilfen zu diesen Begriffen finden sich insb. im BuA 54/2019 auf den S. 130 ff. Besonders relevant ist der folgende Absatz auf Seite 131:

«Bei den heute bekannten VT-Systemen entsteht die Vertrauenswürdigkeit durch die Dezentralität und sohin der Vielzahl an Betreibern der Technologie selbst, welche z.B. durch Verschlüsselungstechnik, das Prinzip der verteilten Hauptbücher (Distributed Ledger) und im Voraus definierten Regeln die Integrität der Token und des Transaktionsregisters sicherstellen.»[272]

Auf der einen Seite sollen möglichst alle Erscheinungsformen von «sicheren» Systemen erfasst werden, auf der anderen Seite soll Systemen, die den Ersatz von Intermediären durch Technologie nicht rechtfertigen, diese Rechtsfolgen und die Verwendung der geschützten Begriffe verwehrt bleiben. Wie bereits festgehalten, hängen die zivilrechtlichen Regelungen, die Registrierungspflichten und der Bezeichnungsschutz direkt von der verwendeten Technologie ab. Es liegt also an den Rechtsanwendern, jeden Einzelfall danach zu beurteilen, ob die Kriterien erfüllt sind und eine Technologie als **«vertrauenswürdige Technologie»** i.S.d. TVTG eingestuft werden kann oder nicht. Meines Erachtens muss diese Prüfung bei der Auswahl des Systems ausreichen und nicht fortlaufend wiederholt werden, wenn bspw. nur kurzfristige Si-

---

[271] Vgl. zu den Gründen, warum keine Kriterien im ersten Gesetzesentwurf festgelegt wurden; REGIERUNG DES FÜRSTENTUMS LIECHTENSTEIN, VnB Blockchain-Gesetz (16.11.2018), S. 85 f., https://www.llv.li/files/srk/vnb-blockchain-gesetz.pdf; BuA Nr. 54/2019, 131, 134.

[272] BuA Nr. 54/2019, S. 131.

cherheitsbedenken bestehen, diese aber wieder in angemessener Frist behoben werden. So schadet bspw. auch eine kurzfristige 51%-Attacke der Qualifikation als VT und VT-System nicht.[273]

Um die Legaldefinition von vertrauenswürdigen Technologien und in der Folge VT-Systemen zu verstehen, benötigt es ein Grundverständnis der einzelnen Technologien, die zu dieser abstrakten, technologieneutralen Begriffsbestimmung geführt haben. Erst dieses Verständnis ermöglicht die Subsumtion unter den Tatbestand. Im Ergebnis bleibt es immer eine Abgrenzungsfrage, die den Einzelfall zu berücksichtigen hat. Die Bandbreite reicht dabei von etablierten Systemen wie Ethereum bis hin zu zentral auf einem Server gespeicherten einfachen Datenbanken mit Informationen über «Token»-Bestände. So klar wie Ethereum eine VT und ein VT-System i.S.d. TVTG ist, so klar trifft dies auf die leicht durch eine Person zu verändernde einfache Datenbank nicht zu. In der Folge soll daher aufgezeigt werden, welche Kriterien Bitcoin und Ethereum zu einem VT-System machen. Bei anderen Systemen können einzelne Elemente durch andere ersetzt werden, um im Ergebnis wiederum als VT und VT-System zu qualifizieren.

I   Zu den Begriffsbestimmungen VT und VT-Systeme

In der Praxis und der bis dato überschaubaren Literatur werden die Begriffe VT und VT-Systeme vielfach ohne Differenzierung synonym zu «Blockchain» und «DLT» verwendet.[274] Dabei sind bereits die letzten beiden bei genauerer Betrachtungsweise nicht gleichbedeutend. **Blockchain** bezeichnet sowohl die Technologie wie die «Datenbank» bzw. das «verteilte Hauptbuch» selbst und kann in weitere Untergruppen unterteilt werden. **DLT** hingegen bezeichnet die Technologie.[275]

---

[273] Hierzu gleich mehr unter den Angriffsmöglichkeiten.

[274] Vgl. bspw. die Ausführungen zu VT-Systemen von FALKER/TEICHMANN, Liechtenstein – Das TVTG und Risiken der Blockchain-Technologie, InTeR 2020, S. 62.

[275] Die Regierung versteht unter DLT die Verteilung des Hauptbuches (Transaktionsregisters) auf viele über das Internet - peer-to-peer - verbundene Rechner; Vgl. BuA Nr. 54/2019, S. 17; Van Hijfte unterscheidet klar zwischen Blockchain und DLT, deren Konzept und welche Ziele damit erreicht werden sollen; Vgl. VAN HIJFTE, Blockchain Platforms, S. 36 f.

Wenig überraschend bereitet die Abgrenzung in der Praxis heute wenig Probleme, da die meisten Dienstleister Ethereum als VT-System verwenden. Als **Musterbeispiele** für vertrauenswürdige Technologien dienten der Regierung offensichtlich auch **Bitcoin** und **Ethereum**, als die «*bekannten VT-Systeme*».[276]

Der Begriff «Bitcoin» kommt im BuA 54/2019 insgesamt 60-mal, «Ethereum» hingegen nur 4-mal vor. Für die Endanwender von Technologie ist deren Funktionsweise in den allermeisten Fällen wenig relevant. Wenn die Rechtsordnung aber **Rechtsfolgen an die Technologie knüpft** und nicht eindeutig festhält, welche konkreten Ausgestaltungen dafür vorliegen müssen, ändert sich das. Von aussen betrachtet, ist nicht erkennbar, ob eine App[277] oder eine Internetseite als GUI[278] für eine Blockchain-Anwendung dient oder für einen zentralen Internetdienst. Es ist für den Nutzer nicht zu erkennen, was mit seinen Eingaben geschieht. Diese könnten einerseits an eine zentral verwaltete Datenbank eines einzelnen Betreibers, oder aber an ein VT-System weitergeleitet und dort verarbeitet werden. Am besten zeigen lässt sich das an zwei Beispielen, die sich so mehrfach in Liechtenstein in den Jahren 2016 bis 2019 zugetragen haben:

Fall 1 – Aeternity Crowdfunding-Campaign (ICO): Eine Gruppe (meist junger) Unternehmer hat eine Geschäftsidee, die sie nicht mit eigenen Mitteln finanzieren kann. Es soll eine Software entwickelt werden, die bestimmte Funktionen bereitstellt, die Nutzer nur durch Token nutzen können. Die Unternehmer beschreiben ihr Projekt in einem Whitepaper, veröffentlichen dieses auf ihrer Webseite und starten ein Initial Coin Offering (ICO), mit welchem sie Crowdsale-Token,[279] die sie - vergleichsweise einfach – auf Ethereum als ERC-20-Token erstellt haben, verkaufen. Die Teilnehmer am ICO erhalten die Crowdsale-Token auf ihre eigenen VT-Identifikatoren übertra-

---

[276] In diesem Sinne können Token auf bestehenden VT-Systemen erzeugt (bspw. ERC20-compliant Token auf der Ethereum-Blockchain) oder auf eigenen VT-Systemen erstellt werden. BuA Nr. 54/2019, S. 153; Vgl. zu Bitcoin als Musterbeispiel auch schon A. FRICK, Zivilrechtliche Aspekte von Token im Zusammenhang mit dem liechtensteinischen Token- und VT-Dienstleister-Gesetz, S. 13.

[277] Abk. App von englisch Application; meist als Bezeichnung verwendet für Software auf einem Smartphone.

[278] Abk. GUI von englisch graphical user interface.

[279] Der besseren Verständlichkeit wird hier der Token, der bei der Crowdfunding Campaign ausgegeben wurde, "Crowdsale" Token genannt; Der entsprechende Token-Smart-Contract kann auf etherscan.io eingesehen werden: ETHERSCAN.IO, Aeternity (AE) Token Tracker, https://etherscan.io/token/0x5ca9a71b1d01849c0a95490cc00559717fcf0d1d (06.02.2021).

gen. Diese Crowdsale-Token können sie aber noch nicht dazu nutzen, um die Funktionen der neu zu entwickelnden Blockchain zu verwenden. Die Software muss ja erst noch entwickelt werden.

Jeder Teilnehmer kann die Transaktionen über die Crowdsale-Token selbst durch Einsicht in die Ethereum-Blockchain prüfen, bspw. durch Aufruf von www.etherscan.io. Die ERC-20-Crowdsale-Token können die Teilnehmer des ICO sofort frei an andere übertragen. Je nach Ausgestaltung des ERC-20 ist die Anzahl der Token fixiert, und nach der Erstellung des Token-Smart-Contracts ist dieser nicht mehr durch die Unternehmergruppe zu ändern. Die Teilnehmer am ICO finanzieren mit anderen Worten die Entwicklung der Software durch den Kauf von Crowdsale-Token vor. Diese Token haben eigentlich keinen weiteren Nutzen. Den eigentlich nutzbaren Token, den AE-Token, erhalten sie erst nach Fertigstellung der Software.

Den Projektfortschritt dokumentieren die Unternehmer auf ihrem eigenen Blog, die Entwicklung ist zudem auf github.com[280] verfolgbar. Im Whitepaper ist beschrieben, was die neu zu entwickelnde Software alles können soll. Sobald die Software fertiggestellt ist, werden die alten Crowdsale-Token umgewandelt (auch genannt «Token Migration») in neu auszugebende AE-Token auf der neu entwickelten Plattform.[281] Die alten Crowdsale-Token haben ihren Zweck erfüllt und verlieren ihren Wert. Nicht gesagt ist natürlich, ob das Unternehmen ein Erfolg wird und die AE-Token auch zu jenen Zwecken eingesetzt werden können, die im Whitepaper beschrieben worden sind.

Fall 2 «Betrüger»-ICO[282]:

Auch hier werden «Token» auf einer Webseite öffentlich zum Kauf angeboten. Die Anbieter haben aber eine kriminelle Gesinnung. Denn statt mit den eingesammelten

---

[280] GITHUB, æternity, https://github.com/aeternity (06.02.2021).

[281] Es ist zudem für jedermann einsehbar, wie viele Adressen über Token verfügen und wie viele ihre Token an die "Migration Contract"-Adresse geschickt haben, um neue Token zu erhalten. Am 06.02.2021 waren dies ca. 89% der Token. ETHERSCAN.IO, Aeternity (AE) Token Tracker - balances, https://etherscan.io/token/0x5ca9a71b1d01849c0a95490cc00559717fcf0d1d#balances (06.02.2021).

[282] Ein Fall ist mir besonders erinnerlich; Wir hatten eine Anfrage in der Kanzlei von Unternehmern, die eine neue Blockchain entwickeln wollen. Ähnlich wie Bitcoin und Ethereum, nur „viel besser" und ohne „die bekannten Probleme mit den Transaktionsgeschwindigkeiten". Im Erstgespräch wurde uns dann eröffnet, dass schon Token verkauft wurden. Auf meine Frage hin, welche Blockchain denn für den Tokensale eingesetzt würde (man wollte ja eine eigene Blockchain entwickeln, die ja noch nicht zur

Werten die angepriesene Geschäftsidee zu verfolgen, wollen sie damit ihren überschwänglichen Lebensunterhalt finanzieren. Daher werden die «Token» auch nicht unter Einsatz eines VT-Systems erstellt und übertragen, sondern auf einer handelsüblichen Webseite. Die Kriminellen erstellen die «Token» daher einfach mit der Webserver-Datenbank und teilen diese Token den Käufern zu. Für die Käufer der Token ist eigentlich nur die Webseite sichtbar, nicht welche Technologie dahinter steckt. Die Webseite ist soweit auch nicht von der Webseite des ersten Falles zu unterscheiden. Erst wenn man «hinter» die Webseite blickt, erkennt man die Unterschiede. Die Betrüger als Betreiber der Webseite und der Datenbank im Fall 2 haben volle Datenhoheit, sie können nach Belieben deren Inhalt verändern, insb. ohne weiteres neue «Token» schaffen, die «Token» jedem beliebigen Nutzer zuteilen, «Token» «verschwinden» lassen oder einfach die Webseite samt den Einträgen über die Nutzer und den angeblichen «Token» löschen.

Auch im Fall 1 haben die Unternehmer die Datenhoheit über die Webseite. Sie kontrollieren nach Veröffentlichung und Übertragung des Token aber nicht mehr, was damit passiert. Mit anderen Worten sind sie in ihren Einflussmöglichkeiten beschränkt. Zudem sind die Transaktionen öffentlich und somit von jedem nachvollzieh- und somit kontrollierbar. Wenn mehr Token (als im Whitepaper angegeben) erstellt wurden, so ist dies ebenfalls nachvollziehbar (vgl. tokenSupply). Wurden die Token überhaupt nicht an verschiedene VT-Identifikatoren zugeteilt, so kann man davon ausgehen, dass nicht viele Teilnehmer Token gekauft haben. Das kann ein Indiz sein, ob der Erfolg der Crowdfunding Campaign künstlich durch Transaktionen erfolgreicher dargestellt wird, als sie in Wirklichkeit ist. Diese Transparenz führt dazu, dass es ungleich schwieriger ist, mit einem Betrug langfristig davonzukommen. Auch wenn die Unternehmer im Fall 1 zwar die Unternehmenswebseite löschen können, sind die Token und Transaktionen und weiteren Informationen auf dem VT-System nicht in ihrem Herrschaftsbereich. Im Fall 2 haben es die Geschädigten umso schwerer zu beweisen, was überhaupt vorgegangen ist. Wohlgemerkt basieren in beiden Fällen die Webseiten nicht auf VT-Systemen, im Fall 1 wurden die Token aber auf VT-Systemen erzeugt und transferiert. Man könnte das illustrieren mit einem Bild

---

Verfügung stand), meinten die „Unternehmer", dass die Blockchain für diese Zwecke schon funktioniere. Man zeigte mir dann eine Webseite unter einer www.*****.com /wp-admin Adresse (unter dem Zusatz wp-admin erreicht man normalerweise die Verwaltungskonsole von Webseiten bestimmter Systeme). Im Backend der Webseite war wirklich eine Kundendatenbank aufgebaut mit Nutzern und Tokenbeständen. Allerdings war alles nur auf dem ganz normalen Webserver auf einer MySQL-Datenbank zentral gespeichert. Für Personen ohne IT-Kenntnisse ist dies aber faktisch nicht erkennbar.

zweier Eisberge, die an der Oberfläche gleich gross erscheinen. Erst wenn man unter die Wasseroberfläche blickt, erkennt man, wie viel Substanz hinter dem einen Eisberg und wie wenig unter dem anderen steckt.

Hier sind wir auch schon beim Kern des Begriffs «**vertrauenswürdige Technologien**» angelangt, der Vertrauenswürdigkeit. Man vertraut somit der Technologie, nicht den handelnden Akteuren. Dafür ist aber einiges an technologischer Ausgestaltung nötig, die im Folgenden näher betrachtet werden soll.

1 Zur Vertrauenswürdigkeit bei vertrauenswürdigen Technologien und VT-Systemen

Der Begriff «**vertrauenswürdige Technologie**» (kurz «VT») ist ein vom TVTG eingeführter Überbegriff für bestimmte, qualifizierte Technologien, wie bestimmte Blockchain- oder DLT-Systeme. Der Begriff ist so zu verstehen, dass die Vertrauenswürdigkeit durch Technologie und nicht durch bspw. einen regulierten Intermediär hergestellt wird. In der Informatik spricht man auch von «**trustless**»[283]-Technologien.[284] **Trustless** (auch «trust-free») bezeichnet Systeme, welche **ohne Vertrauen der Nutzer auskommen**, um bestimmte Funktionen zur Verfügung zu stellen. Im Fall von VT-Systemen, die begriffsnotwendig «trustless» sein müssen, bezeichnet es Systeme, welche Speicher- und **Transaktionssysteme** bereitstellen, für die normalerweise «vertrauenswürdige» Intermediäre verwendet werden. Aber woher soll diese Vertrauenswürdigkeit kommen? Genau diese Frage musste auch schon der Schöpfer von Bitcoin mit der Erfindung der Blockchain-Technologie beantworten. Denn er war angetreten, eine Antwort auf die Probleme, welche die Finanzkrise offenbarte, zu finden. Die Antwort hat er, bekannt unter dem Pseudonym SATOSHI NAKAMOTO, im Bitcoin-Whitepaper eingeleitet wie folgt:

«*What is needed is an electronic payment system based on cryptographic proof instead of trust, allowing any two willing parties to transact directly with each other without the need for a trusted third party.*»[285]

In diesem Whitepaper wurden dann auch **Lösungen für die Probleme** präsentiert, die es bis dato so schwer machten, **Transaktionen ohne Intermediäre digital** zu

---

[283] Englisch für vertrauenslos.
[284] NÄGELE, Sekundärmarkt für Security Token, S. 8; und Regierungschef Adrian Hasler im Rahmen der 1. Lesung des BuA Nr. 54/2014 zum TVTG im Landtag des Fürstentums Liechtenstein: Landtagsprotokoll 5./6./7. Juni 2019, Teil 2, S. 1071.
[285] NAKAMOTO, (PSEUDONYM), Bitcoin: A Peer-to-Peer Electronic Cash System, S. 1.

tätigen. In der Folge sollen nun ein paar der wesentlichen Herausforderungen digitaler Transaktionen ohne dazwischengeschaltete Intermediäre und deren Lösung durch Bitcoin aufgezeigt werden. Denn genau diese Lösungsansätze machen Bitcoin zu einer vertrauenswürdigen Technologie und einem VT-System und damit die Begriffe greifbarer. Zudem sollen die wesentlichen Angriffsmöglichkeiten und deren Erfolgswahrscheinlichkeit dargestellt werden. Die gewonnenen Erkenntnisse sollen dann generell als Auslegehilfe zur Subsumtion unter die Begriffe «VT» und «VT-System» dienen.

2 Zu den wesentlichen Lösungsansätzen, um digitale Transaktionen ohne Intermediäre zu ermöglichen

2.1 Zum Problem der byzantinischen Generäle

Das **Problem der byzantinischen Generäle** ist ein Gedankenexperiment aus der Informatik. Es versucht, die Herausforderungen und Probleme aufzuzeigen, die bestehen, wenn man über unsichere und nicht vertrauenswürdige Knotenpunkte und über mehrere Teilnehmer hinweg kommunizieren muss.

Die byzantinischen Generäle beabsichtigen dabei, eine äusserst mächtige Stadt einzunehmen. Dies erfordert einen koordinierten und vor allem gleichzeitigen Angriff von mehreren Seiten. Die Generäle und ihre Truppen verteilen sich daher vor der Stadt und möchten den Zeitpunkt des Angriffs festlegen. Aufgrund der Distanz zwischen ihnen kommunizieren sie über Boten. Die Generäle müssen davon ausgehen, dass unter ihnen Verräter sind, welche verhindern möchten, dass sie sich auf einen koordinierten Angriff einigen können. Kompliziert ist das Problem zudem aufgrund der räumlichen Trennung, welche es erfordert, dass die Generäle die Boten hin- und herschicken müssen. Boten können dabei getötet, gefangen genommen oder bestochen werden.[286] Bevor Satoshi Nakamoto 2008[287] seine Lösung präsentiert hat, wurden diverse andere Lösungen bereits 1982 veröffentlicht, auf die hier aber nicht weiter eingegangen werden soll.[288] Die Lösung von Satoshi Nakamoto ermöglicht ein elektronisches Zahlungsmittel ohne vertrauenswürdige Intermediäre. Wie die Generäle

---

[286] Vgl. LAMPORT/SHOSTAK/PEASE, The Byzantine generals problem, ACM transactions on programming languages and systems 1982, S. 382 f.; und VAN HIJFTE, Blockchain Platforms, S. 24; sowie WIKIPEDIA, Byzantinischer Fehler, https://de.wikipedia.org/w/index.php?title=Byzantinischer_Fehler&oldid=206575177 (17.01.2021).

[287] VAN HIJFTE, Blockchain Platforms, S. 24.

[288] Vgl. detailliert hierzu LAMPORT/SHOSTAK/PEASE, ACM transactions on programming languages and systems 1982.

können die Nutzer Boten (Nodes) verwenden, um ihre Transaktionen auf dem ganzen Netzwerk bekannt zu machen. Sie müssen dabei niemanden vertrauen und können sicher sein, dass alle über die gleichen Informationen verfügen. Die Teilnehmer stimmen sich untereinander ab und kommen zu einem Konsens, ohne sich gegenseitig vertrauen zu müssen (Problem der byzantinischen Generäle). Weil sie sich in dieser neuen Art und Weise vertrauenslos einigen können, ist nun ein weiteres wichtiges Problem lösbar, das «Double-Spend-Problem».

2.2 Double-Spend-Problem – Kopierbarkeit digitaler Informationen

Unter dem «**Double-Spend-Problem**» wird das Problem verstanden, dass man eine digitale Währung mehr als einmal ausgeben kann. Völlig einleuchtend besteht dieses Problem bei Banknoten und Münzen nicht, digital gespeicherte Informationen können aber leicht kopiert werden. Digitale Währungen könnten daher ohne eine adäquate Lösung des «Double-Spend-Problems» zu einer wachsenden Geldmenge und einem Vertrauensverlust in Geld führen. Klassisch wird dieses Problem durch eine zentrale Instanz (**single source of truth**) gelöst, einem Intermediär, welcher die Transaktionen der Zahlungssystemteilnehmer bestätigt. Dieser Intermediär hat auch die Kompetenz, neues Geld zu schaffen. So kann durch Anfrage an diesen zentralen Intermediär einfach geprüft werden, ob der Sender einer Transaktion über die entsprechende Geldmenge verfügt. Naturgemäss verfügt diese zentrale Instanz über Transaktionsinformationen und kann die von ihr verwalteten Informationen nach Belieben verändern. Es ist daher nötig, diesem **Intermediär vertrauen zu können**. Ein weiteres Problem dieser zentralen Lösung besteht in ihrer Angreifbarkeit (**single point of failure**). Die Kryptowährung Bitcoin nutzt zum ersten Mal eine Technologie (Blockchain), die das Double-Spend-Problem durch **Verteilung der Transaktionsinformationen auf alle Teilnehmer** und **vollautomatisierte Konsensfindung durch Algorithmen** (PoW) gelöst hat.[289]

---

[289] Vgl. BuA Nr. 54/2019, S. 17; und insb. VAN HIJFTE, Blockchain Platforms, S. 26 f.

2.3 Zum CAP-Theorem und dem Lösungsansatz durch Einsatz von Konsens-Algorithmen und Dezentralität

Das **CAP-Theorem** (Consistency, Availability and Partition[290]) beschreibt ein Phänomen aus der Informatik bei verteilten Datenspeicherungssystemen (wie Blockchains). Nach diesem Theorem ist es beim Einsatz von verteilten Datenspeichern jeweils nur möglich, zwei der drei folgenden Eigenschaften zu erreichen:

1. Consistency/Konsistenz
   (jeder Lesevorgang enthält die letzten Speichervorgänge / Fehler);
2. Availability/Verfügbarkeit
   (jede Anfrage wird beantwortet); und
3. Partition/Teilungstoleranz
   (das Netzwerk funktioniert auch noch trotz des Verlusts mehrerer Informationsübertragungen).

Teilungstoleranz (Partition) ist bei verteilten Systemen unverzichtbar, da es regelmässig zu Übertragungsfehlern und Ausfällen von Teilnehmern kommt. Man muss sich also entweder für Konsistenz oder Verfügbarkeit entscheiden. Bei Blockchain-Systemen entscheidet man sich regelmässig für **Verfügbarkeit statt Konsistenz**. Das mag jetzt überraschen, es gibt aber einen Lösungsansatz für diese vorläufige Vernachlässigung der Konsistenz. Denn durch Einsatz von **Konsens-Algorithmen** wird eine Transaktion erst nach Schürfung (Mining) eines Blocks als bestätigt angesehen. Es ist also in der ersten Sekunde noch nicht von Relevanz, ob alle Teilnehmer über dieselbe Information verfügen. Erst nach der Bestätigung durch mehrere andere Teilnehmer (**Dezentralität**) wird der Block dann auch eher unwahrscheinlich angefochten und die Konsistenz ist hergestellt.[291]

Erreicht wird dies durch ein:

- unveränderbares, durch
- Konsensbildung erstelltes,
- öffentlich einsehbares
- Register (Datenbank) über

---

[290] Hier übersetzt in Konsistenz, Verfügbarkeit und Teilungstoleranz.
[291] Zum gesamten Absatz CAP-Theorem vgl. VAN HIJFTE, Blockchain Platforms, S. 27.

- alle erfolgten Transaktionen.

Dieses Register wird durch das gesamte System (aller Nutzer) – somit **dezentral** - verwaltet und gespeichert (die Blockchain).[292] Damit muss keiner zentralen Instanz vertraut werden, denn jeder verfügt über alle Information über alle Transaktionen. Mit anderen Worten ist das System so konzipiert und durch die Nutzer selbst[293] überprüfbar, dass man der **Funktionsweise vertrauen kann**.[294]

2.4 Zu den Angriffsmöglichkeiten (Attacken) auf VT-Systeme

Vertrauenswürdige Technologien lösen das Problem, dass man in offenen Netzwerken normalerweise den Teilnehmern nicht vertrauen kann (vgl. die vorigen Ausführungen zu den Lösungsansätzen). Wären alle Netzwerkteilnehmer vertrauenswürdig und würden nicht versuchen, die übermittelten Nachrichten zu den eigenen Gunsten anzupassen, bräuchte man keine vertrauenswürdigen Technologien. Verwendet man aber VT, um diese Probleme zu lösen, entstehen neue Probleme durch neue Angriffsmöglichkeiten. Die Wesentlichste, die 51%-Attacke, soll nun dargestellt werden, um später bei der Frage, was eine vertrauenswürdige Technologie im Einzelnen vertrauenswürdig macht, darauf zurückgreifen zu können. Als zweites Beispiel soll dann die Race-Attacke dargestellt werden, die das Problem der Finalität von Blockchain-Transaktionen aufgreift.

Zur 51%-Attacke

Die **51%-Attacke** ist sicher die bekannteste Angriffsmöglichkeit bei Blockchains. Ihr Prinzip ist einfach erklärt: Wenn man in einem Blockchain-Netzwerk 51% der Teilnehmer (Nodes) kontrolliert, kann man den Konsens-Algorithmus so verwenden, dass man das gewünschte Ergebnis erzielt. Verwendet wird dieses Angriffsszenario dazu, um Token mehrfach „ausgeben" zu können (**Double-Spending**) oder bspw.,

---

[292] Vgl. zur Dezentralität auch A. FRICK, Zivilrechtliche Aspekte von Token im Zusammenhang mit dem liechtensteinischen Token- und VT-Dienstleister-Gesetz, S. 14.

[293] Zumindest in der Theorie können die Nutzer das System selbst überprüfen, sofern sie über entsprechendes Programmierwissen verfügen.

[294] Vgl. NÄGELE, Sekundärmarkt für Security Token, S. 8; und insb. HAWLITSCHEK/NOTHEISEN/TEUBNER, The limits of trust-free systems: A literature review on blockchain technology and trust in the sharing economy, Electronic Commerce Research and Applications 2018, S. 57; Auch Völkel sieht die Unveränderlichkeit der Transaktionshistorie als eine wesentliche Eigenschaft, die zur Vertrauenswürdigkeit beiträgt; VÖLKEL, Vertrauen in die Blockchain und das Sachenrecht, ZFR 2020/218, S. 492 f.; Vgl. zur Dezentralität auch A. FRICK, Zivilrechtliche Aspekte von Token im Zusammenhang mit dem liechtensteinischen Token- und VT-Dienstleister-Gesetz, S. 14.

um die Annahme neuer Transaktionen zu blockieren. Es ist aber nicht ohne weiteres möglich, die Historie der Blockchain zu ändern.[295] Mit einer 51%-Attacke kann man also nicht einfach Transaktionen, die bspw. zwei Jahre zurückliegen, ändern. Diese Attacke zielt mehr auf Transaktionen ab, die gerade jetzt geschehen oder geschehen sollen.

Die **Kosten einer 51%-Attacke** auf ein Blockchain-Netzwerk unterscheiden sich insb. nach der Hash-Rate[296] des Netzwerks und dem verwendeten Algorithmus. Bei Bitcoin bspw. kostete am 07.02.2021 eine 51%-Attacke ca. USD 700'000.-- pro Stunde, bei Ethereum ca. USD 400'000.-- pro Stunde.[297] Wichtig dabei ist zu verstehen, dass man das Netzwerk nur solange beeinflussen kann, solange die Attacke anhält. Sobald man also die 51%-Mehrheit verliert, kann das Netzwerk die manipulierten Transaktionen wieder verwerfen. Es ist leicht erkennbar, dass solche Angriffe sich auf grosse Blockchain-Netzwerke (Anzahl Nodes bzw. Hash-Rate[298]) wie Bitcoin und Ethereum finanziell nicht rechnen.[299] In der Vergangenheit gab es mehrere solcher Attacken auf kleine Blockchains, der Schaden ging aber „nur" in die Millionen. Der wesentlich grössere „Schaden" ist der **Vertrauens- und Reputationsverlust** der angegriffenen Blockchain.[300] Die aus Liechtenstein heraus entwickelte **Aeternity**-Blockchain wurde im Dezember 2020 und Januar 2021 in Form einer 51%-Attacke angegriffen. Dabei sind 29 Mio. AE-Token (per 7.2.2021 sind das ca. USD Mio. 2.7[301]) „gestohlen" worden. Diese Token wurden nach Angaben von Aeternity in der Folge gesperrt und wieder «zurückgeholt».

<u>Zum „Race"-Angriff – Warum die Anzahl der Bestätigungen (Finalität) relevant ist</u>

Als Opfer eines Race-Angriffs kommt jemand in Frage, der Zahlungen in Kryptowährungen akzeptiert. Der Angreifer macht zuerst eine Zahlung an den Händler, der

---

[295] VAN HIJFTE, Blockchain Platforms, S. 63 f.

[296] Hash-Rate bezeichnet die Rechenleistung, welche die Netzwerkteilnehmer zur Verfügung stellen. Angegeben wird sie in Hashes pro Zeiteinheit (Sekunden), die durch die zur Verfügung gestellte Rechenleistung möglich sind.

[297] CRYPTO51, Cost of a 51% Attack for Different Cryptocurrencies, https://www.crypto51.app/ (07.02.2021).

[298] Angegeben in Hashes pro Sekunde.

[299] Vgl. zur Unverhältnismässigkeit solcher Angriffe auch schon A. FRICK, Zivilrechtliche Aspekte von Token im Zusammenhang mit dem liechtensteinischen Token- und VT-Dienstleister-Gesetz, S. 15.

[300] VAN HIJFTE, Blockchain Platforms, S. 64.

[301] COINMARKETCAP, Aeternity price today, AE marketcap, chart, and info | CoinMarketCap, https://coinmarketcap.com/currencies/aeternity (07.02.2021).

Kryptowährungen als Zahlungsmittel akzeptiert. Unmittelbar danach tätigt er eine zweite Zahlung an einen anderen Händler oder an sich selbst mit «denselben» Kryptowährungen. Sollte der Händler den Kunden nicht auf mehrere Bestätigungen der Transaktion warten lassen wollen[302] (Stichwort **Finalität** der Transaktion) und akzeptiert die Zahlung schon mit null bestätigten Blöcken, besteht die Möglichkeit, dass die zweite Transaktion im nächsten Block geschürft (Mining) und akzeptiert wird. Die erste Transaktion bleibt dann unbestätigt. Hat der Händler die Dienstleistung oder die Ware schon geliefert, bleibt er unbezahlt.[303] Diese Angriffe gab es in der Schweiz auf Bitcoin-Automatenbetreiber, welche die Kunden nicht „unnötig" warten lassen wollten. Gerade Händler, die grössere Summen in bitcoin akzeptieren wollen, stehen immer wieder vor dem Dilemma, die nötigen Bestätigungen abwarten zu müssen. Dies bei regelmässig äusserst ungeduldiger und anspruchsvoller Kundschaft.

3 Zur Veröffentlichung des Software-Quellcodes («Open-Source»)

An dieser Stelle bleibt noch das Kriterium der Veröffentlichung des Software-Quellcodes zu thematisieren. Durch die Veröffentlichung des Quellcodes der vertrauenswürdigen Technologien ist es für jedermann – zumindest jedem, der Softwarecodes verstehen kann – möglich, die **Funktionsweise der Software zu prüfen**. So kann bspw. nachvollzogen werden, ob Backdoors vorhanden sind[304] oder, ob es möglich ist, Ergebnisse unbemerkt im Nachgang anzupassen. Durch Veröffentlichung des Quellcodes (der Regeln) kennt man diese im Voraus.[305] Die Frage, ob der Quellcode einer Software öffentlich verfügbar ist[306] hängt dabei von den Entwicklern ab.

Wird der Quellcode bspw. auf github.com veröffentlicht, sind auch alle Schritte und Änderungen nachverfolgbar. Es ist auch zu sehen, ob sich das Projekt weiterentwickelt. So kann man nachverfolgen, wie viele Personen an der Softwareentwicklung aktiv arbeiten, wie viele Änderungsvorschläge eingehen usw. Werden neue Token bspw. auf Basis von Ethereum auf Basis des ERC-20-Standardtoken veröffentlicht, so

---

[302] Bei Bitcoin bspw. wird ca. alle zehn Minuten ein neuer Block an die Blockchain angehängt. Man sollte also ca. eine Stunde warten, um sicher zu sein, dass die Transaktion nahezu unveränderbar ist; vgl. Ausführungen zur «Finalität» 2. Teil, § 2, II, 1.2).

[303] VAN HIJFTE, Blockchain Platforms, S. 64.

[304] Auch wenn diese nicht immer leicht zu finden sind.

[305] Vgl. hierzu das Kriterium der «im Voraus definierten Regeln»; BuA Nr. 54/2019, S. 131.

[306] Meist werden die Quellcodes in der Praxis auf github.com veröffentlicht; bspw. «https://github.com/bitcoin», «https://github.com/ethereum/» oder «https://github.com/aeternity»;

hat sich in der Praxis etabliert, den **Token-Smart-Contract** im Klartext[307] zu veröffentlichen. So ist der Smart Contract des ERC-20-AE-Token von Aeternity auf etherscan.io[308] zu finden. Der ERC-20-Token von Aeternity läuft nach ca.[309] zwei Jahren ab und kann nicht mehr transferiert werden. Bei Aeternity war das auch klar so vorgesehen, dass die ERC-20-Token zur Finanzierung der Entwicklung der neuen Aeternity-Blockchain dienen sollen und im Anschluss in Projekt-Token durch den Migration Smart Contract umgewandelt werden. Als Zeitlimit waren zwei Jahre vorgesehen, was natürlich auch etwas Druck auf das Projektteam ausübte. Man sieht an diesem Beispiel sehr gut, wie transparent die Prozesse gemacht werden können.

Wurde ein «VT-System» von einem gewinnorientierten Unternehmen entwickelt, hat es ein Interesse daran, den Quellcode geheim zu halten. Dies hat natürlich vorwiegend wirtschaftliche Hintergründe. So sollen damit bspw. die Investitionen in die Entwicklungskosten gesichert werden. Bei Open-Source-Software kann jeder eine Kopie erstellen. Auch wenn die Veröffentlichung des Quellcodes ein gutes Stück dazu beiträgt, die Funktionsweise von VT-Systemen kritisch prüfen zu können, ist es dennoch kein Tatbestandsmerkmal für eine «VT» i.S.d. TVTG. Es gibt andere Wege[310], die Funktionsweise zu prüfen und sich im Voraus nach den definierten Regeln zu erkundigen.

II Zu den funktionalen Tatbestandsmerkmalen der Begriffsdefinitionen VT und VT-Systeme

In den vorigen Abschnitten wurde anhand von Bitcoin und Ethereum dargestellt, was vertrauenswürdige Technologien für die Regierung bei der Erstellung des TVTG ausmachen sollen. Nun sind die funktionalen Begriffsbestimmungen des TVTG zu betrachten und diese anhand des Vorgesagten einzuordnen:

Vertrauenswürdige Technologien (VT) sind nach Art. 2 Abs. 1 lit. a TVTG[311]:

---

[307] Der Quellcode der Token-Smart-Contracts wird nicht automatisch veröffentlicht.
[308] ETHERSCAN.IO, Aeternity (AE) Contract Address.
[309] Da Ethereum direkt kein Zeitsystem hat, behilft man sich mit der Blockhöhe, die wiederum nur ungefähr in Zeit umgerechnet werden kann. Dabei geht man von der durchschnittlichen Zeit aus, die es benötigt, bis der nächste Block «ge-mined» wird.
[310] Bspw. die Prüfung durch unabhängige Dritte.
[311] Die Zahlen in den Klammern wurden zur besseren Bezugnahme hier und in den Folgeabsätzen hinzugefügt und finden sich nicht im Gesetzestext.

«Technologien, durch welche die (1) Integrität von Token, die (2) eindeutige Zuordnung von Token zu VT-Identifikatoren sowie (3) Verfügung über Token sichergestellt wird.»

VT-Systeme bauen auf VT auf und sind nach Art. 2 Abs. 1 lit. b TVTG:

«(4) Transaktionssysteme, welche die sichere Übertragung und Aufbewahrung von Token sowie darauf aufbauende Dienstleistungserbringung mittels vertrauenswürdiger Technologien ermöglichen.»

1 Zur (1) Integrität von Token

Bereits der Wortlaut in Art. 2 Abs. 1 lit. a TVTG hält im Tatbestand das Kriterium der «Integrität» fest. Diese Integrität, welche durch die Technologie sichergestellt werden muss, bezieht sich auf die Token. Was unter dem Token technisch betrachtet zu verstehen ist, hängt vom jeweilig verwendeten VT-System ab. Damit ist auch die Art und Weise, wie die Integrität gewährleistet wird, systemabhängig. Die Gesetzesmaterialien nehmen zum Begriff der «Integrität» Bezug auf die Informatik, wo dieser üblicherweise für die Korrektheit und Unversehrtheit von Daten verwendet wird.[312] Im Wesentlichen soll es daher um die **Unversehrtheit der Token** gehen, also die syntaktische Ebene (bei Daten[313]).[314] Dieses Tatbestandsmerkmal ist weniger wichtig bei intrinsischen Token, da die Token keine weiteren Daten enthalten. Bei extrinsischen Token hingegen können die Token Informationen enthalten, deren Integrität schützenswert ist. So können Token bspw. ein Werk i.S.d. Urheberrechts enthalten, bei dem es um jedes Zeichen ankommt. VT nutzen zur Sicherstellung der Integrität meistens Hash-Funktionen[315].

2 Zu (2) der eindeutigen Zuordnung von Token zu VT-Identifikatoren

Die Zuordnung zu VT-Identifikatoren findet sich sowohl in der Begriffsbestimmung von «VT» nach Art. 2 Abs. 1 lit. a TVTG, als auch in der Legaldefinition des Token in Art. 2 Abs. 1 lit. c TVTG wieder. Die Zuordnung zu VT-Identifikatoren wird dann auch detailliert im 3. Teil, § 1, Bst. D «Zur (4) Zuordnung zu VT-Identifikatoren» behandelt. Hier soll kurz dargestellt werden, wie die Zuordnung sichergestellt wird. Bei Bitcoin

---

[312] BuA Nr. 54/2019, S. 130; Vgl. auch VÖLKEL, Vertrauen in die Blockchain und das Sachenrecht, ZFR 2020/218, S. 493.

[313] Vgl. die Ausführungen zu Informationen als Daten im 3. Teil, § 2, A, II.

[314] Vgl. zur Manipulationssicherheit der Token auch A. FRICK, Zivilrechtliche Aspekte von Token im Zusammenhang mit dem liechtensteinischen Token- und VT-Dienstleister-Gesetz, S. 13.

[315] Vgl. die Ausführungen zu Hash-Funktionen im 2. Teil, § 2, I, 3.

bspw. wird geprüft, ob das Unlocking-Script das Locking-Script erfüllt (Validierung der Transaktion), bevor man eine neue Zuordnung vornehmen kann. Die Verfügungsgewalt wird von den Systemen somit automatisiert geprüft. Da die Bedingungen so festgelegt werden müssen, dass sie von einem Algorithmus geprüft werden können, benötigt es keinen Intermediär. Die gespeicherten Informationen über erfolgte Transaktionen müssen auch vor Manipulation geschützt werden. Es muss auffallen, wenn man eine alte Transaktion anpassen möchte, indem man bspw. die Zuordnung dahingehend ändert, dass die Token einem anderen VT-Identifikator zugeordnet sind. Bei Blockchain-Systemen wird von «Unveränderbarkeit» gesprochen, die einerseits durch das Nutzen von **Hash-Funktionen** und durch die Verkettung der Blöcke miteinander[316] erfolgt.

3 Zu (3) Verfügung über Token

Bei der «Verfügung über Token» ergeben sich m.E. keine weiteren Anforderungen an die Technologie, die nicht sonst schon notwendig wären. Es handelt sich daher auch eher um ein einschränkendes Tatbestandsmerkmal. Kann man – nicht nur kurzfristig – nicht mehr über die Token verfügen (wurden diese bspw. zerstört[317]), so handelt es sich nicht mehr um Token i.S.d. TVTG. Die äusserst leichte Übertragbarkeit von Daten stellt hier aber gerade die Herausforderung dar, die das Gesetz sichergestellt haben will. Token müssen zwar übertragbar sein, sie dürfen aber nicht ohne weiteres kopiert werden können (Beschränkung der Kopierbarkeit[318]). Die meisten technischen Umsetzungen basieren hier auf **Dezentralität** und einem **Konsens-Algorithmus**. Die Anzahl der Teilnehmer im Netzwerk (Nodes), welche Kopien der Daten speichern, ist relevant für die Ausfallsicherheit, aber auch Integrität und Unveränderbarkeit der Daten. Je mehr Kopien bestehen, desto wahrscheinlicher ist es, dass man einen gewissen Datenstand beweisen kann.[319]

4 Zu (4) VT-Systemen

VT-Systeme bauen auf VT auf und sind **Transaktionssysteme**, welche die **sichere Übertragung** und (sichere) **Aufbewahrung von Token** sowie **darauf aufbauende Dienstleistungserbringung** mittels VT ermöglichen. Die Kriterien der sicheren

---

[316] Ebenfalls durch Anwendung der Hash-Funktion.
[317] Vgl. die Ausführungen zur Burn-Funktion im 3. Teil, § 2, B, III, 2.4.
[318] Vgl. hierzu die Ausführungen zum Double-Spending Problem in 3. Teil, § 3, A, I, 2.
[319] Eine zentral verwaltete Datenbank mit einem schönen grafischen Userinterface (eine klassische Webseite) soll nicht als VT-System qualifiziert werden. Der Administrator der Webseite kann beliebige Änderungen am Datenstand wahrnehmen.

Übertragung und der sicheren Aufbewahrung sind als allgemeine Qualitätskriterien zu verstehen. Die sichere Aufbewahrung bezieht sich insbesondere auf die digitale Repräsentation von Rechten und deren Integrität (gemeint Token), nicht auf die Aufbewahrung der VT-Schlüssel.[320] Hier ist auf die Ausführungen zur Integrität von Token zu verweisen, deren sichere Aufbewahrung bereits davon umfasst ist. Sicher aufbewahrt wird aber wie festgehalten nicht der VT-Schlüssel, sondern bildlich gesprochen das Schloss (bei Bitcoin das Locking-Script), zu dem der VT-Schlüssel passt.

Die sichere Übertragung als Tatbestandsmerkmal ist ebenfalls nicht näher spezifiziert und hängt wiederum mit der Integrität zusammen. Es soll sichergestellt werden, dass bei einer Übertragung an einen VT-Identifikator der Inhaber des VT-Schlüssels faktisch verfügen kann. Bei Bitcoin geschieht dies bspw. durch die Locking- und Unlocking-Scripts (Schlüssel-Schloss-Prinzip). Die sichere Übertragung findet sich dann bei der Übertragungsordnung nach Art. 6 TVTG wieder, die wiederum auf die Regeln des VT-Systems verweist. Hier wird vom VT-System eine «abgeschlossene Transaktion» verlangt, was wie bereits ausgeführt für die meisten Systeme eine grosse Herausforderung darstellt.[321] Wann eine Transaktion als abgeschlossen gelten soll, variiert je nach VT-System. In der Folge soll daher die Übertragungsordnung in Art. 6 TVTG näher betrachtet werden, um besser zu verstehen, warum die sichere Übertragung als Tatbestandsmerkmal bei VT-Systemen aufgenommen wurde. Zudem ist die Aufarbeitung der Übertragung der Token zur Vorbereitung des Kapitels über die Repräsentation von Rechten erforderlich.

III   Zur Übertragung von Token durch Verfügung über Token nach Art. 6 TVTG

1   Zu Art. 6 und den Verfügungen über Token mittels einer eigenen Übertragungsordnung

Das TVTG führt mit den Art. 5 und Art. 6 eine **eigene Zuordnungs- und Übertragungsordnung** ein, die im Folgenden dargestellt werden soll. Als Grundregel sieht das TVTG im zivilrechtlichen Teil[322] vor, dass Rechte, die durch Token repräsentiert

---

[320] Wild gibt die Orginalfundstelle m.E. versehentlich falsch wieder, indem sie schreibt, dass sich die Aufbewahrung auf die digitale Repräsentation von "Informationen" und deren Integrität bezieht. Die Regierung hat im BuA von der digitalen Repräsentation von Rechten gesprochen und damit den Token gemeint. WILD, Zivilrecht und Token-Ökonomie in Liechtenstein. Eine Analyse der zivilrechtlichen Bestimmungen des TVTG unter Berücksichtigung des Wertrechts (2020), S. 28; Vgl. zur originalen Fundstelle BuA Nr. 54/2019, S. 139.

[321] Vgl. zur Finalität die Ausführungen im 2. Teil, § 2, II, 1.2.

[322] Vgl. II. Zivilrechtliche Grundlagen Art. 3 bis 10 TVTG.

werden mit dem Token auch übertragen werden.[323] Zudem knüpft das TVTG weitere Rechtsfolgen wie den Gutglaubenserwerb nach Art. 9 TVTG an die Übertragung von Token an. Umso wichtiger war es, Klarheit zu schaffen, unter welchen Umständen **Verfügungen** über Token **rechtswirksam** sind und damit auch das **repräsentierte Recht übertragen** wird.

Die Verfügung über einen Token setzt gemäss Art. 6 TVTG voraus, dass:

1. die Übertragung des Token **nach den Regeln des VT-Systems abgeschlossen** ist;[324]
2. der Übertragende und der Übernehmende übereinstimmend erklären[325], die Verfügungsberechtigung am Token **übertragen zu wollen**[326]; und
3. der Übertragende nach Massgabe von Art. 5 TVTG[327] **verfügungsberechtigt**[328] ist.

Liegt eine wirksame Verfügung über den Token nach diesen Regeln vor, soll diese auch die Verfügung über das durch den Token repräsentierte Recht bewirken. Dieser «**Koordinationsbefehl**»[329] ist bei Inkrafttreten des TVTG in dieser breiten Anwendbarkeit wohl einzigartig und wird im Kapitel zur Repräsentation noch eingehend beleuchtet.[330] Einigen sich der berechtigte Übertragende und der Übernehmende auf

---

[323] Vgl. Art. 7 TVTG und die weiteren Ausführungen zur Repräsentation von Rechten im 3. Teil, § 4.

[324] Wobei ein beschränktes dingliches Recht an einem Token auch ohne Übertragung bestellt werden kann, sofern dieses für Dritte erkennbar ist und der Zeitpunkt der Bestellung eindeutig feststeht.

[325] Es braucht also ein obligatorisches Grundgeschäft.

[326] Bzw. daran, ein beschränktes dingliches Recht begründen zu wollen.

[327] Vgl. hierzu auch NÄGELE, Sekundärmarkt für Security Token, S. 10 f.

[328] Vorbehalten bleibt hierbei der Erwerb kraft guten Glaubens nach Art. 9 TVTG.

[329] BuA Nr. 54/2019, S. 168; Vgl. auch schon A. FRICK, Zivilrechtliche Aspekte von Token im Zusammenhang mit dem liechtensteinischen Token- und VT-Dienstleister-Gesetz, S. 38; WILD, Zivilrecht und Token-Ökonomie in Liechtenstein, S. 65 f.; LINS/PRAICHEUX, Digital and blockchain-based legal regimes: An EEA case study based on innovative legislations, SPWR 2020, S. 318; NÄGELE, Sekundärmarkt für Security Token, S. 11.

[330] Vgl. auch OMLOR, Digitales Eigentum an Blockchain-Token – rechtsvergleichende Entwicklungslinien, ZVglRWiss 2020, S. 57.

Übertragung der Verfügungsberechtigung am Token und Übertragung des repräsentierten Rechts, so wird – sofern nach Gesetz oder durch geeignete Massnahmen möglich[331] – das durch den Token repräsentierte Recht übertragen.[332]

Es müssen also die Voraussetzungen nach TVTG zur Übertragung des Token sowie die Voraussetzungen zur Übertragung des repräsentierten Rechts vorliegen. Die Gleichschaltung wird durch den Koordinationsbefehl in Art. 7 TVTG angeordnet. In einem ersten Schritt gilt es daher zu erarbeiten, unter welchen Voraussetzungen es zu einer wirksamen Übertragung des Token durch Verfügung kommt.

2 Zur Übertragung nach den Regeln des VT-Systems

Was genau unter einer Übertragung nach den Regeln des VT-Systems zu verstehen ist, ergibt sich weder aus dem Gesetzestext des TVTG noch aus den einschlägigen Materialien. Zu unterscheiden sind Transaktionen, die on-chain, also direkt auf dem VT-System passieren, von den sogenannten off-chain-Transaktionen, die ohne Kenntnis des VT-Systems erfolgen, meist durch physische Übergabe des VT-Schlüssels. Unabhängig von der Art der Transaktion wird der **Verweis auf die Systemregeln** mit der Notwendigkeit der **Technologieneutralität** begründet.[333] Demzufolge muss man für jedes VT-System prüfen, wie Token übertragen werden. Dies soll in der Folge geschehen.

2.1 Zu on-chain-Übertragungen

On-chain-Transaktionen werden in der Praxis meist durch technische Hilfsmittel wie bspw. «Wallet»-Software vereinfacht, die es einem erlauben, Transaktionen auf mehreren VT-Systemen einfach durchzuführen. So kann man mit einer Anwendung sowohl bitcoin als auch Ether und alle auf Ethereum basierenden Token übertragen. Die Übertragung dieser Token funktioniert technisch aber äusserst unterschiedlich. Wie die on-chain-Transaktionen bei den systemeigenen Token von Bitcoin und Ethereum erfolgen, wurde bereits im 3. Teil ‚§ 2 ‚B ‚II behandelt. Für Token im ei-

---

[331] Art. 7 Abs. 1 TVTG ist zusammen mit Abs. 2 leg. cit. zu lesen. Dieser behandelt den Fall, wenn „die Rechtswirkung nach Abs. 1 nicht von Gesetzes wegen" eintritt; NÄGELE, Sekundärmarkt für Security Token, S. 11.

[332] NÄGELE, Sekundärmarkt für Security Token, S. 11.

[333] Falker, Teichmann sprechen dem TVTG aufgrund dessen Technologieneutralität ebenfalls grosse Bedeutung in Zukunft zu; FALKER/TEICHMANN, InTeR 2020, S. 62.

gentlichen Sinn ist an dieser Stelle, um Wiederholungen zu vermeiden, auf die Ausführungen im 3. Teil, § 2, B, III zu verweisen. Nicht behandelt wurden bis dato aber die off-chain-Transaktionen, was in Folge geschehen soll.

2.2 Zu off-chain-Übertragungen

Zur Übertragung durch physische Übergabe (off-chain) von VT-Schlüsseln (bspw. durch Hardware-Wallets)

Eine in der Praxis beliebte Methode zur Erfüllung von «Over-the-Counter» («OTC») Geschäften (Kauf von Kryptowährungen) ist die **physische Übergabe** von Hardware-Wallets und damit des VT-Schlüssels zu den vertragsgegenständlichen Token.

Hardware-Wallets sind physische Geräte, welche den VT-Schlüssel im Gerät selbst speichern. Meistens muss man für den Zugriff auf den VT-Schlüssel einen PIN-Code oder ein Passwort direkt am Hardware-Wallet eingeben. Da sie grds. keine direkte Verbindung ins Internet haben, gelten sie als vergleichsweise sicher. Zurückkommend auf die Einteilung von Daten[334], sind Hardware-Wallets der strukturellen Ebene zuzuordnen. Auf die semantische Ebene hat eine physische Übergabe des Gerätes keinen Einfluss. Demzufolge findet auf dem VT-System auch keine Transaktion statt. Die Transaktion erfolgt deshalb ausserhalb der Blockchain, woher auch der Begriff «**off-chain**»-Transaktion stammt. Übergeben wird das Hardware-Wallet mit dem darin gespeicherten VT-Schlüssel. Was bedeutet das aber für die Übertragungsregeln nach Art. 6 TVTG? Einigen sich die Parteien darauf, dass auch das Eigentum am Hardware-Wallet übertragen werden soll, so hat der Modus auch nach sachenrechtlichen Grundsätzen zu erfolgen.[335]

Durch die sachenrechtliche Eigentumsübertragung am Hardware-Wallet wurde aber noch nicht die Verfügungsberechtigung am Token übertragen, sondern nur die Verfügungsgewalt nach Art. 5 Abs. 1 TVGT. Der Hardware-Wallet-Besitzer kann nunmehr – sofern er auch den allfälligen PIN-Code des Hardware-Wallets kennt – über die Token verfügen. Er ist aber noch nicht Verfügungsberechtigter nach Art. 5 TVTG. Haben sich die Parteien im Titel zur Übertragung der Verfügungsberechtigung geeinigt und als Modus die Übergabe des Hardware-Wallets vereinbart, so handelt es sich nach Art. 6 Abs. 1 a) TVTG um eine Verfügung über Token. Ob es sich bei einer off-

---

[334] Vgl. die Ausführungen zu den unterschiedlichen Ebenen von Daten in 3. Teil, § 2, A, II.
[335] Vgl. auch BuA, der hier verkürzt festhält, dass die genannten off-chain-Transaktionen durch Hand-zu-Hand-Übergabe des Hardware-Wallets erfüllt werden: BuA Nr. 54/2019, S. 193; Vgl. auch schon A. FRICK, Zivilrechtliche Aspekte von Token im Zusammenhang mit dem liechtensteinischen Token- und VT-Dienstleister-Gesetz, S. 19.

chain-Transaktion aber um eine abgeschlossene «Übertragung des Token nach den Regeln des VT-Systems» nach Art. 6 Abs. 2 a) handelt, ist dem Gesetz nicht direkt zu entnehmen. Wie gesagt, findet im Ergebnis keine Transaktion auf dem VT-System statt, VT-Schlüssel, VT-Identifikator bleiben gleich. Das VT-System «merkt» von dieser Transaktion auch nichts. Im Rahmen der teleologischen Auslegung ist m.E. davon auszugehen, dass eine Übertragung des VT-Schlüssels auch unter die genannte Bestimmung zu subsumieren ist. Das TVTG hat solche Transaktionen vor Augen gehabt und in den Gesetzesmaterialien abgehandelt. «Nach den Regeln des VT-Systems» ist daher jedenfalls immer dann erfüllt, wenn man durch Übergabe des VT-Schlüssels Verfügungsgewalt erhält, egal ob durch eine on-chain- oder off-chain-Transaktion.[336]

Die vermeintliche hohe Rechtssicherheit bei der physischen Übergabe von Sachen, die einem Verfügungsgewalt über Token verschaffen, machen sich Hersteller von speziellen Hardware-Wallets zu Nutzen, bspw. OpenDime.[337] Solche Wallets in USB-Stick-Form funktionieren ähnlich wie Inhaberpapiere. Jedermann kann den VT-Identifikator auslesen, indem der USB-Stick in einen Computer oder ein Mobiltelefon gesteckt wird. Mit dem VT-Identifikator kann geprüft werden, wie viele Token diesem VT-Identifikator zugeordnet sind. Der VT-Schlüssel ist in einem separaten Speicher gespeichert. Erst durch eine mechanische Manipulation (Durchstechen eines Leiters) wird der geschützte Bereich mit dem VT-Schlüssel auf dem USB-Stick zugreifbar und man kann den VT-Schlüssel auslesen. Somit werden die Token weitertransferierbar. Ab diesem Moment sind die bitcoin aber auch von jedem, der Zugriff auf den USB-Stick hat, verwendbar. Verfügungsgewalt über die Token hat, wer Inhaber des VT-Schlüssels ist. Es stellt sich somit die Frage, ob man Verfügungsgewalt schon dadurch erlangt hat, weil man den USB-Stick nach SR-Grundsätzen besitzt oder erst dadurch erlangt, indem man ihn mechanisch verändert? Der BuA verlangt hier «Kenntnis über den VT-Schlüssel».[338] Es muss m.E. ausreichen, wenn man leicht Kenntnis erlangen

---

[336] Die Regierung möchte Art. 6 TVTG nur auf on-chain-Transaktionen anwenden und verweist bei off-chain-Transaktionen auf das Sachenrecht. Das greift m.E. zu kurz, denn die übrigen Teile von Art. 6 TVTG regeln die Voraussetzungen von wirksamen Verfügungen; Eine Transaktion auf dem VT-System ist in Art. 6 Abs. 1 a) TVTG noch bei Begründung von Sicherheiten oder Nutzniessungsrechten nach Art. 6 Abs. 1 b) und Abs. 2 a) leg. cit. nicht tatbestandsmässig, sofern sie für Dritte erkennbar ist, was durch die physische Übergabe gewährleistet ist; Vgl. BuA Nr. 54/2019, S. 192 f.

[337] OPENDIME, World's First Bitcoin Credit Stick Wallet, https://opendime.com/ (23.02.2021).

[338] BuA Nr. 54/2019, S. 63.

kann, im Gegensatz zu durch mit PIN-Code geschützten Hardware-Wallets. Bei diesen Geräten räumt einem der Besitz des physischen Wallets alleine noch keine Verfügungsgewalt ein. Es ist zusätzlich die Kenntnis des PIN-Codes erforderlich.

Zur Liberierung von Gesellschaftskapital mittels Kryptowährungen über die analoge Anwendung der Sacheinlage

Wie die unterschiedlichen Transaktionsarten in der Praxis genutzt werden, zeigt sich bspw. auch bei der Liberierung von Verbandspersonen. Das Amt für Justiz des Fürstentums Liechtenstein (AJU) erlaubt die Liberierung von Gesellschaftskapital mittels Kryptowährungen – derzeit bitcoin und Ether[339] (vgl. Merkblatt 02/2021).[340] Das AJU wendet dabei die Grundsätze der Liberierung mittels Sacheinlagen an.[341] Die einzubringende **Kryptowährung** ist in einem Sacheinlagevertrag **eindeutig zu bezeichnen** und der Wert muss – sowohl im Zeitpunkt der öffentlichen Beurkundung als auch im Zeitpunkt der Eintragung - mindestens dem Werte des statutarischen Gesellschaftskapitals entsprechen.[342] Auf den sonst bei Sacheinlagen notwendigen Sachverständigenbericht[343] wird mit dem Hinweis darauf, dass die Liberierung durch Kryptowährungen auch Elemente der Liberierung mit Bareinlage aufweist, verzichtet. Begründet wird dies mit der Tatsache, dass die Referenzpreise der wichtigsten Kryptowährungen auf der Webseite[344] der eidgenössischen Steuerverwaltung publiziert werden und bitcoin und Ether somit einen Marktwert haben. Das AJU fordert, dass die Statuten u.a. folgende Angaben zu enthalten haben:

- «*Gegenstand der Sacheinlage;*

---

[339] Unrichtigerweise bezeichnet das Merkblatt die VT-Systeme (also Blockchains) Bitcoin und Ethereum und nicht die Kryptowährungen bitcoin und Ether. Gemeint sind aber die Kryptowährungen, das ergibt sich auch durch die verwendete Abkürzung BTC für bitcoin.

[340] AMT FÜR JUSTIZ DES FÜRSTENTUMS LIECHTENSTEIN, Merkblatt zur Liberierung von Gesellschaftskapital mit einer Kryptowährung, https://www.llv.li/files/onlineschalter/Dokument-3306.pdf (27.02.2021).

[341] Unter Verweis auf Bestimmungen zur Sacheinlage im PGR und der Handelsregisterverordnung (HRV).

[342] Das AJU empfiehlt daher, im Sacheinlagevertrag eine „Sicherheitsmarge" zu berücksichtigen.

[343] Vgl. für die Aktiengesellschaft bspw. Art. 55 a) Abs. 2 lit. a der Verordnung vom 11. Februar 2003 über das Handelsregister (Handelsregisterverordnung) (HRV), Liechtensteinisches Landesgesetzblatt (2003).

[344] Die wichtigsten Kryptowährungen werden als Devisen geführt und sind online abrufbar; EIDGENÖSSISCHE STEUERVERWALTUNG, ICTax - Income & Capital Taxes, https://www.ictax.admin.ch/extern/de.html#/ratelist/2021 (27.02.2021).

– *Nennung des Namens des Einlegers.*»[345]

Es könnte der Eindruck entstehen, dass das AJU bei der Liberierung mittels Kryptowährungen implizit die Verwendung eines physischen Trägers (eines Gegenstands) des VT-Schlüssels bzw. eines Gegenstands, der die Verfügungsgewalt über die (off-chain) einzubringende Kryptowährung vermittelt, vorschreibt. Meines Erachtens müsste es aber auch möglich sein, die Verfügungsgewalt über den Nachweis mittels Bestätigung eines VT-Dienstleisters (VT-Token-Verwahrer, VT-Schlüssel-Verwahrer und VT-Protektor) zu erbringen.

Zur off-chain-Übertragung von Wertrechten in Form von Token

Eine weitere Frage, die sich bei off-chain-Übertragungen stellt, hängt mit der Übertragung von Wertrechten zusammen. Im Bereich der Wertrechte gilt als Aktionär gegenüber der Gesellschaft derjenige, der im Wertrechtebuch eingetragen ist. Wird das Wertrechtebuch auf einem VT-System geführt und findet eine off-chain-Transaktion wie obengenannt statt, bleibt der Übertragende der Verfügungsberechtigung solange Aktionär, bis der neue Verfügungsberechtigte im Wertrechtebuch eingetragen ist. Das Wertrechtebuch wird bei einer off-chain-Transaktion nicht aktualisiert. Zudem wird auch keine vorgängige Informationserfassung vor dem Whitelisting des neuen VT-Identifikators durchgeführt. Mit anderen Worten kennt das Wertrechtebuch die Identität des neuen Aktionärs nicht und dieser wird auch nicht mit Namen im Wertrechtebuch eingetragen werden. Das **Wertrechtebuch** hat wie ausgeführt **konstitutiven Charakter**. Werden also Wertrechte durch physische Übergabe (strukturelle Ebene) des VT-Schlüssels (semantische Ebene) übertragen, so hat die verpflichtete Person nach Art. 7 Abs. 2 TVTG durch geeignete Massnahmen sicherzustellen, dass auch das repräsentierte Recht übertragen wird. Man könnte den Schuldner über den Wechsel der Person, die hinter dem VT-Identifikator steht, informieren. Ob dies als Modus ausreicht, ist zumindest fraglich. Zumindest könnte der Schuldner die Whitelist manuell anpassen und den VT-Identifikator dem neuen Aktionär zuordnen. Man wird in der Praxis nicht nur aus diesem Grund gut daran tun, entsprechende on-chain-Transaktionen zu fordern. Denn bei der Verwendung von off-chain-Transaktionen ist es umso schwerer, die Sicherheit zu gewährleisten. Übergibt man bspw. einfach ein Hardware-Wallet samt PIN-Code an den Erwerber, kann dieser über die VT-Schlüssel verfügen und auch den PIN-Code ändern. Damit ist aber nicht sichergestellt, dass der Veräusserer nicht mehr über den VT-Schlüssel

---

[345] AMT FÜR JUSTIZ DES FÜRSTENTUMS LIECHTENSTEIN, Merkblatt zur Liberierung von Gesellschaftskapital mit einer Kryptowährung.

verfügen kann. Er hätte sich leicht eine Kopie des Schlüssels erstellen können.[346] Findet die Transaktion on-chain statt, handelt es sich um einen Anwendungsfall von Art. 7 Abs. 1 TVTG, denn in diesem Fall wird durch die Verfügung über den Token auch das Wertrechtebuch aktualisiert und die Verfügung bewirkt ex lege die Übertragung des im Token repräsentierten Rechts.

B Fazit zu den Begriffen «VT» und «VT-System»

Was unter vertrauenswürdigen Technologien und VT-Systemen zu verstehen ist, könnte von grösserer Bedeutung nicht sein. Gegenstand, Zweck und Anwendungsbereich der allgemeinen, zivilrechtlichen wie aufsichtsrechtlichen Bestimmungen beziehen sich immer auf vertrauenswürdige Technologien. Insbesondere mit Art. 7 Abs. 1 und Abs. 2 TVTG verfolgt der Gesetzgeber das Ziel der intensiven Verknüpfung von repräsentiertem Recht und Token dergestalt, dass das Recht ohne den Token weder geltend gemacht noch auf andere übertragen werden kann. Für den Eigentumsnachweis reicht es aus, wenn der Tokenholder seine Verfügungsberechtigung am Token beweist (Legitimationswirkung). Eine Leistung des Schuldners an den so Ausgewiesenen wirkt schuldbefreiend (Befreiungswirkung). Nutzt man als Dienstleister keine VT oder VT-Systeme, ist man kein VT-Dienstleister und darf sich auch nicht so nennen (Bezeichnungsschutz). Das bedeutet aber auch, dass wenn man für die Dienstleistungserbringung kein VT-System nutzt, man sich nicht als VT-Dienstleister registrieren lassen kann.

Diese weitreichenden Rechtsfolgen schaffen die Rechtssicherheit, die der Gesetzgeber mit dem TVTG angestrebt hat. Warum aber wurde intermediärslosen, digitalen Transaktionen nicht schon vor der Entwicklung von VT und VT-Systemen die genannten Rechtsfolgen zugewiesen, und was unterscheidet ein VT-System von einer «normalen» Datenbankanwendung? Hier sind wir beim Kern des Begriffs «vertrauenswürdige Technologien» angelangt. Es gibt offenbar Technologien, die es ermöglichen, mit keinem oder wenig Vertrauen in die handelnden Akteure Transaktionen auszuführen und daran weitreichende Rechtsfolgen zu knüpfen. Man vertraut somit der Technologie, nicht den handelnden Akteuren. In der Informatik spricht man auch von «trustless»-Technologien. Trustless (auch «trust-free») bezeichnet dabei Systeme, welche ohne Vertrauen der Nutzer auskommen, um bestimmte Funktionen

---

[346] So ist es bei OTC-Verkäufen durch Übergabe von bereits initialisierten Hardware-Wallets zu Schäden gekommen, weil die Übergeber in dem Moment, als sie die Zahlung erhalten haben, die Token mit einer Kopie des VT-Schlüssels auf einen anderen VT-Identifikator übertragen haben.

zur Verfügung zu stellen. Im Fall von VT-Systemen, die begriffsnotwendig «trustless» sein müssen, bezeichnet es Systeme, welche Speicher- und Transaktionssysteme bereitstellen, für die normalerweise «vertrauenswürdige» Intermediäre verwendet werden. Da die Begriffe VT und VT-Systeme technologieneutral definiert und möglichst breit gefasst wurden, sind sie durch die Rechtsanwender auszulegen. Dabei gibt es aber keinen fixen Kriterienkatalog, der herbeigezogen werden kann, vielmehr ist es immer eine Gesamtbetrachtung, ob sie unter die Begriffsbestimmungen zu subsumieren sind: Vertrauenswürdige Technologien (VT) sind Technologien, durch welche die Integrität von Token, die eindeutige Zuordnung von Token zu VT-Identifikatoren sowie Verfügung über Token sichergestellt wird. VT-Systeme bauen auf VT auf und sind Transaktionssysteme, welche die sichere Übertragung und Aufbewahrung von Token sowie darauf aufbauende Dienstleistungserbringung mittels vertrauenswürdiger Technologien ermöglichen.

Als Musterbeispiel für VT und VT-Systeme dienten dem Gesetzgeber Bitcoin und Ethereum. Anhand der technologischen Ausgestaltung lässt sich erkennen, was eine Technologie zu einer VT und was ein System zu einem VT-System macht. Dabei sind auch die wichtigsten Angriffsszenarien zu berücksichtigen. Die vielgenannte 51%-Attacke bspw. entfaltet ihre Wirkung nur währenddem sie andauert. Es ist daher auch nicht ohne weiteres möglich, die Historie der Blockchain zu ändern. Mit einer 51%-Attacke kann man also nicht einfach Transaktionen, die bspw. zwei Jahre zurückliegen, ändern. Nur weil ein VT-System Opfer einer 51%-Attacke wurde, schliesst dies die Qualifikation als VT-System nicht automatisch aus. Daraus lässt sich aber leicht erkennen, wie wichtig die Anzahl der Nodes, bzw. die Hash-Rate eines Netzwerkes für die Beurteilung der Manipulierbarkeit und somit der Vertrauenswürdigkeit ist. Festzuhalten ist dabei, dass für Bitcoin und Ethereum bis dato als angenommen gilt, dass es sich um VT und VT-Systeme handelt. Erfüllt ein System zwar die übrigen Tatbestandsmerkmale für «VT» und «VT-Systeme» und ist dessen unberechtigte Nutzung zur Veränderung zu eigenen Gunsten mit verhältnismässig wenig Aufwand möglich, ist es keine VT und damit kein VT-System. Die meisten grossen Blockchains und DLT-Systeme sind aber nur mit verhältnismässig grossem Aufwand manipulierbar. Mit anderen Worten: Ist das System mit an Sicherheit grenzender Wahrscheinlichkeit unveränderbar, ist es ein VT-System. Ist das System aber so ausgestaltet, dass es leicht verändert werden kann (bspw. eine zentrale einfache Datenbank, wie sie bei Webservern im Einsatz ist), finden weder das Registrierungssystem noch die zivilrechtlichen Regelungen Anwendung. In der Praxis bereitet die Subsumtion bis dato wenig Probleme, da vorwiegend grosse, etablierte Systeme verwendet werden.

§ 4 Zu (3) der Repräsentation von Rechten

A Allgemeines zur Repräsentation von Rechten

Das TVTG hat - wie bereits erläutert - mit dem Token ein neues Rechtsobjekt geschaffen, den Token.[347] Dieser Token lässt sich als «**Container**» beschreiben, der **Rechte repräsentieren** kann. Ähnlich einem Wertpapier verbindet der Token bei der Repräsentation etwas Wertvolles (dingliche Rechte, Forderungs- und Mitgliedschaftsrechte u.v.m.) mit etwas nahezu Wertlosem (dem Token).[348] Dabei orientiert sich der zivilrechtliche Teil des TVTG weitgehend an klassischen wertpapierrechtlichen Vorstellungen.[349] Im Falle von Kryptowährungen ohne Zusatzfunktionen wie bspw. Bitcoin repräsentiert der Token keine Rechte und keine Ansprüche gegen einen Emittenten.[350] In diesem Fall ist, je nachdem welcher Wert dem Token von den Nutzern beigemessen wird, der Token selbst das «Wertvolle». Die Regierung spricht in den Materialien zum TVTG auch von einem «**leeren Container**». Im Gesetz sind die leeren Token implizit zu finden im «kann» bei «repräsentieren kann» der Legaldefinition von Token. *Möllenkamp/Shmatenko* unterscheiden bei Token **intrinsische** von **extrinsischen** Token. Intrinsische Token wären nach dem TVTG leere Token, die keine Rechte repräsentieren. Extrinsische sind jene Token, die Rechte repräsentieren und ihren Wert somit von einem externen Wert ableiten.[351] Token müssen also keine Rechte (intrinsische Token) repräsentieren, können es aber (extrinsische Token).

I Das Token-Container-Modell {«TCM»}

Der Begriff «**Token-Container-Modell**» wurde von NÄGELE[352] eingeführt, um den Rechtsanwendern einfach darzustellen, wie das TVTG «Tokenisierung» ermöglicht.[353] Mit der «**Tokenisierung**», der «**Rechte-Repräsentation**» werden keine

---

[347] BuA Nr. 54/2019, S. 59.
[348] Vgl. ähnlich zu Wertpapieren MEIER-HAYOZ/CRONE, Wertpapierrecht³ (2018), S. 1.
[349] BuA Nr. 54/2019, S. 165.
[350] Der Token wird vielmehr vom Netzwerk selbst durch Mining geschaffen.
[351] MÖLLENKAMP/SHMATENKO, Blockchain und Kryptowährungen, in *Hoeren/Sieber/Holznagel* (Hrsg.), Handbuch Multimedia-Recht (1999), Rz. 30.
[352] Erstmals öffentlich vom Token-Container-Modell hat Nägele am 06.09.2019 als Vortragender beim Seminar "Blockchain meets Liechtenstein" gesprochen: UNIVERSITY OF LIECHTENSTEIN, Blockchain meets Liechtenstein.
[353] Vgl. bspw. auch schon die Ausführungen zum Token Container Modell in NÄGELE/XANDER in *Piska/Völkel*, S. 394 ff.

neuen Rechte geschaffen.[354] Demzufolge ändert die «Tokenisierung» nichts an der Rechtsnatur der ursprünglichen Rechte («Substance over form»). Was sich aber ändert, ist die Übertragung der Token nach Art. 6 TVTG und - je nach repräsentiertem Recht - die Übertragung ex lege durch Verfügung über den Token (Art. 7 Abs. 1 leg. cit.) oder durch geeignete Massnahmen (Art. 7 Abs. 2 TVTG) zur Übertragung der repräsentierten Rechte.[355]

Die Bestimmungen insb. rund um die Repräsentation von Rechten sind auslegebedürftig. Zu Zwecken der teleologischen Interpretation der Gesetzesstellen sind die Ziele in Erinnerung zu rufen, welche der Gesetzgeber mit der Einführung des TVTG verfolgt hat. Das TVTG *«führt mit dem "Token" ein neues Rechtsobjekt ein, um die Abbildung der „realen" Welt auf VT-Systeme rechtssicher zu ermöglichen und so das volle Anwendungspotential der Token-Ökonomie zu erschliessen.»*[356] Das Anwendungspotential der Token-Ökonomie erfordert ein **berechtigtes Vertrauen der Nutzer in die Transaktionen (Verkehrsschutz)**. Der Erwerber eines Rechts, das in einem Token repräsentiert ist, muss darauf vertrauen können, dass er mit der Übertragung des Token auch das repräsentierte Recht übertragen erhält (Vertrauen in den Rechtsverkehr).[357] Mit diesem Ziel und den erläuternden Grundlagen zum zivilrechtlichen Teil des TVTG vor Augen sind insb. die Bestimmungen rund um die Repräsentation von Rechten in Folge auszulegen.

1 Zu intrinsischen Token - leere Container nach dem Token-Container-Modell {TCM}

Intrinsische Token (leere Token) leiten ihren Wert bzw. ihren Nutzen nicht von externen Rechten ab. **Bitcoin** bspw. repräsentiert **keinen Anspruch gegen einen Emittenten** oder sonst jemanden, - es gibt keinen Emittenten[358]. Eine Person, die

---

[354] Vgl. zu Repräsentation von Rechten auch schon WILD, Zivilrecht und Token-Ökonomie in Liechtenstein, S. 29 f.

[355] BuA Nr. 54/2019, S. 58 ff.

[356] BuA Nr. 54/2019, S. 6.

[357] Wild sieht die Verbindung zwischen Token und Recht als eher lose an und möchte die Legitimations- und Befreiungswirkung nach Art. 8 TVTG nur auf Wertrechte anwenden; In der Folge wird aufzuzeigen sein, warum dieser vorgeschlagenen Einschränkung auf Wertrechte nicht zu folgen ist und eine starke Verbindung zwischen Token und repräsentiertem Recht in der Praxis der Regelfall sein wird; WILD, Zivilrecht und Token-Ökonomie in Liechtenstein, S. 79 Vgl. hierzu die folgenden Ausführungen zu den Funktionen von Token bei der Repräsentation von Rechten.

[358] Bitcoin hat eine festgelegte maximale Menge von 21 Millionen. Neue bitcoin werden von Netzwerkteilnehmern (Minern) geschürft.

Verfügungsgewalt über einen VT-Identifikator hat, dem ein bitcoin zugeordnet ist, kann nicht wirklich viel damit tun. Im Wesentlichen hat sie die faktische Möglichkeit, den bitcoin weiter-zu-transferieren. In den allermeisten Fällen wird, vereinfacht gesprochen, der bitcoin einem neuen VT-Identifikator «zugewiesen». Aufgrund des Transaktionsmodells von Bitcoin ist es auch völlig irrelevant, über welchen der 21 Millionen[359] bitcoin man Verfügungsgewalt hat. Der Wert eines bitcoin entsteht vorwiegend aus der Knappheit (21 Millionen) und der Akzeptanz durch die Nutzer, den sie einem bitcoin zurechnen. Bitcoin wurde auch als Zahlungsmittel - «A Peer-to-Peer Electronic Cash System»[360] - entwickelt und soll die Funktionen von Geld erfüllen. Somit ist ein bitcoin ein Musterbeispiel für einen intrinsischen, leeren Token nach TVTG.[361]

Als zweites Beispiel von intrinsischen Token lässt sich Ether anführen. Ether leiten ihren Wert bzw. ihren Nutzen ebenfalls nicht von externen Rechten ab. Im Gegensatz zu bitcoin haben Ether aber kein festes Ausgabelimit. Am 12.02.2021 gab es ca. 114 Mio. Ether.[362] Nicht zu verwechseln sind Ether mit den übrigen Token auf Ethereum-Basis, welche ihren Wert von externen Werten ableiten.

2 Intrinsische Token als Gattungs- oder Speziesschuld?

Wenn man die technische Ausgestaltung von Token betrachtet, können diese unterschieden werden in **fungible** und nicht fungible («**Non-Fungible Token**», «**NFT**») Token. Generell bezeichnet «Fungibilität» die Eigenschaft von Gütern, Devisen und Wertpapieren oder eben Token, bspw. nach Mass, Zahl, Gewicht - oder bei Token

---

[359] Die kleinste Einheit ist Satoshi, richtigerweise müssten man daher von welcher Anzahl an Satoshis man hat oder erhält sprechen.

[360] Titel des Bitcoin Whitepaper; NAKAMOTO, (PSEUDONYM), Bitcoin: A Peer-to-Peer Electronic Cash System.

[361] Omlor leitet aus der Zuordnung von Token mittels VT-Identifikator ab, dass Token, die keine Rechte repräsentieren, nicht unter den Tokenbegriff fallen sollen. Er zweifelt daran, dass bei bitcoin Rechte aus der "Inhaberschaft" abzuleiten sind. Die Argumentation vermag nicht zu überzeugen, da sie ausser Acht lässt, dass der Token einen intrinsischen Wert haben kann und daher ebenfalls unter den Tokenbegriff des TVTG zu subsumieren ist; OMLOR, ZVglRWiss 2020, S. 43 f.

[362] ETHERSCAN.IO, Ether Total Supply and Market Capitalization Chart, https://etherscan.io/stat/supply (12.02.2021).

durch den verwendeten Smart Contract - bestimmbar und ohne Weiteres auswechselbar oder austauschbar zu sein.[363] Rechtlich handelt es sich daher um eine **Gattungsschuld**, und für den Gläubiger ist es bei bitcoin bspw. nicht von Belang, welchen bitcoin bzw. welche Satoshi er erhält.[364]

Nicht fungible Token («NFT») hingegen sind **Stückschulden**, es kommt gerade auf den bestimmten Token[365] an. Im September 2017 wurde auf github.com der ERC-721-Standard für nicht fungible Token («NFT») veröffentlicht.[366] Der wesentliche Unterschied zum ERC-20-Standard liegt darin, dass im Rahmen des ERC-721-Standards jeder Token auf Basis des gleichen Smart Contracts durch eine eindeutige „tokenID" identifizierbar ist. Token haben daher bspw. ein unterschiedliches Alter, sind unterschiedlich selten oder ergeben bei der Verwendung in dezentralisierten Applikationen (dApps) einen unterschiedlichen Output, bspw. ein Bild. Aufgrund seiner individuellen Beschreibung wird der **ERC-721-konforme Token zur Speziesschuld**.[367]

Nun mag einem aufs erste Hinsehen kein Anwendungsfall für einen intrinsischen Token, der eine Stückschuld darstellt, einfallen, der somit nicht fungibel (NFT) ist. Zur Verwendung als Zahlungsmittel eignen sich diese Token im Ergebnis jedenfalls nicht, da sie nicht teilbar und nicht austauschbar sind. Die erste «breite» Anwendung fanden nicht fungible, intrinsische Token durch das Spiel «**CryptoKitties**»[368]. Dabei kann man virtuelle Katzen kaufen und verkaufen, diese züchten und sammeln. Am 12. Mai 2018 wurde ein CryptoKitty für USD 140'000,-- versteigert.[369]

---

[363] Vgl. ohne auf Token einzugehen BREUER, Definition: Fungibilität, Springer Fachmedien Wiesbaden GmbH.

[364] Aus der Perspektive der Sorgfaltspflichten sind Token aber allenfalls aufgrund ihrer Verwendung für kriminelle Zwecke in der Vergangenheit nicht mehr beliebig austauschbar. So prüfen diverse Dienstleister die „Herkunft" von Kryptowährungen durch sog. «Chain Analysetools». Sind die Token mit kriminellen Transaktionen in Verbindung zu bringen, werden diese nicht mehr akzeptiert. Man könnte also sagen, dass diese Token kontaminiert sind und die Nutzer lieber „saubere" bitcoin erhalten. Demzufolge würden kontaminierte bitcoin nicht mehr der geschuldeten Gattung entsprechen und der Schuldner gerät mitunter in Leistungsverzug.

[365] Bspw. durch Verwendung eines Unique Identifier (UID).

[366] Vgl. auch die Ausführungen zu ERC-721 in 3. Teil, § 2, B, III, 2.3.

[367] ETHEREUM, ERC-721 Non-Fungible Token Standard.

[368] DAPPER LABS INC., CryptoKitties, https://www.cryptokitties.co/catalogue/latest-cattributes (12.02.2021).

[369] MALA, Who Spends $140,000 on a CryptoKitty? The New York Times.

3 Zu extrinsischen Token – mit Rechten «gefüllten Containern»

Je nach Art des repräsentierten Rechts ist die technische Ausgestaltung des «Containers» (Smart Contracts) bei **extrinsischen Token** noch relevanter wie bei den intrinsischen Token. Auch die extrinsischen Token sind wiederum in fungible und nicht fungible Token zu unterscheiden. Fungible extrinsische Token repräsentieren Gattungsschulden, also Bruchteile oder Quoten von Rechten (bspw. Miteigentumsrechte). Bei der Verwendung als Zahlungsmittel von bspw. Stablecoins bzw. allgemein zur Repräsentation von Gattungsschulden (Miteigentumsanteile) sind somit fungible Token zu verwenden. Bei diesen Token ist es irrelevant, welchen Bruchteil oder welche Quote man erhält, sie sollen gerade beliebig austauschbar sein.

Handelt es sich bei der repräsentierten Schuld um eine **Stückschuld** – es kommt gerade auf die bestimmte Gegenleistung bzw. diesen bestimmten Token an -, so sind nicht fungible Token zur Repräsentation zu verwenden.[370] Diese eindeutigen Token eignen sich bspw. für die Repräsentation von Eigentumsrechten an Sachen, den Identitätsnachweis, die Bestätigung über akademische Grade[371], die Stimmenabgabe bei Wahlen, Lizensierungsanwendungen und vieles mehr.[372]

II Zu den Funktionen von Token bei der Repräsentation von Rechten

1 Zu Art. 8 TVTG - der Legitimations- und Befreiungswirkung bei der Repräsentation von Rechten

Bei der Repräsentation von Rechten stellt sich die Frage, ob die **Legitimations- und Befreiungswirkung** nach Art. 8 TVTG auf alle Token anzuwenden ist, oder eben - wie von WILD gefordert[373] - nur auf Wertrechte. Dabei ist Art. 8 TVTG an Bedeutung nur schwer zu überschätzen, sieht er doch vor, dass:

> 1. «der durch das VT-System <u>ausgewiesene Verfügungsberechtigte</u> [...] gegenüber dem Verpflichteten als <u>rechtmässiger Inhaber des im Token repräsentierten Rechts</u> [gilt]» und

---

[370] VAN HIJFTE, Blockchain Platforms, S. 29.
[371] Die Universität Basel erstellt Zertifikate bereits seit 2018 auf Basis von Ethereum; Vgl. UNIVERSITÄT BASEL, Zertifikate basierend auf Blockchain-Technologie, https://cif.unibas.ch/de/blog/details/news/zertifikate-basierend-auf-blockchain-technologie (21.01.2021).
[372] VAN HIJFTE, Blockchain Platforms, S. 29.
[373] So soll Art. 8 TVTG nach Wild nur auf Wertrechte angewendet werden; Es wird in der Folge aufzuzeigen sein, welche Argumente gegen eine Einschränkung auf Wertrechte sprechen; WILD, Zivilrecht und Token-Ökonomie in Liechtenstein, S. 79 ff.

2. «*Der Verpflichtete [...] durch Leistung an den durch das VT-System ausgewiesenen Verfügungsberechtigten befreit [wird], es sei denn, er wusste oder hätte bei gehöriger Sorgfalt wissen müssen, dass dieser nicht rechtmässiger Inhaber dieses Rechts ist.*»[374]

Eine Einschränkung auf Wertrechte ist dem Art. 8 TVTG dabei nicht zu entnehmen. Dem Gesetzeswortlaut folgend, lässt Art. 8 TVTG daher allen Token, die Rechte repräsentieren (extrinsische Token), Legitimations- und Befreiungswirkung zukommen.

«*Token sind mit anderen Worten digitale Repräsentationen von analogen Rechten, die ohne den Token weder übertragen noch geltend gemacht werden können (Art. 6 TVTG). Der Verfügungsberechtigte des Token gilt als rechtmässiger Inhaber des Rechts (Art. 8 Abs. 1 TVTG) und der Verpflichtete wird durch Leistung an den Verfügungsberechtigten und damit Inhaber des Rechts befreit (Art. 8 Abs. 2 TVTG).*»[375]

Leg. cit. fügt sich dabei wiederum in das Gesamtsystem der zivilrechtlichen Ordnung des TVTG ein, die als Ziel die „Token-Ökonomie" vor Augen hat, die sich nicht nur auf Wertrechte begrenzt. Der Rechtsverkehr wird in Zukunft vorwiegend digital vonstattengehen. Durch die Regelungen in Art. 6 und 7 TVTG erfüllen Token die Transportfunktion analog zur Transportfunktion von Wertpapieren. In der Version des TVTG im Stadium der Vernehmlassung war im damaligen Art. 9[376] die Anwendung der Legitimationswirkung noch auf Token eingeschränkt, welche ein Forderungs- oder ein Mitgliedschaftsrecht «verkörpern»[377].[378] Diese Einschränkung der Legitimationsfunktion wurde im Rahmen der Vernehmlassung (zu Recht) kritisiert und die Regierung hat im BuA 54/2019 die Anwendung der Legitimationswirkung unter Anpassung des Gesetzeswortlautes auf alle Token ausgedehnt:

---

[374] Vgl. Art. 8 Abs. 1 und 2 TVTG.
[375] Im BuA wird wohl aufgrund eines Redaktionsfehlers statt auf Art. 8 Abs. 2 auf Art. 8 S. 2 verwiesen; BuA Nr. 54/2019, S. 166.
[376] Der nunmehrige Art. 8 TVTG.
[377] Damals sprach die Regierung noch von «verkörpern» statt «repräsentieren».
[378] VnB Blockchain-Gesetz, S. 143.

«Die Regierung teilt die Bedenken der Stellungnahme und dehnt die Legitimations- und Liberationswirkung auf alle [extrinsischen]³⁷⁹ Token und nicht nur auf Token, die ein Forderungs- oder Mitgliedschaftsrecht repräsentieren, aus.»³⁸⁰

Die Ausdehnung ist dabei nicht auf alle, sondern auf alle extrinsischen Token erfolgt. Dies ergibt daher folgende Situation:

1.1   Zur Situation bei intrinsischen Token

Wie im Zitat der Regierung aus dem Bericht und Antrag bereits durch die Klammer ergänzt, ist die Ausdehnung von Art. 8 TVTG nicht auf überhaupt alle Token erfolgt, sondern nur auf alle extrinsischen Token. Bei **intrinsischen Token**, also Token, die keine Rechte repräsentieren, ist Art. 8 TVTG nicht anwendbar. Dies ergibt sich bereits aus dem Wortlaut von Art. 8 Abs. 1 TVTG, der vom «repräsentierten Recht» spricht. Abs. 2 leg. cit. nimmt auf Abs. 1 Bezug, weshalb auch hier das repräsentierte Recht gemeint ist, wenn nur vom «Recht» gesprochen wird. Diese Einschränkung auf extrinsische Token ist auch sachgerecht. Nehmen wir wieder einen bitcoin als Beispiel. Hier gibt es kein Auseinanderfallen zwischen dem Schicksal des Token und dem Schicksal des Wertes. Es gibt kein «im Token repräsentiertes Recht». Es gibt aber auch keinen Verpflichteten aus dem Token, gegenüber dem man sich ausweisen können müsste (Legitimationsfunktion). Mangels Verpflichteten gibt es auch niemanden, der eine Leistung erbringen müsste, weshalb auch die Befreiungswirkung obsolet ist. Art. 8 Abs. 1 TVTG ist bei intrinsischen Token somit unbedeutend und Art. 8 TVTG ist somit auf intrinsische Token nicht anwendbar.

1.2   Zur Situation bei Wertrechten

Bei **Wertrechten**, die auf VT-Systemen geführt werden (Wertrechte-Token), ist Rechteinhaber der Inhaber der Verfügungsberechtigung³⁸¹ und der Token dient als Legitimation zur Geltendmachung der Rechte gegenüber der Verbandsperson (Aktionär ist derjenige, der im Wertrechteregister geführt ist). Der **Eintrag** in das Wertrechteregister hat nach § 81a Abs. 3 SchlT PGR **konstitutive Wirkung**. Das Wertrechtebuch ist öffentlich auf VT-Systemen und schafft die notwendige Publizität. Bei Wertpapieren dient die Legitimationswirkung der Verkehrsfähigkeit von Wertpapie-

---

³⁷⁹ Die Regierung spricht hier von allen Token, meint aber aufgrund des klaren Wortlauts in Art. 8 TVTG nur alle extrinsischen Token. Vgl. hierzu die Ausführungen sogleich.
³⁸⁰ Unterstreichungen durch den Autor. BuA Nr. 54/2019, S. 208.
³⁸¹ Vgl. den Koordinationsbefehl nach Art. 7 TVTG.

ren und sichert den Rechtsverkehr. Durch Art. 8 Abs. 2 TVTG kommt dem Wertrechte-Token auch Legitimations- und Befreiungswirkung zu.[382] Leistet der Verpflichtete an den durch das VT-System ausgewiesenen Verfügungsberechtigten, so wird er von seiner Leistungspflicht befreit (Befreiungswirkung). Die Anwendbarkeit von Art. 8 TVTG auf Wertrechte-Token scheint unbestritten zu sein.

1.3   Zur Situation bei extrinsischen Token

Offen ist die Anwendbarkeit von Art. 8 TVTG auf extrinsische Token. Die Ausdehnung im Gesetzestext auf alle extrinsischen Token nach der Vernehmlassung war meines Erachtens richtig und notwendig. Nur so sind alle[383] extrinsischen Token – nicht nur die «Wertrechtetoken»[384] - **funktionsäquivalent zu Wertpapieren**.

Die Regierung hat die Ausdehnung durch den **hohen Grad an Verlässlichkeit** gerechtfertigt. Bezogen hat sie dabei die Verlässlichkeit auf die **Rechtszuständigkeit**, die durch das VT-System ausgewiesen wird.[385] Durch die Legitimations- und Befreiungswirkung bei extrinsischen Token macht die Rechterepräsentation in Token überhaupt erst Sinn und die Vorteile von Token (Verlässlichkeit) können im Rahmen der Token-Ökonomie zur Geltung kommen.[386] Der Token bzw. das VT-System dient

---

[382] § 81a Abs. 6 SchlT PGR sieht die Legitimations- und Befreiungswirkung vor. Art. 8 TVTG geht m.E. als lex specialis bei Führung des Wertrechteregisters unter Verwendung von VT dieser Bestimmung vor. Abs. 6 leg. cit. bezieht sich daher auf die Situation, wenn ein Wertrechteregister ohne VT geführt wird.

[383] Nicht zu folgen ist aufgrund der gesetzlichen Klarstellung und den Materialien Wild, die Art. 8 TVTG durch teleologische Reduktion nur auf Token anwenden möchte, die Wertrechte repräsentieren (eigentlich werden Forderungs- und Mitgliedschaftsrechte repräsentiert und nicht die Wertrechte, vielmehr sind die Token hier die Wertrechte); Vgl. WILD, Zivilrecht und Token-Ökonomie in Liechtenstein, S. 79 ff.

[384] Bei Wertrechten ist der Token das Wertrecht, es findet also keine Repräsentation im eigentlichen Sinne statt. Der Token leitet seinen Wert aber von einem externen Wert ab, er ist als extrinsischer Token zu qualifizieren, weshalb Art. 8 TVTG anwendbar ist.

[385] BuA Nr. 54/2019, S. 207.

[386] Eine davon gesondert zu betrachtende Frage ist, welche geeigneten Massnahmen nach Art. 7 Abs. 2 TVTG getroffen werden können, wenn die Wirkungen der Verfügung über Token nicht von Gesetzes wegen eintreten. Sind solche Massnahmen nicht möglich oder wirtschaftlich unrentabel, ist eine Tokenisierung nicht vorzunehmen. Vgl. hierzu insb. auch die Ausführungen zu (3b) Rechte an Sachen.

– zusammen mit entsprechenden weiteren Vorkehrungen[387] - als **Publizitätsmittel**[388] und der hohe Grad an Verlässlichkeit der Publizität rechtfertigt die Legitimations- und Befreiungswirkung.[389]

III   Zur Tokenisierungsklausel bei extrinsischen Token

Bei der Repräsentation von Rechten in Token stellen sich - je nach repräsentiertem Recht - unterschiedliche Anforderungen an eine erfolgreiche Tokenisierung. Auf der einen Seite sind bei der Repräsentation von absoluten Rechten, wie insb. den Rechten an Sachen, bspw. die **Publizitätsvorschriften** zu beachten. So muss eine physische Sache i.d.R. auch übergeben werden, damit Eigentum übergeht. Damit wird für jedermann ersichtlich, wem die Sache nun neu zuzuordnen ist. Auf der anderen Seite müssen bei allen extrinsischen Token die Parteien sich darauf einigen, dass - je nach Recht - die Rechteausübung an die Verfügungsberechtigung am Token geknüpft ist (Legitimationsfunktion) und andererseits ein Schuldner nur noch an den Verfügungsberechtigten über den Token schuldbefreiend leisten kann (Befreiungswirkung). Ziel ist immer, dass Token und das repräsentierte Recht das gleiche Schicksal teilen. Sofern die im Token repräsentierten Forderungen nicht ex lege übertragen werden, kommt wiederum Art. 7 Abs. 2 TVTG zum Tragen. Als geeignete Massnahmen nach Art. 7 Abs. 2 TVTG kommen bei Forderungen insb. rein vertragliche Regelungen, entsprechende Vertragsklauseln oder Regelungen in Anleihens- oder Emissionsbedingungen eines Finanzinstruments in Betracht. Die Übertragung des Forderungsrechts erfolgt ausschliesslich nach den Regeln des TVTG und die Abtretung nach bürgerlich- oder gesellschaftsrechtlichen Regeln ist ausgeschlossen. Kommt dem Abtretungsverbot - wie in Liechtenstein - Drittwirkung[390] zu, ist damit jedenfalls ein wirksamer Ausschluss einer Parallelverfügung über das repräsentierte Forderungsrecht gewährleistet.[391]

---

[387] Vgl. hierzu sogleich zur Tokenisierungsklausel.

[388] Vgl. insb. hier auch die Situation in der Schweiz bei Wertrechten, die beim Zentralverwahrerer in einem öffentlichen Register geführt werden; MEIER-HAYOZ/CRONE, Wertpapierrecht³, S. 327 f.

[389] Vgl. auch den Buchvermerk als alternativen Modus bei Buchforderungen; THÖNI in Fenyves/Kerschner/Vonkilch, ABGB, §§ 1375 bis 1410³ (2011), § 1392, Rz. 75.

[390] Liechtenstein hat den § 1396a öABGB nicht rezipiert, weshalb Abtretungsverbote absolute Wirkung entfalten und sich der Zessus auch gegenüber Dritten darauf berufen kann; THÖNI in Fenyves/Kerschner/Vonkilch, ABGB, §§ 1375 bis 1410³ (2011), § 1393, Rz. 79 und 84.

[391] BuA Nr. 54/2019, S. 171 f.

Als Lösungsansatz für diese Herausforderung könnte das Wertpapier dienen. Die Urkunde, also das Wertpapier, ist eine Sache im Sinne des Sachenrechtes und ermöglicht es, mit ihr zusammen bspw. auch Aktionärsrechte zu übertragen (Inhaberaktien). Im Wertpapierrecht spielt dabei die **Urkundenklausel** (Wertpapierklausel) eine grosse Rolle, um die Verbindung zwischen dem Recht und dem Papier herzustellen.[392] Der Berechtigte und der Verpflichtete weisen dem Papier im Rahmen der Vertragsfreiheit spezifische Funktionen im Zusammenhang mit der Geltendmachung des Rechts zu.[393] Gerade die Wertrechte sind Registerrechte. Werden also Aktionärsrechte in Token repräsentiert, braucht es keine Urkundenklausel mehr. Es handelt sich um volldigitale Registerrechte. Dabei handelt es sich um eine sinnvolle Weiterentwicklung und überall dort, wo relative Rechte in Token repräsentiert werden, sind vom Schuldner unter Einsatz von VT-Systemen geführte Register ein probates Mittel zur Legitimation des Gläubigers und damit einhergehend nach Art. 8 TVTG der Befreiungsfunktion für den Schuldner. Das soll aber - wie festgehalten - nicht nur für Wertrechte gelten. Damit man die Anwendbarkeit von Art. 8 TVTG auch bei den extrinsischen Token ermöglicht, die nicht in einem Register beim Schuldner geführt werden, benötigt es neue Lösungsansätze. Kommen wir also wieder zurück zum Wertpapier. Ein Ansatz wäre, dass die Parteien sich im Rahmen der Vertragsfreiheit auf die Vereinbarung einer Klausel einigen, die einer «Wertpapierklausel» ähnelt. Die Funktionen der Urkunde übernimmt dabei der Token. Beispielhaft könnte diese - nennen wir sie - «**Tokenisierungsklausel**» lauten:

> «**Rechteübertragung nur mittels Token,**
> **Leistung nur an den Verfügungsberechtigten am Token**».

Eine solche Klausel könnte, sofern sie bspw. bei Sachen an der Sache selbst angebracht wird, auch die notwendige **Publizität schaffen**. Damit wäre für jedermann klar erkennbar, dass eine Übertragung nur durch Token möglich und Leistung nur an den Verfügungsberechtigten schuldbefreiend ist. Dies könnte einhergehen mit der Anbringung eines **eindeutigen Identifizierungsmerkmales** an der Sache. Dieses Merkmal wäre dann im Token bspw. in der tokenID zu referenzieren. Damit wäre die Verbindung zwischen dem Token und der Sache bzw. dem Recht daran hergestellt und dem Publizitätserfordernis entsprochen.

---

[392] Vgl. zu Präsentationsklausel und Legitimationsklausel sowie den unterschiedlichen Erscheinungsformen von Wertpapieren MEIER-HAYOZ/CRONE, Wertpapierrecht[3], S. 1 ff.

[393] MEIER-HAYOZ/CRONE, Wertpapierrecht[3], S. 4 f.

Auch denkbar wäre die Schaffung einer Unique Token Identification Number (U-TIN). Der Token wäre durch eine leichte Internetrecherche zu finden oder eben durch das Scannen eines QR-Codes auf dem Gegenstand, dessen Rechte tokenisiert wurden. Der Vorteil an dieser Lösung ist, dass die Publizität gewahrt wird und jedermann sofort erkennen kann, dass eine Sache nicht zwingend im Eigentum des Besitzers sein muss. Der Schuldner würde vereinbarungsgemäss nur noch an den Verfügungsberechtigten des Token leisten.

Eine andere Lösung für das Publizitätserfordernis wäre die Einführung eines zentralen Registers mit allen in Token repräsentierten Rechten. Dies wäre allerdings eine rein innerstaatliche Lösung und würde m.E. mehr Hürden schaffen, als Probleme zu lösen. Auch wenn gesetzlich eine Prüfpflicht des nationalen Registers bei der Rechteübertragung von Sachen eingeführt würde, wäre für die Publizität nicht viel gewonnen, im Gegenteil: Es würde eine dritte Ebene zu den sowieso schon schwierig zu koordinierenden zwei Ebenen hinzukommen: ein zentrales Register, in dem die Tokenisierung dokumentiert wäre.

Die Umsetzung mittels «Tokenisierungsklausel» benötigt keine Gesetzesanpassung und könnte im Rahmen der Rechtsfortbildung erfolgen. In der Folge soll dieses Konzept bei der Repräsentation von Rechten in Token durchgedacht werden. Was man sich aber zum Schutz der Tokenisierungsklausel de lege ferenda überlegen könnte, wäre eine Regelung adäquat zum Siegelbruch in § 272 StGB. Es wäre also eine Überlegung wert, einen Straftatbestand für Entfernung der Tokenisierungsklausel an der Sache einzuführen.

IV Zwischenfazit zur Repräsentation von Rechten

Token lassen sich als «Container» beschreiben, die Rechte repräsentieren können. Dieses Modell wird auch Token-Container-Modell (TCM) genannt. Ähnlich einem Wertpapier verbindet der Token bei der Repräsentation etwas Wertvolles (Forderungs- oder Mitgliedschaftsrechte, Rechte an Sachen oder andere absolute oder relative Rechte) mit etwas nahezu Wertlosem (dem Token). Repräsentiert der Token nichts Wertvolles – ist mit anderen Worten also ein leerer Container -, ist der Token selbst das «Wertvolle». Token müssen also keine Rechte (intrinsische Token) repräsentieren, können es aber (extrinsische Token).

Bei der Repräsentation von Rechten ist die Legitimations- und Befreiungswirkung nach Art. 8 TVTG auf alle extrinsischen Token anzuwenden und nicht nur auf Wertrechte. Bei intrinsischen Token, also Token, die keine Rechte repräsentieren, ist Art.

8 TVTG nicht anwendbar. Bei der Repräsentation von Rechten in extrinsischen Token hingegen stellen sich - je nach repräsentiertem Recht - unterschiedliche Anforderungen an eine erfolgreiche Tokenisierung. Bei der Repräsentation von absoluten Rechten sind bspw. die Publizitätsvorschriften zu beachten. Bei extrinsischen Token müssen sich die Parteien darauf einigen, dass - je nach Recht - die Rechteausübung an die Verfügungsberechtigung am Token geknüpft ist (Legitimationsfunktion) und andererseits ein Schuldner nur noch an den Verfügungsberechtigten über den Token schuldbefreiend leisten kann (Befreiungswirkung). Token und das repräsentierte Recht sollen sich das gleiche Schicksal teilen. Sofern die im Token repräsentierten Forderungen nicht ex lege übertragen werden, kommt wiederum Art. 7 Abs. 2 TVTG zum Tragen, der je nach Anforderung geeignete Massnahmen fordert. Eine geeignete Massnahme wäre eine Tokenisierungsklausel. Dabei übernimmt der Token die Funktionen der Urkunde bei der Urkundenklausel. Eine solche Klausel könnte, sofern sie bspw. bei Sachen an der Sache selbst angebracht wird, auch die notwendige Publizität schaffen. Damit wäre für jedermann klar erkennbar, dass eine Übertragung nur durch Token möglich und Leistung nur an den Verfügungsberechtigten schuldbefreiend ist.

B Zu (3a) Forderungs- oder Mitgliedschaftsrechten gegenüber einer Person

I Zur Repräsentation von Forderungsrechten

Die Übertragung von Forderungen in einem bestehenden Schuldverhältnis auf einen neuen Gläubiger durch Rechtsgeschäft erfolgt durch **Zession** nach § 1392 ABGB. Die Zession kommt durch **formfreien Konsensualvertrag** zwischen dem Übertrager (Zedent, Altgläubiger) und dem Übernehmer (Zessionar, Neugläubiger) zustande. Eine Zustimmung des Schuldners (Zessus) ist nicht erforderlich und die Zession kann auch **konkludent** zustande kommen.[394] Durch Zession eines **vertraglichen Anspruches** wird der Zessionar aber **nicht Vertragspartei**. Es wird nicht die gesamte bisherige Rechtsstellung des Zedenten übertragen. Der Zessionar tritt nur in die **Gläubigerposition** des Zedenten ein. Dies führt bei synallagmatischen Verträgen zu einer **Spaltung des Vertragsverhältnisses**, wobei der Zessionar gegenüber dem

---

[394] THÖNI in *Fenyves/Kerschner/Vonkilch*[3], § 1392, Rz. 2 und 4.

Zessus das Recht[395] aus dem Vertrag erhält, die damit verbundenen Pflichten[396] verbleiben aber beim Zedenten.[397]

Die **Zession** setzt als kausales Verfügungsgeschäft (Modus) ein gültiges Verpflichtungsgeschäft (Titel) voraus, die in der Regel bei der gewöhnlichen Vollzession äusserlich untrennbar zusammenfallen.[398] Unverbriefte[399] und nicht in Token repräsentierte Schuldforderungen werden i.d.R. durch blosse Willenseinigung zwischen Überträger und Übernehmer über die Abtretung (Abtretungsvertrag) wirksam übertragen. Das Eigentum an der abgetretenen Forderung geht somit im Zeitpunkt der Zessionsvereinbarung auf den Zessionar über. Eines Übergabeaktes bedarf es nicht, diese liegt vielmehr schon im Abtretungsvertrag selbst.[400]

Durch die Übertragung der Forderung **ändert sich an der Forderung nichts** (vgl. § 1394 ABGB). Der Schuldner hat auch gegen den neuen Gläubiger alle Rechte und Einreden, die er gegen den Altgläubiger hatte.

Forderungen sind somit in Liechtenstein **formfrei durch Zession, auch konkludent übertragbar**, wenn nicht das zugrundeliegende Rechtsgeschäft formpflichtig ist. Rechte und Einreden bleiben bestehen, weshalb der Neugläubiger sich Einreden entgegenhalten lassen muss. Sofern keine ergänzenden Formvorschriften bestehen, bewirkt eine Verfügung über den Token ex lege die Übertragung der Forderung auf den neuen Verfügungsberechtigten über den Token.[401] Damit dem Token auch Legitimations- und Befreiungswirkung zukommt, sind mitunter weitere Vorkehrungen zu treffen, die im Folgenden zu betrachten sind.

---

[395] Das Gegenstück zur Zession ist die in den §§ 1405 f. geregelte Schuldübernahme, die eine Auswechslung des Schuldners ermöglicht; THÖNI in *Fenyves/Kerschner/Vonkilch*³, § 1392, S. 109.

[396] Möchten die Parteien die gesamte Parteistellung auf den Übernehmer übertragen, so ist eine Vertragsübernahme gewollt.

[397] THÖNI in *Fenyves/Kerschner/Vonkilch*³, § 1392, Rz. 9.

[398] THÖNI in *Fenyves/Kerschner/Vonkilch*³, § 1392, Rz. 11f.

[399] Inhaberpapiere können nur nach sachenrechtlichen Grundsätzen übertragen werden; Inhaberaktien hingegen können nach h.A. auch mittels Zession übertragen werden; THÖNI in *Fenyves/Kerschner/Vonkilch*³, § 1392, Rz. 16.

[400] THÖNI in *Fenyves/Kerschner/Vonkilch*³, § 1392, Rz. 15.

[401] NÄGELE, Sekundärmarkt für Security Token, S. 12; A. FRICK, Zivilrechtliche Aspekte von Token im Zusammenhang mit dem liechtensteinischen Token- und VT-Dienstleister-Gesetz, S. 41.

1 Zur Anwendbarkeit der Legitimations- und Befreiungswirkung

Bei der Repräsentation von **Forderungen** in (extrinsischen) Token stellt sich die Frage der Anwendbarkeit von Art. 8 TVTG. Der Schuldner kann nach Art. 8 Abs. 1 TVTG darauf vertrauen, dass der durch das VT-System ausgewiesene Verfügungsberechtigte auch rechtmässiger Inhaber des im Token repräsentierten Rechts ist (**Legitimationswirkung**). Er muss keine weiteren Abklärungen treffen. Abs. 2 leg. cit. befreit den Schuldner von der Leistungspflicht, wenn er an den so Ausgewiesenen leistet (**Befreiungswirkung**). Wenn der Schuldner aber keine Kenntnis von der Zession hat, kann er nach § 1395 ABGB weiterhin an den Altgläubiger schuldbefreiend leisten. Hier ist aber wiederum der Koordinationsbefehl von Art. 7 Abs. 2 TVTG zu beachten. Danach hat die durch die Verfügung über den Token verpflichtete Person (der Gläubiger) durch geeignete Massnahmen sicherzustellen, dass die Rechteübertragung bewirkt wird und konkurrierende Verfügungen über die Forderung ausgeschlossen sind.

Als geeignete Massnahmen kommt hier eine **Tokenisierungsklausel** in Frage. Bevor der Gläubiger seine Forderung abtreten kann, vereinbart er mit dem Schuldner, dass eine «Rechteübertragung nur mittels Token, Leistung nur an den Verfügungsberechtigten am Token» erfolgen soll. Damit kann der Schuldner nicht mehr an den Altgläubiger leisten, und die Koordination ist erfolgt.

2 Zur Tokenisierung am Beispiel eines Kaufvertrages über eine Uhr

Das TVTG sieht vor, dass Token Rechte repräsentieren können und nach Art. 8 sowohl Legitimations- wie Befreiungsfunktion innehaben. Nicht vorgesehen ist die **Repräsentation von Pflichten** in Token. Neben der Frage der allgemeinen Sinnhaftigkeit stellen sich hier auch weitere Probleme. So ist der **Schuldnerwechsel** gerade nicht ohne weiteres möglich, der Gläubigerwechsel hingegen schon[402]. Sowohl Verbriefung wie Tokenisierung verfolgen unter anderem das Ziel, Rechte leichter übertragbar und handelbar zu machen. Bei Pflichten ist das gerade nicht der Fall, weil es auf die Person des Schuldners ankommt.

Der **Kaufvertrag** ist das Lehrbuchbeispiel synallagmatischer (gegenseitiger) Verträge. Der Käufer hat die Kaufpreiszahlungspflicht und die Forderung auf bspw. Herausgabe der Sache. Im Gegenzug (Austausch, «do ut des»[403]) hat der Verkäufer die

---

[402] Siehe weitere Ausführungen zur Zession im 3. Teil, § 4, B, I.
[403] Aus dem römischen Recht, do ut des, ich gebe, damit du gibst.

Pflicht, dem Käufer den Kaufgegenstand zu übergeben (ihm Eigentum zu verschaffen), und das Forderungsrecht auf den Kaufpreis gegen den Käufer. In Token repräsentierbar sind dabei nur die Forderungen bzw. die Rechte des Vertragsverhältnisses. Je nach Forderung ist zu unterscheiden, wie diese übertragen werden. Die **Kaufpreisforderung** wird mittels **Zession** übertragen. Wie bei der Zession ausgeführt, wird der Inhaber der Verfügungsberechtigung über den Token (Tokenholder, Zessionar) aber nicht Vertragspartei (es wird nicht die gesamte bisherige Rechtsstellung des Verkäufers/Zedenten übertragen). Mit anderen Worten muss der Tokenholder den Kaufgegenstand nicht übergeben oder andere Nebenpflichten des Verkäufers erfüllen. Der Tokenholder (Zessionar) tritt nur in die **Gläubigerposition** des Zedenten ein. Dies führt bei synallagmatischen Verträgen, wie dem gegenständlichen Kaufvertrag, zu einer Spaltung des Vertragsverhältnisses, wobei der Tokenholder gegenüber dem Käufer (Schuldner/Zessus) das Recht aus dem Vertrag erhält. Die mit dem Vertrag verbundenen **Pflichten verbleiben** aber, wie gesagt, beim Verkäufer (Zedenten).

Spiegelbildich kann der Käufer die Kaufpreiszahlungspflicht nicht tokenisieren, wohl aber die Forderung auf Verschaffung des Eigentums am Kaufgegenstand. Wie unter dem Kapitel zur Repräsentation von Sachen dargestellt[404], scheitert eine Repräsentation nach Art. 7 Abs. 1 TVTG regelmässig und es müssen geeignete Massnahmen, wie Besitzübertragungssurrogate oder eine Verwahrung durch Dritte, vorgesehen werden.

Der „Tokenisierung" offen stehen somit nur die **Forderungen aus Kaufverträgen**. Die Pflichten können je nach Art der Pflicht vollautomatisiert durch Smart Contracts ausgeführt werden.

---

[404] Vgl. die Ausführungen im 3. Teil, § 4, C.

II Zur Repräsentation von Mitgliedschaftsrechten und den Wertrechten

Verbandspersonen[405] können ihren Mitgliedern **Mitgliedschaftsanteile** (Anteilsrechte) gewähren, sofern das Gesetz oder die Statuten es nicht anders bestimmen. Die Mitgliedschaft ist unteilbar, veräusserlich und vererbbar, dies kann aber durch Gesetz oder die Statuten anders vorgesehen werden.[406] Die Übertragung der Mitgliedschaft und die Bestellung eines beschränkt dinglichen Rechtes erfolgt nach Art. 149 Abs. 3 PGR durch schriftlichen Vertrag. Davon ausgenommen sind jene Fälle, in denen über die Mitgliedschaft Wertpapiere oder Wertrechte mit Wertpapiercharak-

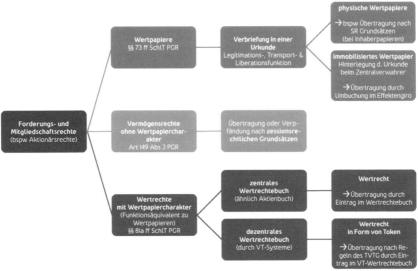

Abbildung 2 Forderungs- und Mitgliedschaftsrechte

ter[407] bestehen.[408] Werden also Mitgliedschaftsrechte nicht in Form von Wertpapieren oder als Wertrechte nach § 81a Abs. 1 SchlT PGR ausgegeben (verbrieft), so erfolgt auch deren Übertragung durch Vertrag (vgl. Abbildung 2).[409]

---

[405] Das PGR nennt die juristischen Personen Verbandspersonen. Vgl. die Überschrift der 2. Abteilung vor dem Art. 106 PGR.

[406] Vgl. Art. 149 Abs. 1 und 2 PGR.

[407] Seit Inkrafttreten des TVTG ist überall dort, wo das liechtensteinische Recht von Wertpapieren handelt, auch das Wertrecht zu verstehen; Vgl. BuA Nr. 54/2019, S. 111.

[408] Die Statuten können allerdings erschwerende Bestimmungen, wie namentlich Vorkaufsrechte, die Zustimmung von Organen oder Mitgliedern, aufstellen.

[409] Abbildung 1 aus NÄGELE, Sekundärmarkt für Security Token, S. 13.

1 Von physischen Wertpapieren über Forderungen und Mitgliedschaftsrechte hin zu Wertrechten und einem elektronischen Registersystem unter Einsatz von VT-Systemen

Für Wertpapiere bestehen besondere Übertragungsvorschriften, die den sachenrechtlichen Grundsätzen folgen. Der Begriff und die Form von Wertpapieren werden in den §§ 73 ff. SchlT PGR behandelt. **Wertpapiere sind Urkunden**, in denen ein Recht derart verbrieft ist, dass es ohne die Urkunde weder verwertet, geltend gemacht oder auf andere Weise übertragen werden kann.[410] Sie verbinden ein Recht mit einem physischen Informationsträger (einer Sache im Sinne des Sachenrechts), einer Urkunde.[411] Der Schuldner aus einem Wertpapier ist zur Leistung verpflichtet, wenn das Wertpapier vorgewiesen und ausgehändigt wird (Legitimationsfunktion des Wertpapiers). Die Übertragung des Wertpapiers zu Eigentum oder zu einem beschränkten dinglichen Recht erfordert einen schriftlichen Vertrag (Titel) und die Übergabe des Wertpapiers (Modus).[412]

Auch wenn es heute schon etwas merkwürdig erscheinen mag, dass für die Übertragung von Wertpapieren die physische Übergabe der Urkunde der Regelfall war, so ist dieser Modus im Vergleich bereits eine wesentliche Vereinfachung bei der Übertragung der Mitgliedschaftsrechte. Die Verbriefung in Urkunden war der erste Schritt zu einem effizienteren Kapitalmarkt, bei dem insb. die leichte Übertragbarkeit eine grosse Rolle spielt. Wertpapiere[413] verbriefen meist Forderungen auf Rückzahlung und Verzinsung des Kapitals des Inhabers gegen den Aussteller (schuldrechtliche Wertpapiere).[414]

Soll ein Token eine in einem Wertpapier verbriefte Forderung repräsentieren, so tritt bei Übertragung des Token nicht nach Art. 7 Abs. 1 TVTG die Übertragung des im Wertpapier verbrieften Rechts und durch den Token repräsentierten Rechts ex lege

---

[410] § 73 Abs. 1 SchlT PGR; Vgl. hierzu detailliert A. FRICK, Zivilrechtliche Aspekte von Token im Zusammenhang mit dem liechtensteinischen Token- und VT-Dienstleister-Gesetz, S. 23 f.; Vgl. auch schon WILD, Zivilrecht und Token-Ökonomie in Liechtenstein, S. 85 f.
[411] BuA Nr. 54/2019, 108.
[412] § 75 Abs. 1 SchlT PGR.
[413] Bspw. Sparbücher, Anleihen, Schuldverschreibungen und Wandelanleihen.
[414] G. LESER/G. LESER/HABSBURG-LOTHRINGEN, Finanzinstrumente - Aktien, Anleihen, Rohstoffe, Fonds und Derivate im Überblick. Inkl. virtuelle Währungssysteme (Blockchain, ICO, Bitcoin, Ethereum und andere Kryptowährungen)² (2019), S. 14; Vgl. zum gesamten Absatz NÄGELE, Sekundärmarkt für Security Token, S. 14.

ein.[415] Vielmehr erfordert die Übertragung des Wertpapiers die Übertragung der Urkunde unter Einhaltung des Modus nach sachenrechtlichen Regeln. Nach Art. 7 Abs. 2 TVTG hat die verpflichtete Person somit sicherzustellen, dass die Rechtswirkung „Übertragung des Wertpapiers" durch geeignete Massnahmen eintritt.[416] Eine „Tokenisierung" von bereits in Wertpapieren verbrieften Forderungen macht daher nur wenig Sinn, gewinnt man dadurch nur wenig an Effizienz.[417]

Dieses Problem der physischen Übergabe besteht aber auch beim globalen Effektenhandel. Aufgrund der stetig wachsenden Transaktionsvolumina wurden - zur weiteren Effizienzsteigerung - die Wertpapiere immobilisiert.[418] Aufgrund dieser Immobilisierung entwickelte sich ein mehrstufiges Verwahrungssystem durch Verwahrstellen (Zentralverwahrer), bei welchem die Urkunden nicht mehr übergeben werden müssen, sondern die Übertragung faktisch durch elektronische Kontoumbuchungsvorgänge vollzogen wird (Effektengiroverkehr).[419] Als weitere Entwicklung zur Effizienzsteigerung wurden in einigen Ländern, wie bspw. Deutschland, Österreich, Luxemburg und der Schweiz, Gesellschaftsanteile in Sammelurkunden (Globalurkunden) verbrieft.[420] Als weiterer grosser Schritt in dieser Entwicklung wurde auch das - nach wie vor bestehende - Erfordernis des Ausstellens einer Urkunde bei der Verbriefung in Wertpapieren in Frage gestellt. Dies führte zur sog. **Entmaterialisierung von Wertpapieren** und somit dem Verzicht auf eine Urkunde als Träger des verbrieften Rechts.[421] Der nächste grosse Rationalisierungsschritt des Wertpapierwesens stellt die **völlige Entkörperlichung** dar. In Liechtenstein ist dies seit dem

---

[415] BuA Nr. 54/2019, S. 169.

[416] Eine, wenn auch äusserst unzeitgemässe Variante zur Entsprechung dieser Voraussetzungen stellt die Übergabe des physischen Wertpapieres dar. Im modernen globalen Effektenhandel ist eine Übergabe von physischen Urkunden aufgrund des Transaktionsvolumens aber nahezu undenkbar.

[417] Wertrechte ersparen den beteiligten Parteien gerade den umständlichen Umweg über physische Urkunden.

[418] Unter Immobilisierung wird hier das Phänomen verstanden, dass bei registrierungsbedürftigen Finanzinstrumenten entweder der Zentralverwahrer oder ein von diesem bezeichneter Treuhänder (engl. nominee) im massgeblichen Register, statt dem tatsächlichen Anleger, eingetragen wird; Demzufolge sind beim Handel auch keine Registeränderungen mehr notwendig, die Titel wurden "aus dem Verkehr gezogen"; Vgl. SCHWARZ, Globaler Effektenhandel, S. 31; Nicht zu verwechseln mit der Immobilisierung der Inhaberaktien aus Geldwäschereipräventionsgründen; Vgl. BuA Nr. 69/2012, S. 4.

[419] SCHWARZ, Globaler Effektenhandel, S. 29 ff.

[420] SCHWARZ, Globaler Effektenhandel, S. 45 ff.

[421] SCHWARZ, Globaler Effektenhandel, S. 44 f.

1.1.2020 bereits Realität. An die Stelle von Urkunden treten rein elektronische Registereinträge, die sog. «Wertrechte».[422]

2 Zum Wertrechtebegriff nach § 81a SchlT PGR – „funktionsäquivalente Wertpapiere in tokenisierter Form"

Die soeben genannten Wertrechte nehmen im TVTG eine Sonderstellung ein, obwohl sie im Gesetzestext selbst nicht zu finden sind, da sie der Gesetzgeber in die Schlussabteilung des PGR übernommen hat. Die liechtensteinische Rechtsordnung kannte auch schon vor dem TVTG immobilisierte und entmaterialisierte Wertpapiere, sohin **Wertrechte** ohne Wertpapiercharakter.[423] So sieht das PGR bereits in seiner Urfassung von 1926 in Art. 149 Abs. 3 vor, Mitgliedschaftsanteile an juristischen Personen als Wertrecht auszugeben. Die Übertragung oder Verpfändung erfolgt dabei allerdings nach **zessionsrechtlichen Grundsätzen**, was den Gutglaubenserwerb ausschliessen würde. Im Rahmen des TVTG wurden Wertrechte in § 81a Abs. 1 SchlT PGR positiviert:[424] Wertrechte sind demzufolge «*Rechte mit gleicher Funktion wie Wertpapiere*» und «*vertretbare Wertpapiere*»[425]. Eine Verbriefung ist somit nicht mehr notwendig, Forderungen können von Anfang an in Form von Token (Wertrechten) ausgegeben werden. Als Rezeptionsgrundlage für § 81a SchlT PGR diente Art. 973c des schweizerischen Obligationenrechts, wobei der liechtensteinische Gesetzgeber damals weiter ging als die Rezeptionsgrundlage. In der Zwischenzeit wurde zur Anpassung des schweizerischen Bundesrechts an die Entwicklungen der Technik verteilter elektronischer Register Abs. 1 des Art. 973c chOR angepasst und die Art. 937d bis 937i chOR neu eingefügt.

Damit Token **funktionsäquivalent zu Wertpapieren** sein können, müssen sie bei der Repräsentation von wertpapierfähigen Rechten dieselben Funktionen wie Wertpapiere bei der Verbriefung innehaben. Diese sind die:

---

[422] SCHWARZ, Globaler Effektenhandel, S. 51 f.; NÄGELE, Sekundärmarkt für Security Token, S. 15 f.

[423] In Deutschland werden Wertrechte „Schuldbuchforderungen" genannt; SCHWARZ, Globaler Effektenhandel, S. 52; Bereits 1975 hat der Staatsgerichtshof in einem obiter dictum die Möglichkeit festgehalten, dass Gründerrechte an einer Anstalt als „Wertrechte ohne Wertpapiercharakter" ausgestaltet werden können; Vgl. BuA Nr. 54/2019, S. 108 f.; mit Verweis auf StGH StGH 1975/002 ElG 1973, 381, 383; Vgl. zum langen Weg des Wertapierrechts zur Entmaterialisierung; WILD, Zivilrecht und Token-Ökonomie in Liechtenstein, S. 85 f.; Vgl. auch A. FRICK, Zivilrechtliche Aspekte von Token im Zusammenhang mit dem liechtensteinischen Token- und VT-Dienstleister-Gesetz, S. 26.

[424] BuA Nr. 54/2019, S. 108 f.

[425] BuA Nr. 54/2019, S. 110; Vgl. auch WILD, Zivilrecht und Token-Ökonomie in Liechtenstein, S. 86.

1. **„Legitimationsfunktion"**[426]: Der Rechteinhaber weist sich durch Nachweis der Innehabung der Verfügungsgewalt über den Token aus; die
2. **„Liberationsfunktion"**[427]: Befreiung des Schuldners bei Leistung an den Inhaber der Verfügungsgewalt über den Token; die
3. **„Transportfunktion"**[428]: Der Token ermöglicht die Rechteübertragung; die
4. **„Verkehrsschutzfunktion"**[429]: Gutglaubensschutz; sowie
5. **„Einredebeschränkung"**[430]: Beschränkung der Einreden auf solche, die gegen die Einträge im Wertrechtebuch gerichtet sind.[431]

Wertrechten nach Art. 81a SchlT PGR kommen daher unter Verwendung von VT-Systemen alle Funktionen eines Wertpapiers zu, => **Funktionsäquivalenz**.[432]

Dabei repräsentieren Token nicht die Wertrechte, sie sind die volldigitalen Wertrechte. Da sie ihren Wert aber trotzdem von einem externen Wert ableiten, sind sie extrinsische Token. Nach § 81a SchlT PGR kann der Schuldner (die Verbandsperson) das zu führende **Wertrechtebuch** auch unter Verwendung von vertrauenswürdigen Technologien im Sinne des TVTG führen.[433] Die Übertragung richtet sich dabei gemäss § 81a Abs. 4 SchlT PGR bei Wertrechten in Form von Token **ausschliesslich nach den Vorschriften des TVTG**.[434]

Als wichtige Beschränkung bei der Ausgabe von Wertrechten ist zu sehen, dass **nur solche Rechte als Wertrechte** ausgegeben werden können, welche **auch in einem Wertpapier verbrieft werden können**.[435] Folgerichtig ist daher seit Inkrafttreten des TVTG überall dort, wo das liechtensteinische Recht von Wertpapieren handelt,

---

[426] In der Überschrift von Art. 8 TVTG als Legitimationswirkung bezeichnet.
[427] In der Überschrift von Art. 8 TVTG als Befreiungswirkung bezeichnet.
[428] Vgl. hierzu Art. 6 und 7 TVTG.
[429] Umgesetzt in Art. 9 TVTG.
[430] Die Einredebeschränkung soll jedenfalls bei Token, die Wertrechte darstellen, gelten; Vgl. hierzu: BuA Nr. 54/2019, S. 110; Ob bei sonstigen extrinsischen Token eine Einredebeschränkung sinnvoll ist, muss im Einzelfall geprüft werden.
[431] Vgl. zu den genannten Funktionen BuA Nr. 54/2019, S. 110.
[432] NÄGELE, Sekundärmarkt für Security Token, S. 20; BuA Nr. 54/2019, S. 111; WILD, Zivilrecht und Token-Ökonomie in Liechtenstein, S. 87.
[433] § 81a Abs. 2 SchlT PGR.
[434] NÄGELE, Sekundärmarkt für Security Token, S. 16.
[435] BuA Nr. 54/2019, S. 116 ff.

nun auch das Wertrecht zu verstehen.[436] Weitere Einschränkungen ergeben sich aus der Rechtsform der Verbandsperson.[437] Neben der **Aktiengesellschaft**[438] als Musterbeispiel[439], können in Liechtenstein Wertpapiere – und somit auch Wertrechte - über die Mitgliedschaft bspw. von **(besonderen) Vereinen**[440], eingetragenen Genossenschaften[441], der Anteilsgesellschaft (Gewerkschaft)[442], stillen Gesellschaft[443] und **Anstalten**[444] ausgegeben werden. Seit der **GmbH**-Revision 2016 ist die Verbriefung und somit die Tokenisierung für Gesellschaften mit beschränkter Haftung (GmbH)[445] nicht mehr möglich. Bei der Ausgabe von Wertrechten[446] über gesellschaftsrechtliche Rechtspositionen sind, neben den wertpapierrechtlichen, auch die gesellschaftsrechtlichen Vorschriften zu beachten. Der Inhalt von Wertrechten richtet sich in erster Linie nach den Statuten und Gesellschafterbeschlüssen.[447]

3   Zur Übertragung von Wertrechten am Beispiel von Inhaberaktien einer Aktiengesellschaft in Form von Token

Am Beispiel von Inhaberaktien in Form von Wertrechten einer Aktiengesellschaft lässt sich die Übertragung von Wertrechten gut darstellen. Inhaberaktien waren vor

---

[436] Weshalb der Gesetzgeber auf eine Anpassung sämtlicher Gesetze verzichtet hat; Vgl. BuA Nr. 54/2019, S. 111.

[437] So stellt auch Wild auf die jeweilige Gesellschaftsform ab; WILD, Zivilrecht und Token-Ökonomie in Liechtenstein, S. 88.

[438] Vgl. Art. 267 ff. und Art. 323 ff. PGR.

[439] In der Praxis werden fast ausschliesslich Aktien als Wertpapiere ausgegeben; Vgl. BuA Nr. 54/2019, S. 117.

[440] Art. 259 Abs. 1 PGR.

[441] Gemäss Art. 401 Abs. 3 PGR; Dies im Gegensatz zur schweizerischen Genossenschaft, bei der ein ausdrückliches gesetzliches Verbot der wertpapiermässigen Verurkundung besteht; Vgl. MEIER-HAYOZ/CRONE, Wertpapierrecht³, S. 4.

[442] Art. 380 Abs. 3 PGR.

[443] Art. 772 Abs. 4 PGR.

[444] Art. 540 Abs. 5 PGR.

[445] Art. 409 PGR wurde aufgehoben und Art. 391 Abs. 5 PGR angepasst; Als Gründe sind den Materialien die mangelnde Praxisrelevanz und die bessere Eignung der AG für den öffentlichen Kapitalmarkt zu entnehmen; Im Hinblick auf Entwicklungen rund um das TVTG wäre es m.E. überlegenswert, diese Verbriefungsmöglichkeit angepasst wieder einzuführen; Vgl. REGIERUNG DES FÜRSTENTUMS LIECHTENSTEIN, BuA Nr. 68/2016, S. 26 ff.

[446] Wie auch Wertpapieren.

[447] BuA Nr. 54/2019, S. 116; NÄGELE, Sekundärmarkt für Security Token, S. 16 f.; WILD, Zivilrecht und Token-Ökonomie in Liechtenstein, S. 86.

deren Immobilisierung[448] nach den bereits dargestellten Vorschriften des Wertpapierrechts durch Übertragung der Urkunde nach sachenrechtlichen Grundsätzen (Titel und Modus) zu übertragen. Seither müssen Inhaberaktien bei einem Verwahrer, der durch die Gesellschaft zu bestellen ist, hinterlegt werden.[449] Nach Art. 326a Abs. 2 Ziff. 1 PGR findet das Verwahrer-Regime keine Anwendung auf börsennotierte Aktiengesellschaften - dies aufgrund der dort geltenden Sonderbestimmungen. Bei Wertrechten tritt an die Stelle der Hinterlegung i.S.v. Art. 326a Abs. 1 PGR die Einbuchung der Emission beim Verwahrer. Der gesamte Bestand an Wertrechten ist in ein Bestandskonto bei der Verwahrstelle einzubuchen, Urkunden sind nicht mehr zu hinterlegen, da nicht mehr vorhanden.[450]

Zuerst soll nun kurz dargestellt werden, wie eine Übertragung von in Urkunden verbrieften Inhaberaktien (Wertpapieren) beim Einsatz eines Verwahrers vollzogen wird, um dann den Vergleich zu Wertrechten ziehen zu können.[451]

Für die Übertragung von Inhaberaktien nach Art. 326h PGR hat der Aktionär eine entsprechende Absicht dem Verwahrer mitzuteilen. Mit der Eintragung des Erwerbers im Register wird die Übertragung der Inhaberaktien wirksam (**konstitutive Wirkung**).[452] Die wertpapierrechtlichen und gesellschaftsrechtlichen Anforderungen sind dabei wiederum kumulativ zu erfüllen. Es bleibt noch die Übertragung der Urkunde nach sachenrechtlichen Grundsätzen. Diese erfolgt in Form einer Besitzanweisung nach Art. 503 SR des veräussernden Aktionärs als mittelbarer, selbstständiger Besitzer an die Verwahrstelle als unmittelbarer, unselbstständiger Besitzer. Mit der abgeschlossenen Übergabe der Urkunde ist das Wertpapier zivilrechtlich übertragen. Gegenüber der Gesellschaft wird – aus gesellschaftsrechtlicher Sicht – als Aktionär allerdings nur anerkannt, wer auch im Verwahrer-Register eingetragen ist.[453]

---

[448] Und Einführung eines Sanktionsmechanismus betreffend die Führung des Aktienbuches bei Namenaktien durch das LGBl 2013 Nr. 67.

[449] BuA Nr. 54/2019, S. 117 f.

[450] BuA Nr. 54/2019, S. 117.

[451] BuA Nr. 69/2012, S. 18; Vgl. zum gesamten Absatz NÄGELE, Sekundärmarkt für Security Token, S. 17 f.

[452] BuA Nr. 54/2019, S. 118; Vgl. insb. zur konstitutiven Wirkung des Eintrages im Wertrechtebuch; WILD, Zivilrecht und Token-Ökonomie in Liechtenstein, S. 89 f.

[453] BuA Nr. 54/2019, S. 118; Vgl. zum gesamten Absatz NÄGELE, Sekundärmarkt für Security Token, S. 18.

Legt man diese Zweiteilung zum Vergleich auf die Ausgabe und Übertragung von Wertrechten nach § 81a SchlT PGR um, so erfolgt die Übertragung von Inhaberaktien in Form von Wertrechten einerseits durch:[454]

1. Eintragung des Erwerbers im Wertrechteregister der Verbandsperson nach § 81a Abs. 4 SchlT PGR; und andererseits durch
2. Eintragung des Erwerbers im Verwahrerregister nach Art. 326h Abs. 3 i.V.m. Art. 326c PGR.

Diese zwei Register sind zu koordinieren[455], wobei ein Verwahrer nach Art. 326b PGR auch das Wertrechteregister führen kann.[456]

Mit anderen Worten kann durch eine einfache Transaktion auf einem VT-System eine Inhaberaktie in Form eines Wertrechtes übertragen werden.

III Zu Forderungs- und Mitgliedschaftsrechten in Form von Wertrechten in (Security-)Token und der aufsichtsrechtlichen Einordnung

Auch wenn das Aufsichtsrecht nicht im Fokus dieser Arbeit steht, soll an dieser Stelle eine Einordnung vorgenommen werden, um eine Abgrenzung zwischen dem TVTG und dem Aufsichtsrecht vornehmen zu können. Zudem soll die Frage geklärt werden, ob Token, welche die Rechte von Finanzinstrumenten repräsentieren, ihre Wertpapiereigenschaft erhalten.

Die funktionale Äquivalenz von Wertrechten erlaubt es, die Wertrechte den Wertpapieren aufsichtsrechtlich uneingeschränkt gleichzustellen. Von besonderem Interesse aus der aufsichtsrechtlichen Perspektive, ist die Einordnung unter die Finanzinstrumente. Man bezeichnet solche Token auch als «**Security-Token**». Für Security-Token gelangt, sowohl beim erstmaligen öffentlichen Angebot (Primärmarkt) als auch für den nachgelagerten Handel (Sekundärmarkt), ein besonders **dichtes und umfangreiches Regelwerk** zur Anwendung.[457] Die finanzmarktrecht-

---

[454] BuA Nr. 54/2019, S. 118.

[455] Oder als ein gemeinsames Register zu führen, was durch den Einsatz von VT-Systemen erleichtert wird.

[456] BuA Nr. 54/2019, S. 117 ff.; Vgl. zum gesamten Absatz: NÄGELE, Sekundärmarkt für Security Token, S. 18 f.

[457] So haben Unternehmen, welche Token zum öffentlichen Kauf angeboten haben, seit jeher versucht, nicht als Finanzinstrumente und E-Geld qualifiziert zu werden, wohl auch um diesem stark regulierten Umfeld zu entgehen.

lichen Regelungen kommen dabei **zu den Regelungen nach TVTG hinzu**. Ein öffentliches Angebot von Security-Token kann daher sowohl Pflichten nach Prospektrecht wie auch Registrierungs- und übrige Pflichten nach dem TVTG auslösen. Die Finanzmarktaufsicht Liechtenstein wendet bei der Beurteilung der Anwendbarkeit der finanzmarktrechtlichen Bestimmungen (vgl. FMA-Mitteilung 2019/1[458] und FMA-Mitteilung 2019/2[459]), und damit auch ihrer Zuständigkeit, das Prinzip „Substance over Form" an. Dieser technologieneutrale Ansatz[460] ist zu begrüssen[461]. Security-Token sollen dementsprechend auch als solche im Sinne der Finanzmarktregulierung eingeordnet werden.[462]

Die FMA als zuständige Aufsichtsbehörde hat im Sommer 2018 erstmals einen **Wertpapierprospekt** gebilligt, bei dem Wertpapiere in Form von Security-Token ausgegeben wurden.[463] Beachtlich ist dabei, dass somit die Vorfrage geklärt wurde, ob durch die Ausgabe in Form von Token die **Wertpapiereigenschaft** erhalten bleibt und somit eine Prospektbilligung durch die FMA möglich ist. Im Oktober 2019 stellte die FMA mittels FMA-Mitteilung 2019/2[464] zusätzliche Anforderungen an Wertpapierprospekte bei der Ausgabe von Security-Token auf. Das Wertpapierprospektrecht sowie die direkt einschlägige EU-Verordnung 2017/1129[465] sind nach genannter Mitteilung anwendbar, **wenn die Wertpapiereigenschaft des Token erfüllt** ist. Diese Eigenschaft hat die FMA durch Billigung mehrerer Prospekte in ebengleicher Zahl

---

[458] FINANZMARKTAUFSICHT LIECHTENSTEIN (FMA), FMA-Mitteilung 2019/1, https://www.fma-li.li/files/list/fma-mitteilung-2019-01.pdf (11.04.2020), S. 2.

[459] FINANZMARKTAUFSICHT LIECHTENSTEIN (FMA), FMA-Mitteilung 2019/2, https://www.fma-li.li/files/list/fma-mittteilung-2019-2-emittenten-wp-st.pdf (24.03.2020), S. 4.

[460] FMA, FMA-Mitteilung 2019/2, S. 5.

[461] Der technologieneutrale Ansatz entspricht der Praxis der US-Aufsichtsbehörde U.S. Securities and Exchange Comission (SEC); Vgl. hierzu treffend: "A change in the structure of a securities offering does not change the fundamental point that when a security is being offered, our securities laws must be followed. Said another way, replacing a traditional corporate interest recorded in a central ledger with an enterprise interest recorded through a blockchain entry on a distributed ledger may change the form of the transaction, but it does not change the substance": CLAYTON, Statement on Cryptocurrencies and Initial Coin Offerings, https://www.sec.gov/news/public-statement/statement-clayton-2017-12-11 (11.04.2020).

[462] So auch BuA Nr. 54/2019, S 44.

[463] FMA, FMA-Mitteilung 2019/2, S. 5.

[464] FMA, FMA-Mitteilung 2019/2.

[465] VO (EU) 2017/1129 des Europäischen Parlaments und des Rates vom 14. Juni 2017 über den Prospekt, der beim öffentlichen Angebot von Wertpapieren oder bei deren Zulassung zum Handel an einem geregelten Markt zu veröffentlichen ist und zur Aufhebung der Richtlinie 2003/71/EG (Text von Bedeutung für den EWR) (Prospektverordnung), ABl. EG 2017/168, S. 12.

bejaht.[466] Bei der Beurteilung der Wertpapiereigenschaft prüft die FMA drei Kriterien:

1. Handelbarkeit,
2. Übertragbarkeit und
3. Standardisierung.[467]

Für die Frage der Handelbarkeit ist relevant, ob das Wertpapier auf dem Kapitalmarkt gehandelt werden kann, wobei der Begriff „Kapitalmarkt" weit auszulegen ist.[468] Das erste „blockchain-basierte"[469] multilaterale Handelssystem (**Multilateral Trading Facility, MTF**[470]) im Europäischen Wirtschaftsraum (EWR) wurde - soweit überblickbar - in Liechtenstein (unter Auflagen) bewilligt.[471] Spätestens seit diesem Zeitpunkt ist die Handelbarkeit gegeben.[472] Das Kriterium der Übertragbarkeit ist i.d.R. durch die Transportfunktion bei Token systemimmanent gewährleistet.[473] Zu berücksichtigen bleiben aber die Voraussetzungen, damit die Übertragung auch nach dem TVTG erfolgreich ist (bei Wertrechten ist das ex lege der Fall). Die Standardisierung

---

[466] FMA, Liste gebilligte Prospekte bis 20. Juli 2019.

[467] NÄGELE, Sekundärmarkt für Security Token, S. 21 ff.; FMA, FMA-Mitteilung 2019/2, 5.

[468] Schon ein virtueller Marktplatz reicht für die Handelbarkeit auf einem Kapitalmarkt aus; Vgl. PAULMAYER, Initial Coin Offerings (ICOs) und Initial Token Offerings (ITOs) als prospektpflichtiges Angebot nach KMG? ZFR 2017/259, S. 533 m.w.N.

[469] Darunter scheinen die Betreiber das Listing von blockchain-basierten Finanzinstrumenten zu verstehen.

[470] Multilateraler Handelsplatz: engl. „Multilateral Trading Facility" (MTF).

[471] Vgl. hierzu auch den Beitrag vom 29.04.2020 von drei FMA Österreich Mitarbeitern, welche keine Handelsplattform im EWR ausmachen konnten, die bewusst und offen DLT-basierte übertragbare Wertpapiere gelistet hat; PEKLER/RIRSCH/TOMANEK, Kapitalmarktrechtliche Hindernisse für den Handel von Security Token, ZFR 2020/73, S. 172; Vgl. die Pressemitteilung der betreuenden Anwaltskanzlei Ashurst; Zum Abgabetermin der Arbeit war der MTF noch nicht im von der FMA geführten Register eingetragen. Zuletzt geprüft am 06.05.2021; Vgl. in Ashurst LLP, Press Release Ashurst (Ashurst advises Nomisma on Europes first MiFID II license for a blockchain-based MTF) (26.04.2020, https://www.ashurst.com/en/news-and-insights/news-deals-and-awards/ashurst-advises-nomisma-on-europes-first-mifid-ii-license-for-a-blockchain-based-mtf).

[472] NÄGELE, Sekundärmarkt für Security Token, S. 23 f.

[473] Vielmehr sind für den Einsatz als Security-Token Übertragungsbeschränkungen wie bspw. Whitelisting vorzusehen, die im Standard nicht vorhanden sind.

ist schlussendlich ebenfalls technisch unproblematisch umsetzbar. So werden regelmässig eine grosse Zahl Token der gleichen Art[474] erzeugt.[475] Nicht vorausgesetzt wird, dass über das Wertpapier eine Urkunde ausgestellt wird (Verbriefung).[476] Diese Ansicht vertritt auch die FMA und beurteilt die Wertpapiereigenschaft an den ebengenannten drei Kriterien. Eine **Verurkundung/Verbriefung** des Wertpapiers ist daher **keine zwingende Voraussetzung**. Die FMA spricht auch hier explizit vom Prinzip „substance over form".[477] Auch aus der Anwendung des Prinzips „substance over form" ist zu schliessen, dass, wenn Rechte von Finanzinstrumenten in Token repräsentiert werden, die aufsichtsrechtlichen Bestimmungen über Finanzinstrumente anzuwenden sind, wenn die repräsentierten Rechte diesen Bestimmungen unterliegen. Die Erscheinungsform und Bezeichnung (in tokenisierter Form oder als Urkunde) soll demgegenüber eine untergeordnete Rolle spielen.[478] Im Umkehrschluss bedeutet dies auch, dass Token, **welche andere Rechte repräsentieren, nicht als Finanzinstrument zu klassifizieren sind**[479] und nicht unter die Finanzmarktregulierung fallen sollen.[480] Die FMA sieht in Bezug auf die Emission und die Folgepflichten[481]

---

[474] Token nach dem ERC-20-Standard sind grundsätzlich fungibel und einfach in grosser Zahl zu generieren.

[475] Die österreichische Finanzmarktaufsicht (öFMA) prüft zusätzlich zu den drei Kriterien das Vorliegen der „Verkörperung" des Rechts. Als relevant hierbei sieht die öFMA, dass der Anspruch mit der Innehabung des Wertpapiers verknüpft ist. Nach überwiegender Ansicht kann beim Einsatz von vertrauenswürdigen Technologien die Verkörperung (Repräsentation) bejaht werden, da Token Legitimationsfunktion haben; SCHOPPER/RASCHNER, ÖBA 2019, S. 212 ff. m.w.N.; Das TVTG geht von Repräsentation und nicht von Verkörperung aus; Vgl. BuA Nr. 54/2019, S. 142.

[476] M.w.N. PATZ, Handelsplattformen für Kryptowährungen und Kryptoassets, BKR 2019, S. 436.

[477] FMA, FMA-Mitteilung 2019/2, S. 4.

[478] FMA, FMA-Mitteilung 2019/2, S. 5 f.

[479] Um insb. auch Bitcoin zu erfassen, hat Deutschland durch § 1 Abs. 11 Satz 1 Nr. 10 KWG einen Auffangtatbestand geschaffen, um die vielfältigen Ausgestaltungen von "Kryptowerten" zu erfassen, welche gerade nicht bereits unter eine andere Kategorie von Finanzinstrumenten fallen; Vgl. BUNDESANSTALT FÜR FINANZDIENSTLEISTUNGSAUFSICHT, Merkblatt: Hinweise zum Tatbestand des Kryptoverwahrgeschäfts, https://www.bafin.de/DE/Aufsicht/ BankenFinanzdienstleister/Zulassung/Kryptoverwahrgeschaeft/kryptoverwahrgeschaeft_node.html (19.04.2020); Gesetz über das Kreditwesen (Kreditwesengesetz) (KWG), BGBl. (1961), § 1 Abs. 11 Satz 1 Nr. 10.

[480] Vorbehalten bleiben natürlich andere Gründe für die Anwendbarkeit von Finanzmarktrecht. Vgl. auch BuA Nr. 54/2019, S. 44.

[481] FMA, FMA-Mitteilung 2019/2, 6.

„keine wesentlichen Unterschiede zwischen Wertpapierprospekten zur Ausgabe von Wertpapieren und Wertpapierprospekten zur Ausgabe von Security-Token".[482]

IV Zur Bestellung beschränkt dinglicher Rechte (insb. Verpfändung und Nutzniessung) von Wertrechten nach § 81a Abs. 4 SchlT PGR

Die Bestellung von beschränkten dinglichen Rechten an Wertrechten erfolgt durch Eintrag des Berechtigten im Wertrechtebuch. Praxisrelevant sind hier insb. die Bestellung von Pfand- und Nutzniessungsrechten. Wird das Wertrechtebuch unter Verwendung vertrauenswürdiger Technologien im Sinne des TVTG geführt, so richtet sich die Verfügung über die Wertrechte ausschliesslich nach den Vorschriften des TVTG.[483]

Die Eintragung im Wertrechtebuch hat auch hier **konstitutive Wirkung** und ermöglicht besitzlose Pfandrechte. Sachgerecht ist dies, da im Register sowohl der Inhaber wie auch der Pfandgläubiger angeführt sind. Art. 365 Abs. 1 SR sieht vor, dass durch das Gesetz Ausnahmen vom Faustpfandprinzip gemacht werden können. Eine solche Ausnahme besteht in § 81a Abs. 4 SchlT PGR.[484]

Zur Bestellung eines Pfandrechts an Wertrechten in Form von Token benötigt es - neben den weiteren Voraussetzungen - einen Eintrag im Wertrechtebuch, Besitz an der Pfandsache ist nicht vorausgesetzt.

V Fazit zu Forderungs- oder Mitgliedschaftsrechten gegenüber einer Person

Forderungen sind in Liechtenstein formfrei durch Zession, auch konkludent übertragbar, wenn nicht das zugrundeliegende Rechtsgeschäft formpflichtig ist. Durch die Übertragung der Forderung ändert sich an der Forderung nichts (vgl. § 1394 ABGB). Rechte und Einreden bleiben bestehen, weshalb der Neugläubiger sich Einreden entgegenhalten lassen muss. Der Schuldner hat auch gegen den neuen Gläubiger alle Rechte und Einreden, die er gegen den Altgläubiger hatte. Sofern keine ergänzenden Formvorschriften bestehen, bewirkt eine Verfügung über Token ex lege die Übertragung der Forderung auf den neuen Verfügungsberechtigten über den Token. Damit dem Token auch Legitimations- und Befreiungswirkung zukommt,

---

[482] Vgl. zum gesamten Absatz NÄGELE, Sekundärmarkt für Security Token, S. 23 ff.
[483] Vgl. § 81a Abs. 4 SchlT PGR und BuA Nr. 54/2019, S. 114.
[484] BuA Nr. 54/2019, S. 114.

sind entsprechende weitere Vorkehrungen zu treffen, um die erfolgreiche Übertragung zu gewährleisten.

Verbandspersonen können ihren Mitgliedern Mitgliedschaftsanteile (Anteilsrechte) gewähren, sofern das Gesetz oder die Statuten es nicht anders bestimmen. Die Mitgliedschaft ist unteilbar, veräusserlich und vererbbar, kann aber durch Gesetz oder die Statuten anders vorgesehen werden. Eine Sonderstellung nehmen die Wertrechte im TVTG ein, obwohl sie im Gesetzestext selbst nicht zu finden sind, da sie der Gesetzgeber in die Schlussabteilung des PGR übernommen hat. Die liechtensteinische Rechtsordnung kannte auch schon vor dem TVTG immobilisierte und entmaterialisierte Wertpapiere, sohin Wertrechte ohne Wertpapiercharakter. Im Rahmen des TVTG wurden Wertrechte in § 81a Abs. 1 SchlT PGR positiviert: Wertrechte sind demzufolge «Rechte mit gleicher Funktion wie Wertpapiere» und «vertretbare Wertpapiere». Eine Verbriefung ist somit nicht mehr notwendig, Forderungen können von Anfang an in Form von Token (Wertrechte) ausgegeben werden. Damit Token funktionsäquivalent zu Wertpapieren sein können, müssen sie bei der Repräsentation von wertpapierfähigen Rechten dieselben Funktionen wie Wertpapiere bei der Verbriefung innehaben. Als wichtige Beschränkung bei der Ausgabe von Wertrechten ist zu sehen, dass nur solche Rechte als Wertrechte ausgegeben werden können, welche auch in einem Wertpapier verbrieft werden können. Die Übertragung ist bei Wertrechten zweigeteilt. So erfolgt die Übertragung von Inhaberaktien in Form von Wertrechten einerseits durch Eintragung des Erwerbers im Wertrechteregister (konstitutive Wirkung) der Verbandsperson nach § 81a Abs. 4 SchlT PGR und andererseits durch Eintragung des Erwerbers im Verwahrerregister nach Art. 326h Abs. 3 i.V.m. Art. 326c PGR. Diese zwei Register sind zu koordinieren, wobei ein Verwahrer nach Art. 326b PGR auch das Wertrechteregister führen kann.

C Zu (3b) Rechten an Sachen

Die Repräsentation von Rechten an Sachen war für die Regierung bei der Erarbeitung des TVTG, neben den Wertrechten, von besonderem Interesse. Es galt, ein System zu finden, bei welchem die Vorteile, die VT-Systeme mit sich bringen, so mit dem System des Sachenrechts zu verbinden sind, dass eine kompatible Lösung entsteht. Diese Lösung wiederum sollte – in den meisten Fällen – zu einem Gleichlauf der analogen

Welt (den Sachen) mit der digitalen Welt (den Token) führen. Man spricht - manchmal etwas unglücklich - von «digital twins» (digitalen Zwillingen).[485] Unglücklich deshalb, weil Zwillinge letztlich jeweils eigene Subjekte sind und Token in den meisten Fällen Rechte nur repräsentieren sollen.

Bis dato gibt es wenige wissenschaftliche Beiträge, die sich mit den zivilrechtlichen Bestimmungen des TVTG auseinandergesetzt haben.[486] Erwartungsgemäss ist zudem das Spannungsfeld zwischen der digitalen «Tokenwelt» und der analogen Welt - insb. bei der Repräsentation von Rechten an physischen Sachen nach dem Sachenrecht - ein grosses. So führt die Regierung auf S. 165 des BuA 54/2019 aus: *«Die Übertragung des repräsentierten Rechts erfolgt grundsätzlich durch Übertragung des Tokens nach den Regeln des VT-Systems (vgl. Art. 7)».*[487] Durch das «grundsätzlich» ist dieser Satz als programmatische Auslegehilfe zu verstehen. Es soll kein Auseinanderklaffen der digitalen und analogen Werte geben. Dabei orientiert sich das TVTG für die Repräsentation[488], Zuordnung und Übertragung konzeptionell an wertpapierrechtlichen Vorstellungen. Allerdings mit dem Unterschied, dass, statt der Übergabe eines physischen Objekts (einer Urkunde), Token übertragen werden. Auf die Übergabe der Urkunde ist das Sachenrecht, auf die Übertragung der Token das TVTG anwendbar.[489]

Es stellt sich die Frage, ob den Verfügungen über Token ein gewisser Vorrang über die Verfügungen über die repräsentierte Sache zu geben ist. Die Regierung hält im BuA 54/2019 bei der Beantwortung auf eine Frage aus der Vernehmlassung hierzu fest:

---

[485] UNIDROIT, Exploratory workshop on digital assets and private law, https://www.unidroit.org/89-news-and-events/2941-unidroit-exploratory-workshop-on-digital-assets-and-private-law (15.02.2021).

[486] Bis dato am detailliertesten WILD, Zivilrecht und Token-Ökonomie in Liechtenstein; Vgl. auch RIETZLER/M. FRICK/CASELLINI in *Piska/Völkel*; NÄGELE, Sekundärmarkt für Security Token; SILBERNAGL, Zivilrechtliche Regelungen des liechtensteinischen Blockchaingesetzes (TVTG) - Möglichkeiten für Österreich? Zak 2020/7; A. FRICK, Zivilrechtliche Aspekte von Token im Zusammenhang mit dem liechtensteinischen Token- und VT-Dienstleister-Gesetz; LINS/PRAICHEUX, SPWR 2020; WURZER, SPWR 2019; DEUBER/KHORRAMI JAHROMI, Liechtensteiner Blockchain-Gesetzgebung: Vorbild für Deutschland? MMR 2020; VÖLKEL, Vertrauen in die Blockchain und das Sachenrecht, ZFR 2020/218; RASCHAUER/SILBERNAGL, Grundsatzfragen des liechtensteinischen „Blockchain-Gesetzes" - TVTG, ZFR 2020/3.

[487] BuA Nr. 54/2019, S. 165.

[488] Im BuA wird an dieser Stelle noch von Abbildung statt Repräsentation gesprochen. Dabei handelt es sich offensichtlich um ein redaktionelles Versehen; BuA Nr. 54/2019, S. 165.

[489] BuA Nr. 54/2019, S. 165.

«Die Verfügung über einen Token (Titel und Modus) ersetzt jedoch nicht die Besitzanweisung oder Hand-zu-Hand Übergabe der Sache selbst, sofern der Token das Eigentumsrecht einer Sache repräsentiert.»[490]

Die Regierung hat damit den Verfügungen über Token **nicht den Vorrang** über die Verfügung über die Sache selbst erteilt, sondern diese in ein System eingeordnet. In den einführenden Bemerkungen im Bericht und Antrag 54/2019 der Regierung zum TVTG führt die Regierung zur **Gewährleistung der Rechtssicherheit** in der «offline Welt» aus, dass, je nach Kategorie der repräsentierten Rechte (Sachen, Forderungen), klargestellt werden müsse, dass eine Verfügung mittels Token (über die repräsentierte Sache) möglich ist. Weil eine Klarstellung in den jeweiligen Gesetzen zwar möglich wäre, dies aber nur auf Vermögenswerte Wirkung entfalten würde, die liechtensteinischem Recht unterstellt sind, hat man – bis auf die Wertrechte – davon Abstand genommen. Mit anderen Worten wurde insb. das Sachenrecht nicht angepasst und nicht festgehalten, dass die Übertragung von in Token repräsentierten Sachrechten – ähnlich den Warenpapieren – durch Token (bei Warenpapieren durch Übergabe des Wertpapiers) geschieht. Stattdessen hat die Regierung auch hier einen funktionalen Ansatz gewählt, der eine breitere Anwendung ermöglicht. Dieser Ansatz benötigt dabei keine Anpassung der jeweiligen Einzelgesetze. Die Rede ist auch hier vom Koordinationsbefehl, indem der durch die Verfügung über den Token verpflichteten Person nach Art. 7 Abs. 2 TVTG entsprechende Pflichten auferlegt wurden.[491]

Es gilt daher, im Folgenden im Detail zu analysieren, ob das System aus Repräsentation von Rechten in Token und der Verfügung über Token nach den Regeln des TVTG sowie des verwendeten VT-Systems i.V.m. den aus dem SR zur Verfügung stehenden Instrumenten (insb. der Besitzanweisung, dem Besitzkonstitut und der Hand-zu-Hand Übergabe) der aus der Verfügung verpflichteten Person ermöglicht, ihre Pflichten wahrzunehmen.

I   Zum Koordinationsbefehl nach Art. 7 Abs. 2 TVTG bei der Repräsentation von Rechten an Sachen

Mit Art. 7 Abs. 1 und Abs. 2 TVTG verfolgt der Gesetzgeber das Ziel der **intensiven Verknüpfung von repräsentiertem Recht und Token** dergestalt, dass – analog zu

---

[490] BuA Nr. 54/2019, S. 198.

[491] Der BuA 54/2019 spricht davon, dass diese Pflicht den Token-Erzeuger treffen soll. Art. 7 Abs. 2 TVTG i.d.g.F. überbindet diese Pflicht allerdings der durch die Verfügung über den Token verpflichteten Person; BuA Nr. 54/2019, S. 64.

Wertpapieren - das Recht ohne den Token **weder geltend gemacht noch auf andere übertragen werden kann**.[492] Es geht primär also um die **Verkehrssicherheit**, die wiederum voraussetzt, dass die Rechtsunterworfenen dem **Rechtsschein** trauen können, der von Token ausgeht. Mit anderen Worten, wenn der Token das Eigentumsrecht an einer Uhr repräsentiert, dann muss es für den Eigentumsnachweis ausreichen, wenn der Tokenholder seine Verfügungsberechtigung am Token beweist (**Legitimationswirkung** nach Art. 8 Abs. 1 TVTG). Eine Leistung des Schuldners an den so Ausgewiesenen wirkt schuldbefreiend (**Befreiungswirkung** nach Art. 8 Abs. 2 TVTG).[493]

Je nach repräsentiertem Recht sind daher die Voraussetzungen zu analysieren, mit welchen dem Koordinationsbefehl in Art. 7 Abs. 2 TVTG Genüge getan werden kann. Aufs erste Hinsehen lässt Art. 7 TVTG keinen Spielraum für Situationen, bei denen der Gleichlauf zwischen analoger und digitaler Welt nicht erreicht wird. Entweder erfolgt der Gleichlauf von Gesetzes wegen nach Art. 7 Abs. 1 (bspw. bei Wertrechten auf Basis der neu eingeführten Bestimmungen in § 81a SchlT PGR), oder nach Art. 7 Abs. 2 TVTG durch **geeignete Massnahmen**. Welche Massnahmen hier genau zu treffen sind, schreibt das TVTG (richtigerweise) nicht vor. Damit wird eine möglichst breite Anwendbarkeit durch adäquate Massnahmen bei der Repräsentation von Rechten an Sachen ermöglicht. Der BuA 54/2019 nennt sodann **organisatorische, strukturelle und rechtliche Massnahmen**, die in Betracht kommen sollen zur Erreichung der Koordination. Als Beispiele werden angeführt die **Hinterlegung der Sache bei einer Verwahrstelle** oder die Übertragung des Eigentums auf einen Treuhänder. «*Diese Intermediäre sind dann durch Vertrag und/oder Gesetz verpflichtet, ausschliesslich jene Person als Besitzer, Eigentümer oder Gläubiger anzuerkennen, die nach den Regeln des VT-Systems Verfügungsberechtigte des entsprechenden Tokens sind.*»[494] Diesem Beispiel ist zu entnehmen, dass die Regierung auch bei der Repräsentation von Sachenrechten Art. 8 TVTG für anwendbar hält.

---

[492] Vgl. zu Wertpapieren MEIER-HAYOZ/CRONE, Wertpapierrecht³, S. 1; Für eine eher lose Verbindung WILD, Zivilrecht und Token-Ökonomie in Liechtenstein, S. 78 f.

[493] Das TVTG kann in diesem Zusammenhang auch als Weiterentwicklung des Wertpapierrechts gesehen werden, welches stets geprägt war von den gegebenen technischen Möglichkeiten. Das Wertpapierrecht steht nun ebenfalls vor der nächsten grossen Revolution durch die Entwicklungen rund um Blockchain / DLT. Die Tendenz im Wertpapierrecht, die Urkunden (das Papier) durch Digitalisierung bzw. Registrierung zu ersetzen, ist nicht neu; MEIER-HAYOZ/CRONE, Wertpapierrecht³, S. 1.

[494] BuA Nr. 54/2019, S. 171.

Nach Art. 7 Abs. 2 Bst. b haben die geeigneten Massnahmen auch sicherzustellen, dass «konkurrierende Verfügungen über das repräsentierte Recht ausgeschlossen sind». „Verfügungen" meint hier jene in der analogen Welt (Verfügungen über das repräsentierte Recht). Wird bspw. das Eigentumsrecht an einer Uhr in einem Token repräsentiert, wäre nach dem Wortlaut wohl auch sicherzustellen, dass der Besitzmittler den Besitz für den jeweils aktuellen Verfügungsberechtigen über den Token vermittelt (Tokenisierungsklausel). Ob der Gesetzgeber hier so weit gehen wollte, dass auch auszuschliessen ist, dass der Besitzmittler die Uhr nicht an einen Dritten verkauft, ist zu bezweifeln. In dieser Regelung könnte man aber den Willen der Regierung erblicken, der Verfügung über den Token (in der digitalen Welt) doch einen gewissen Vorrang über eine konkurrierende Verfügung in der analogen Welt zu geben.[495] Zusätzlich bekräftigt wird diese These durch die Tatsache, dass weder das TVTG noch die Materialien Ausführungen für den Fall enthalten, dass «ein Vermögenswert in der analogen Welt veräussert und übergeben»[496] wird, ohne dass eine entsprechende Transaktion in der digitalen Welt vorliegt. WILD schlägt hier eine analoge Anwendung von Art. 7 Abs. 2 TVTG vor.[497] Dabei soll den Veräusserer des Vermögenswertes in der analogen Welt die Pflicht treffen, eine entsprechende Übertragung der Verfügungsberechtigung am Token zu besorgen. Das TVTG sieht eine solche Situation nicht vor, vielmehr sollen **konkurrierende Verfügungen** über das repräsentierte Recht ausgeschlossen werden, damit es nicht zu solch einer Situation kommt. Richtigerweise schlussfolgert die Regierung auch im BuA 54/2019 für den Fall, dass eine entsprechende Sicherstellung der Koordination nicht mit vertretbarem Aufwand erfolgen kann, «*die Emission eines Token, der die entsprechenden analogen Vermögenswerte repräsentiert, eben wirtschaftlich unrentabel*» ist.[498] Die von WILD vorgeschlagene analoge Anwendung des Art. 7 Abs. 2 TVTG ist nicht notwendig, um zu sachgerechten Lösungen zu kommen. Dies wird im Detail im Folgenden aufzuzeigen sein.

Die Verfügung über Token wurde bereits an anderer Stelle eingängig behandelt, weshalb nun die Verfügung über das im Token repräsentierte Recht in den Fokus rücken soll.

---

[495] BuA Nr. 54/2019, S. 170 ff.
[496] WILD, Zivilrecht und Token-Ökonomie in Liechtenstein, S. 64 f.
[497] WILD, Zivilrecht und Token-Ökonomie in Liechtenstein, S. 65.
[498] BuA Nr. 54/2019, S. 172.

II Zur Eigentumsübertragung durch Besitzübertragungssurrogate

Die Regierung hat sich in den Gesetzesmaterialien dazu geäussert, wie das in Token repräsentierte Vollrecht Eigentum übertragen werden soll: Die Übertragung setzt dabei voraus:

- ein <u>Verpflichtungsgeschäft</u> (Titel) bezogen auf den Token; die
- <u>Verfügung über den Token</u> (Modus) nach den Regeln den VT-Systems[499] sowie
- die <u>Verfügung über die im Token repräsentierten Rechte</u> durch Besitzanweisung oder Hand-zu-Hand-Übergabe der Sache.[500]

Bei der Repräsentation von Rechten an Fahrnis hat man daher, neben den Erfordernissen des TVTG, zur Übertragung des Token auch die Übertragung des Fahrnisgegenstandes nach sachenrechtlichen Grundsätzen zu bewerkstelligen. Die recht unspezifisch formulierte Regelung des Art. 7 Abs. 2 ermöglicht der Praxis - je nach Anwendungsfall -, praktikable Lösungen zu suchen, damit dem Koordinationsbefehl und dem Gleichklang von digitaler und analoger Welt Nachachtung verschafft wird.[501] Bei Besitz- und Eigentumsübertragungen spielen, neben der in der Praxis wohl eher uninteressanten[502] Hand-zu-Hand[503] Übergabe der Fahrnisse, die Erwerbsarten ohne Besitz (Art. 187 SR) bspw. durch Besitzübertragungssurrogate wie die Besitzanweisung[504] nach Art. 503 SR eine zentrale Rolle.[505] Wichtig ist, dabei anzumerken, dass die **Besitzübertragungssurrogate** grds. **formlos möglich** sind. [506]

---

[499] Wird im BuA 54/2019 an genannter Stelle nicht explizit gefordert, ergibt sich aber direkt aus Art. 6 Abs. 2 TVTG.

[500] BuA Nr. 54/2019, S. 202.

[501] BuA Nr. 54/2019, S. 169.

[502] Denn dabei hätten VT-Systeme wohl nur noch Dokumentationszwecke zu erfüllen.

[503] Vgl. hierzu detailliert bei Wild das Uhrenbeispiel mit der faktischen Übergabe der Uhr; WILD, Zivilrecht und Token-Ökonomie in Liechtenstein, S. 65 f.

[504] So als Antwort auf die Vernehmlassung: *„Die Verfügung über einen Token (Titel und Modus) ersetzt jedoch nicht die Besitzanweisung oder Hand-zu-Hand Übergabe der Sache selbst, sofern der Token das Eigentumsrecht einer Sache repräsentiert."* BuA Nr. 54/2019, S. 198.

[505] OPILIO, Liechtensteinisches Sachenrecht, S. 437; BuA Nr. 54/2019, 198, 203; Vgl. auch A. FRICK, Zivilrechtliche Aspekte von Token im Zusammenhang mit dem liechtensteinischen Token- und VT-Dienstleister-Gesetz, S. 41.

[506] Vgl. zu der formlosen Besitzanweisung VON DER CRONE/KESSLER/ANGSTMANN, Token in der Blockchain – privatrechtliche Aspekte der Distributed Ledger Technologie, SJZ 2018/114, S. 345.

1 Die Besitzanweisung nach Art. 503 SR

Bereits die Marginale des Artikel «Ohne Übergabe» lässt erkennen, dass Art. 503 SR Möglichkeiten schafft, Besitz (als Voraussetzung zur Eigentumsübertragung) zu übertragen, ohne dass die Sache übergeben wird. Eine Besitzanweisung erfolgt daher immer im Zusammenhang mit einem anderen Rechtsgeschäft, bspw. dem Verkauf einer Sache.

Die Besitzanweisung setzt voraus:

- den mittelbaren Besitz des Veräusserers,
- den unmittelbaren Besitz eines Dritten (Besitzmittlers) aufgrund eines besonderen Rechtsverhältnisses und
- eine rechtsgeschäftliche Einigung zwischen Veräusserer und Erwerber, dass der Dritte in Zukunft für den Erwerber besitzt (Besitzanweisungsvertrag).[507]

Eine Besitzanweisung setzt bereits gestuften Besitz voraus; der Veräusserer muss die Sache vor der Besitzanweisung an den Besitzmittler (Dritten) übergeben. Aus Art. 503 Abs. 1 SR ergibt sich, dass der Besitzmittler selbst aufgrund «eines besonderen Rechtsverhältnisses» (**Besitzanweisungsvertrag**) im Besitz der Sache verbleiben muss. Als besonderes Rechtsverhältnis, auf dessen Grundlage dem Besitzmittler die tatsächliche Gewalt über die Sache belassen wird, kommt in Frage: eine dingliche Nutzniessung oder obligatorische Rechte wie Miete, Leihe, Werkvertrag, Auftrag oder Hinterlegung.[508] Der unselbstständige Besitzer behält seine Stellung, übertragen wird der **mittelbare Besitz des Veräusserers**.[509]

Die rechtsgeschäftliche Einigung zwischen dem Veräusserer und dem Erwerber stellt einen Vertrag (**Besitzanweisungsvertrag**)[510] dar, für den keine Schriftform vorgesehen ist und welcher der Stellvertretung offen steht. Es handelt sich aber insb. nicht um eine Zession des Herausgabeanspruches. Die Gültigkeit des Besitzüberganges soll dabei - jedenfalls **nach erfolgter Mitteilung** an den unselbstständigen Besitzer - nicht mehr von der Gültigkeit des Übertragungsgeschäftes abhängen. **Sofort** mit Abschluss des Besitzanweisungsvertrages **findet** auch der **Besitzübergang statt**. Art.

---

[507] J. SCHMID/HÜRLIMANN-KAUP, Sachenrecht[4] (2012), S. 37 f.

[508] J. SCHMID/HÜRLIMANN-KAUP, Sachenrecht[4], S. 37.

[509] STARK/LINDENMANN, Der Besitz, Art. 919-941 ZGB Schweizerisches Zivilgesetzbuch, in Hausheer/Zobl/Leemann/Gmür/Becker/Meier-Hayoz (Hrsg.), Berner Kommentar[2] (1996), S. 139.

[510] STARK/LINDENMANN in Hausheer/Zobl/Leemann/Gmür/Becker/Meier-Hayoz, S. 141.

503 SR sieht zwar vor, dass der Besitzübergang gegenüber dem Besitzmittler erst dann wirksam ist, wenn der Veräusserer dem Besitzmittler (unmittelbaren Besitzer) Anzeige[511] macht, erga omnes hingegen gilt der Besitzübergang aber bereits vor der Anzeige an den Besitzmittler. Eine Mitteilung an den unselbstständigen Besitzer (Besitzmittler) über die Übertragung des Besitzes ist also nicht Voraussetzung für die Übertragung des Besitzes.[512] Selbst wenn der Besitzmittler aufgrund eines Vertrages mit dem Veräusserer seinen Besitz ausübte und der Erwerber es ablehnt, dieses Rechtsverhältnis zu übernehmen oder weiterzuführen, erfolgt der Besitzübergang durch Abschluss des Besitzanweisungsvertrages.[513]

Diese Anerkennung der Besitzanweisung - **auch ohne Mitteilung an den Besitzmittler** - ergibt sich aus folgenden Überlegungen: Nach den Regeln des gestuften Besitzes ist der Erwerber Besitzer, sobald der Besitzmittler für ihn besitzt. Ist der Besitzmittler also einverstanden, für den Erwerber zu besitzen, so wird der Erwerber Besitzer mit dem Moment der Mitteilung an den Besitzmittler. Aber auch vor der Mitteilung an den Besitzmittler und sogar dann, wenn sich der Besitzmittler weigert, für den Erwerber zu besitzen, wird der Erwerber aufgrund des bestehenden doppelt gestuften Besitzes Besitzer. Die bestehende Spezialbestimmung über die Besitzanweisung ist nicht ausschlaggebend für den Besitzerwerb. Denn beim doppelt gestuften Besitz bleibt der Veräusserer mittelbarer Besitzer. Der Besitzmittler (Dritte) besitzt unmittelbar für den Veräusserer und dieser vermittelt dem Erwerber den Besitz. Diese Regelung versucht zu verhindern, dass die tatsächlichen Besitzverhältnisse mit der im Besitzanweisungsvertrag getroffenen Regelung (dass der Besitzmittler neu für den Erwerber besitzt) auseinanderfallen. Dies gilt zumindest, solange der Besitzmittler für den Veräusserer besitzt.[514]

Die Anzeige an den Besitzmittler ist eine **formlose, empfangsbedürftige Willenserklärung** des Veräusserers, welche sich an den Besitzmittler (den unmittelbaren Besitzer) der Sache richtet. Der **Erwerber** kann als **Stellvertreter des Veräusserers** auftreten, wozu er im Besitzanweisungsvertrag **bevollmächtigt** sein kann. Die Äusserung kann ausdrücklich oder auch **konkludent** erfolgen.[515] Der Veräusserer

---

[511] Oder Mitteilung.
[512] STARK/LINDENMANN in *Hausheer/Zobl/Leemann/Gmür/Becker/Meier-Hayoz*, S. 141 ff.
[513] STARK/LINDENMANN in *Hausheer/Zobl/Leemann/Gmür/Becker/Meier-Hayoz*, S. 143.
[514] STARK/LINDENMANN in *Hausheer/Zobl/Leemann/Gmür/Becker/Meier-Hayoz*, S. 145 f.
[515] STARK/LINDENMANN in *Hausheer/Zobl/Leemann/Gmür/Becker/Meier-Hayoz*, S. 146.

übt damit ein Recht aus, das ihm aufgrund seines Rechtsverhältnisses mit dem Besitzmittler zusteht. Bis zur Willensänderung des Besitzmittlers bleibt der Veräusserer Besitzer. Die Ausschaltung des Veräusserers als Zwischenbesitzer erfolgt nicht direkt durch den Besitzanweisungsvertrag, sondern erst durch die erklärte Willenserklärung des Veräusserers.

Empfangsbedürftig ist die Anzeige, weil sie die **rechtliche Situation des Besitzmittlers erheblich verändert**.[516] Die Äusserung eines Unberechtigten an den Besitzmittler über eine Besitzanweisung an sich selbst, ist rechtlich irrelevant. Glaubt der Besitzmittler dem Unberechtigten und gibt ihm die Sache heraus, so liegt Täuschung vor. Der Besitzmittler wird dem mittelbaren Besitzer aufgrund des Vertragsverhältnisses mit selbigem schadenersatzpflichtig, wenn er die Sache nicht mehr beibringen kann.[517]

Der **Erwerber** erhält **bereits vor der Anzeige** die **Rechtsstellung**, auf die er, gestützt auf den **Grundvertrag** zwischen ihm und dem Veräusserer, ein **Anrecht hat**. Sind dingliche Rechte Gegenstand des Grundvertrages, wird der Erwerber dinglich berechtigt und kann sein Recht im Konkurs des Veräusserers oder des Besitzmittlers durchsetzen. Selbst für den Fall, dass der **Grundvertrag ungültig** sein sollte, der **Besitzanweisungsvertrag aber gültig** ist, erhält der Erwerber trotzdem die Rechtstellung eines Besitzers.[518]

Verkauft und übergibt der Besitzmittler bei der Besitzanweisung die **anvertraute Sache an einen Dritten**, erwirbt[519] dieser, sofern er **gutgläubig** ist, die Sache zu **Eigentum** nach Art. 512 SR[520].[521]

---

[516] STARK/LINDENMANN in *Hausheer/Zobl/Leemann/Gmür/Becker/Meier-Hayoz*, S. 145.

[517] STARK/LINDENMANN in *Hausheer/Zobl/Leemann/Gmür/Becker/Meier-Hayoz*, S. 146.

[518] STARK/LINDENMANN in *Hausheer/Zobl/Leemann/Gmür/Becker/Meier-Hayoz*, S. 145 f.

[519] Dies im Unterschied zum gutgläubigen Erwerb, da dort «wirkliche Inhabung» des Veräusserers verlangt wird nach § 367 öABGB; Für die Besitzanweisung trifft dies nicht zu, nur für die körperliche Übergabe und die traditio brevi manu. Hat ein Dritter die veräusserte Sache in Gewahrsam, so wird das Eigentum erworben durch die wirkliche «Ausfolgung» der Sache an den Erwerber; LEUPOLD, Gutgläubiger Erwerb, in *Kerschner/Fenyves/Klang* (Hrsg.), ABGB, §§ 353 bis 379³ (2011), 620, Rz. 51.

[520] Vgl. Art. 933 ZGB der Rezeptionsgrundlage; Schweizerisches Zivilgesetzbuch (ZGB), BBl (1907).

[521] M.w.N. STARK/LINDENMANN in *Hausheer/Zobl/Leemann/Gmür/Becker/Meier-Hayoz*, S. 150.

Zu beachten ist der Sonderfall bei Geld und Inhaberpapieren nach Art. 514 SR[522], nach dem Geld und Inhaberpapiere, auch wenn sie dem Besitzer gegen seinen Willen abhandengekommen sind, dem gutgläubigen Empfänger nicht abgefordert werden können.

1.1 Zur Besitzanweisung bei in Token repräsentierten Rechten

Im Folgenden sind nun die Bestimmungen zur Besitzanweisung auf in Token repräsentierte Rechte anzuwenden. Im **Besitzanweisungsvertrag** verpflichtet sich der unmittelbare Besitzer, die Sache nur an den Verfügungsberechtigten über den Token (Legitimationsfunktion) herauszugeben (Tokenisierungsklausel).[523] Hierbei wird konkludent auf die Mitteilungspflicht verzichtet und durch die Legitimationsfunktion des Token ersetzt. Die dabei durch das VT-System ausgewiesene **Rechtszuständigkeit** bietet einen **hohen Grad an Verlässlichkeit** (Verkehrssicherheit).[524] Die gesetzliche Regelung der Legitimationsfunktion von (extrinsischen) Token und die hohe Verlässlichkeit rechtfertigen es daher, bei der Besitzanweisung - anstelle der Mitteilungspflichten an den unmittelbar besitzenden Dritten - die Legitimationsfunktion des Token durch eine (Tokenisierungs-)Klausel im Besitzanweisungsvertrag zu stellen.[525]

Auch der liechtensteinische OGH lässt Inhaberaktien wirksam durch Besitzanweisung übertragen, wobei der Besitzanweisungsvertrag auch durch **schlüssige Erklärungen und Handlungen** (konkludent) zustande kommen kann:

«Eine Besitzübertragung auch an Inhaberaktien kann auch durch eine sogenannte Besitzanweisung erfolgen. Diese Besitzanweisung stellt einen Vertrag zwischen dem Veräusserer und dem Erwerber dar, an dem der sogenannte Besitzmittler (Verwahrer) nicht beteiligt ist. Der Besitzanweisungsvertrag kann auch durch schlüssige Erklärungen und

---

[522] Vgl. die Rezeptionsgrundlage Art. 935 ZGB.

[523] Vgl. in Anlehnung an die Rechtsnatur des Warenpapiers ZOBL, Das Fahrnispfand, Art. 888-906 ZGB, mit kurzem Überblick über das Versatzpfand (Art. 907-915 ZGB), in *Hausheer/Zobl/Leemann/Gmür/Becker/Meier-Hayoz* (Hrsg.), Berner Kommentar[2] (1996), S. 353.

[524] BuA Nr. 54/2019, S. 207.

[525] Vgl. auch den Buchvermerk als alternativen Modus bei Buchforderungen; THÖNI in *Fenyves/Kerschner/Vonkilch*[3], § 1392, S. 152 f.

Handlungen zustande kommen. Er fällt in der Praxis häufig mit der rechtsgeschäftlichen Erklärung über den Eigentumsübergang an der Sache (Inhaberaktie) zusammen.»[526]

So kann der **Besitzanweisungsvertrag bei der Repräsentation von Rechten an Sachen** auch einfach dadurch geschlossen werden, dass dem Besitzmittler die Sache in die Hand gegeben wird mit der Anweisung: Herausgabe nur an den Inhaber der Verfügungsgewalt über den Token mit der tokenID «123BEISPIEL» (**Tokenisierungsklausel**). Die Parteien können sich auch konkludent darauf einigen, auf die Anzeige (Mitteilung) zu verzichten. Der Besitzmittler ist denn auch nicht schlechter gestellt: Die Legitimationsfunktion nach Art. 8 TVTG kann die Anzeige an den Besitzmittler nach Art. 503 Abs. 2 SR bei der Besitzanweisung auch funktional ersetzen. Dieses Ergebnis ist sachgerecht, da der Besitzmittler leicht und mit hoher Sicherheit prüfen kann, an wen der Veräusserer die Rechtsstellung als Besitzer übertragen wollte (und damit bspw. das Eigentumsrecht an der Sache übertragen wurde). Der Besitzmittler läuft daher bei Herausgabe an den Erwerber auch nicht Gefahr, sich schadenersatzpflichtig zu machen, weil er einer Täuschung eines Unberechtigten unterlegen ist. Er hält sich an den Besitzanweisungsvertrag und gibt nur an den Tokenholder heraus. Der konkludent geschlossene Besitzanweisungsvertrag ist so auszulegen, dass der Besitzmittler jeweils für denjenigen unmittelbaren Besitz vermittelt, der Verfügungsgewalt über den Token innehat (Legitimations- und Befreiungswirkung). Auch für den Fall, dass eine solche Vereinbarung nicht möglich sein sollte, kommt man mit der Besitzanweisung zum selben Ergebnis. Dann bevollmächtigt der Veräusserer – konkludent – jeweils den Erwerber, die Äusserung an den Besitzmittler zu machen. Da die Willenserklärung empfangsbedürftig ist, könnte in der Praxis eine entsprechende Funktion in einer App oder eine andere automatisierte Benachrichtigung - ausgelöst durch Transaktionen auf dem VT-System - erfolgen.

Nur für den Fall, dass der **Besitzmittler** den Besitz **nicht mehr zu vermitteln bereit ist** und die Sache verkauft und übergibt an einen Gutgläubigen, **fällt die Zuordnung** auf dem VT-System mit der Zuordnung nach SR-Grundsätzen in der analogen Welt **auseinander**. Dies ist aber auch bei der klassischen Besitzanweisung so und im Ergebnis wohl nicht besser zu lösen, sofern es kein universelles Register über sämtliche Rechte und deren eindeutige Zuordnung gibt.[527]

---

[526] Vgl. Leitsatz 1e aus OGH 19. 7. 2005, 9 CG.2000.137.

[527] Das wie ausgeführt derzeit keine adäquate Lösung darstellt.

Gerade bei der Repräsentation von Rechten an Sachen lohnt sich, die **Publizitätswirkung** einer an der Sache angebrachten **Tokenisierungsklausel** zu prüfen: «Rechteübertragung nur mittels Token, Leistung nur an den Verfügungsberechtigten am Token».[528] Zudem könnte bspw. ein QR-Code, der zu einer Webseite oder App führt, an der Sache angebracht werden. Damit könnten die Daten aus dem VT-System einfach dargestellt werden. Meines Erachtens müsste ein entsprechend angebrachtes Zeichen ausreichen, den guten Glauben auszuschliessen. Diesfalls würde der Erwerber vom Nichtberechtigten auch nicht mehr Eigentümer werden und man würde dem Koordinationsbefehl noch besser entsprechen. Durch eine entsprechende Anbringung wird der gutgläubige Erwerb vom Nicht-Tokenholder ausgeschlossen. Der Dritte hätte prüfen können, ob eine Tokenisierung vorliegt. Geschützt wird nur noch der gutgläubige Erwerber des Token nach Art. 9 TVTG. Sonst würde die bona fides Regelung des TVTG als lex specialis zum SR auch regelmässig ins Leere greifen.

2   Zum Besitzkonstitut nach Art. 503 SR

Neben der Besitzanweisung kommt als Möglichkeit zur Besitzübertragung ohne Übergabe auch das **Besitzkonstitut** (constitutum possessorium, Besitzauftragung) in Frage. Dabei geht der Besitz durch blosse Willenseinigung über, wenn der bisherige, meist unmittelbare Besitzer den selbstständigen Besitz an einen Dritten (den Erwerber) überträgt, gleichzeitig die Sache aber aufgrund eines besonderen Rechtsverhältnisses (bspw. Verwahrung, Miete, Gebrauchsleihe, Nutzniessung)[529] als unselbstständiger Besitzer behält. Das besondere Rechtsverhältnis muss nicht ausdrücklich vereinbart werden, dieses kann sich auch aus den Umständen ergeben (die Ausscheidung von Gattungssachen ist aber immer notwendig).[530] Fehlt das besondere Rechtsverhältnis, erlangt der Erwerber nicht mittelbaren Besitz und damit auch nicht das Eigentum.[531] Das besondere Rechtsverhältnis darf sich dabei nicht einfach aus der Abwicklung des Hauptgeschäftes ergeben. Es muss allerdings nicht vom Hauptgeschäft rechtlich unabhängig sein, so kann bspw. die Depotgebühr überhaupt oder für eine bestimmte Zeit durch den Kaufpreis abgegolten sein, oder die Verwahrung zur Bedingung des Kaufes gemacht werden.[532]

---

[528] Vgl. die Ausführungen zur Tokenisierungsklausel im 3. Teil, § 4, A, III.
[529] STARK/LINDENMANN in *Hausheer/Zobl/Leemann/Gmür/Becker/Meier-Hayoz*, 153-156.
[530] STARK/LINDENMANN in *Hausheer/Zobl/Leemann/Gmür/Becker/Meier-Hayoz*, S. 156.
[531] STARK/LINDENMANN in *Hausheer/Zobl/Leemann/Gmür/Becker/Meier-Hayoz*, S. 155.
[532] STARK/LINDENMANN in *Hausheer/Zobl/Leemann/Gmür/Becker/Meier-Hayoz*, S. 156.

Durch das Besitzkonstitut wird es möglich, auf ein sonst notwendiges Hin- und Hergeben beweglicher Sachen bei Zusammentreffen gewisser Rechtsgeschäfte zu verzichten. Trifft bspw. ein Veräusserungsgeschäft (Kauf) mit einem anderweitigen Rechtsgeschäft der Parteien (Miete) über die gleiche Sache zusammen, wird die sonst zweimalige Gewahrsamsübertragung durch eine Vereinbarung ersetzt, wonach der bisherige Eigentümer die Sache ohne weiteres als Vertreter des neuen Eigentümers in seinem Gewahrsam behält. Häufige Anwendungsfälle von Besitzkonstituten sind der Verkauf einer Sache, bei der die Sache vom Verkäufer neu gemietet werden soll, oder die Bank, die ihrem Kunden Wertpapiere verkauft und im Depot behält.[533]

Voraussetzung[534] dabei ist, dass der Besitz im Wege des Konstitutes nur übertragen werden kann, wenn der Übertragende (Verkäufer) selbst (unmittelbarer, selbständiger) Besitzer ist.[535] Ein Mitbesitzer kann seinen Mitbesitz und damit gegebenenfalls das Miteigentum durch Konstitut übertragen.[536] Sicherungsübereignungen mittels Besitzkonstitut sind aber nicht zugelassen, da ein Verstoss gegen Art. 187 SR (Art. 717 ZGB) durch Umgehung des **Faustpfandprinzips** vorliegen würde.

Auch beim Besitzkonstitut wird der Besitz im Moment der Einigung über den Besitzvertrag auf den Erwerber übertragen. Relevant ist diese Frage beim Erwerb vom Nichtberechtigten gestützt auf Art. 512 SR[537], wenn der Erwerber nachher von der fehlenden Befugnis des Verkäufers Kenntnis erlangt. Im Zeitpunkt des Besitzvertrages war er noch gutgläubig und wurde Eigentümer und das spätere Abhandenkommen des guten Glaubens schadet nicht. Dies gilt sogar für den Fall, dass er bösgläubig wird, bevor das besondere Rechtsgeschäft (bspw. der Mietvertrag) abläuft. Das Eigentum geht auch hier über.

2.1   Zum Besitzkonstitut bei in Token repräsentierten Rechten

Das Besitzkonstitut kommt als Übertragung ohne Übergabe dort in Frage, wo der Eigentümer das Eigentumsrecht übertragen, die Sache aber gleichzeitig vom neuen Eigentümer bspw. mieten möchte. Möchte der Erwerber die Sache erneut übertragen, so kommt eine Besitzanweisung in Frage. In der Praxis wird das Besitzkonstitut daher

---

[533] STARK/LINDENMANN in *Hausheer/Zobl/Leemann/Gmür/Becker/Meier-Hayoz*, S. 151.
[534] Mit Ausnahme des antizipierenden Konstitutes, bei dem beim Abschluss der Verträge die Sache noch nicht erworben oder beim Werklieferungsvertrag noch nicht fertig gestellt ist; Vgl. STARK/LINDENMANN in *Hausheer/Zobl/Leemann/Gmür/Becker/Meier-Hayoz*, S. 151 vgl Rz. 46.
[535] STARK/LINDENMANN in *Hausheer/Zobl/Leemann/Gmür/Becker/Meier-Hayoz*, S. 152.
[536] STARK/LINDENMANN in *Hausheer/Zobl/Leemann/Gmür/Becker/Meier-Hayoz*, S. 153.
[537] Rezeptionsgrundlage von Art. 512 SR ist der Art. 933 ZGB.

wohl von wenig Relevanz sein. Durch die Repräsentation von Rechten in Token wird meist die leichtere Übertragbarkeit und Handelbarkeit bezweckt, die hier schliesslich nicht gegeben ist.

III Zum Problemfall von konkurrierenden Verfügungen bei der Repräsentation von Rechten an Sachen

Hier ist nochmal festzuhalten[538], dass die Legitimationsfunktion allen (extrinsischen) Token zukommt, nicht nur jenen Token, die Wertrechte i.S.d. PGR sind.[539] Auch die Befreiungswirkung aus Art. 8 TVTG ist auf alle extrinsischen Token anzuwenden – insb. auch auf Token, die Rechte an Sachen repräsentieren, sofern entsprechende Massnahmen, wie insb. die Vereinbarung der Tokenisierungsklausel, getroffen wurden.[540] Es ist somit durch geeignete Massnahmen sicherzustellen, dass, wenn ein Recht in einem Token repräsentiert ist, der Schuldner nur noch an den Verfügungsberechtigten des Token schuldbefreiend leisten kann.[541]

Um die Besitzregeln besser zu verstehen, soll in der Folge dargestellt werden, welche Zwecke sie erfüllen. Dingliche Rechte, wie bspw. das Eigentumsrecht an einer Sache, gelten gegenüber jedermann (erga omnes), sie haben absoluten Charakter. Da jeder die Rechte respektieren muss, sollten sie auch von jedermann zu erkennen sein. Daher wird ein bestimmtes Mass an Publizität der an den Sachen bestehenden Rechte gefordert – auch unter dem **Publizitätsprinzip** bekannt.

---

[538] Vgl. 3. Teil, § 4, A, III.

[539] In der Vernehmlassung wurde kritisiert, warum die Legitimations- und Erfüllungswirkung nur auf Forderungs- und Mitgliedschaftsrechte anwendbar sein soll und nicht auf Eigentumsrechte an Sachen. Deren Verkehr sei genauso schützenswert. Im Bericht und Antrag 54/2019 teilt die Regierung die *"Bedenken der Stellungnahme und dehnt die Legitimations- und Liberationswirkung auf alle Token und nicht nur auf Token, die ein Forderungs- oder Mitgliedschaftsrecht repräsentieren, aus."* BuA Nr. 54/2019, S. 208.

[540] Vgl. hierzu auch die allgemeinen Ausführungen zur Repräsentation von Rechten und insb. BuA Nr. 54/2019, S. 208.

[541] *"Mit dem Verpflichteten ist jeder Schuldner gemeint, der gegenüber den Verfügungsberechtigten des Tokens schuldbefreiend leisten kann (Liberationswirkung gegenüber der aus dem im Token repräsentierten Recht verpflichteten Person, nicht der durch die Verfügung über den Token Verpflichtete)"* BuA Nr. 54/2019, S. 208.

Für **bewegliche Sachen** (Fahrnis) sieht das Sachenrecht als Publizitätsmittel vor allem den **Besitz** vor, daneben aber auch bestimmte Register (Eigentumsvorbehaltsregister[542], Register über die Viehverschreibung, Schiffsregister[543] oder das Luftfahrzeugbuch[544]). Für unbewegliche Sachen ist vor allem das Grundbuch Publizitätsmittel.[545] An die **Publizitätsmittel** ist dann wiederum die **Legitimationswirkung** geknüpft. Der äussere Schein, wie bspw. der Besitz bei beweglichen Sachen, begründet eine Vermutung für das Bestehen des zugrunde liegenden Rechts. Die Legitimationswirkung äussert sich dabei in doppelter Weise. Einerseits kann die durch das Publizitätsmittel ausgewiesene Person in einem Streitfall die widerlegbare Vermutung für sich beanspruchen, Inhaberin des betreffenden dinglichen Rechts zu sein (Art. 509 SR). Andererseits wird ein **Dritter**, der sich in **gutem Glauben** auf den durch bspw. Besitz geweckten **Rechtsschein verlassen** und im Vertrauen darauf dingliche Rechte an der Sache erworben hat, u.U. durch die Rechtsordnung in seinem **Erwerb geschützt** (Art. 512 bis 514).[546] Bei **anvertrauten Sachen**, die vom **Besitzmittler** unberechtigt an einen gutgläubigen Dritten veräussert und übergeben werden, wird der Grundsatz «*nemo plus iuris transferre potest quam ipse habet*»[547] durchbrochen. Der Dritte wird Eigentümer, obwohl der Übertragende nicht über das Eigentumsrecht verfügen konnte.[548]

Der liechtensteinische Gesetzgeber misst mit der Schaffung des TVTG in Art. 8 Abs. 1 TVTG dem Token explizit **Legitimationswirkung** zu: «*Der durch das VT-System ausgewiesene Verfügungsberechtigte gilt gegenüber dem Verpflichteten als rechtmässiger Inhaber des im Token repräsentierten Rechts.*». In Art. 9 sieht das TVTG den Schutz des Erwerbs kraft guten Glaubens vor: «*Wer Token in gutem Glauben und entgeltlich zum Zwecke des Erwerbs der Verfügungsberechtigung oder eines beschränkten dinglichen Rechts übertragen erhält, ist in seinem Erwerb zu schützen, auch wenn der Übertragende zur Verfügung über den Token nicht berechtigt war, es sei denn, der Übernehmende hatte vom Fehlen der Verfügungsberechtigung Kenntnis oder hätte bei gehöriger Sorgfalt Kenntnis haben müssen.*» Auch hier wird also der Grundsatz «*nemo*

---

[542] In Liechtenstein wurde das Eigentumsvorbehaltsregister aufgrund Bedeutungslosigkeit aufgehoben, insb. da entsprechende Vorbehalte auch ohne Register gültig vereinbart werden können; REGIERUNG DES FÜRSTENTUMS LIECHTENSTEIN, BuA Nr. 141/2007, S. 41 f.

[543] Besteht in Liechtenstein nicht.

[544] In Liechtenstein ist das schweizer Bundesgesetz über das Luftfahrzeugbuch anwendbar.

[545] J. SCHMID/HÜRLIMANN-KAUP, Sachenrecht⁴, S. 15 f.

[546] J. SCHMID/HÜRLIMANN-KAUP, Sachenrecht⁴, S. 16.

[547] Lateinisch für «Niemand kann mehr Rechte übertragen, als er selber hat».

[548] Vgl. J. SCHMID/HÜRLIMANN-KAUP, Sachenrecht⁴, S. 16.

transferre potest quam ipse habet» aufgrund des Rechtsscheins, dem die Verfügungsberechtigung über Token zuzurechnen ist, durchbrochen.

Sodann wird dem Token durch Art. 8 Abs. 2 TVTG **Befreiungswirkung** zugesprochen, da der Verpflichtete *«durch Leistung an den durch das VT-System ausgewiesenen Verfügungsberechtigten befreit [wird], es sei denn, er wusste oder hätte bei gehöriger Sorgfalt wissen müssen, dass dieser nicht rechtmässiger Inhaber dieses Rechts ist.»*

An dieser Stelle ist zudem festzuhalten, dass die Regierung aufgrund der Stellungnahmen in der Vernehmlassung im Bericht und Antrag 54/2019 den Art. 7 Abs. 2 TVTG neu formuliert und klargestellt hat, dass bei der Repräsentation des Eigentumsrechts an einer Sache es dem Verfügungsberechtigten über den Token erlaubt ist, die Herausgabe der Sache zu fordern. *«Die Übertragungsordnung gemäss TVTG geht als lex specialis den sachenrechtlichen Normen vor und gelangt das Sachenrecht funktional-adäquat zur Anwendung.»*[549]

Was bedeutet das also für den Fall von konkurrierenden Legitimationsbehauptungen, wie bspw. im folgenden Fall: Der Verfügungsberechtigte über den Token kann seine Verfügungsberechtigungen nachweisen, und gleichzeitig hat ein Besitzer gutgläubig die Sache, deren Eigentumsrecht im Token repräsentiert wurde, vom Besitzmittler, dem die Sache zur Verwahrung anvertraut wurde, käuflich erworben und übergeben erhalten: Hier stehen sich Token und Besitz gegenüber.

Wurden ausreichende Vorkehrungen (geeignete Massnahmen nach Koordinationsbefehl) getroffen, ist auf der Sache ein Vermerk (Tokenisierungsklausel) angebracht worden, muss dies den gutgläubigen Erwerb an der Sache ausschliessen. In diesem Fall würde der Verfügungsberechtigte über den Token durchdringen, wie auch vom Gesetz vorgesehen. Erfolgte aber kein entsprechender Vermerk, wird der Dritte gutgläubig Eigentum erwerben. In diesem Fall wird der Besitzer geschützt und nicht der Verfügungsberechtigte über den Token. Der Letztere kann sich nach Art. 7 Abs. 2 TVTG an die durch die Verfügung über den Token verpflichtete Person wenden und schadlos halten. Denn dieser hat rechtswidrig keine geeigneten Massnahmen getroffen.[550]

---

[549] BuA Nr. 54/2019, S. 202.

[550] Vgl. hierzu auch schon RASCHAUER/SILBERNAGL, Grundsatzfragen des liechtensteinischen „Blockchain-Gesetzes" – TVTG, ZFR 2020/3, S. 13.

IV   Zum Sonderfall des physischen Validators

Wie aufgezeigt stellt der Gleichlauf zwischen der analogen und der digitalen Welt bei der Repräsentation von Sachrechten durch den Koordinationsbefehl in Art. 7 Abs. 2 TVTG eine möglichst flexible Lösung dar. Kommt die «durch die Verfügung über den Token verpflichtete Person» ihren Pflichten zur Sicherstellung des Gleichlaufes nicht nach, wird sie – nur - schadenersatzpflichtig. In Art. 47 TVTG sind keine Strafen vorgesehen. Dies führt, wie soeben ausgeführt dazu, dass es Fälle geben wird, bei denen Rechte an Sachen in Token repräsentiert werden und die Token einen Rechtsschein darstellen wie der Besitz an der Sache selbst. Beispielsweise wird das Eigentumsrecht an einer Uhr in einem Token repräsentiert, der Token übertragen, die Uhr hingegen wird an einen gutgläubigen Dritten ohne Kenntnis der Tokenisierung verkauft und übergeben. Der Dritte wird in diesem Fall in seinem Eigentum geschützt, der Tokenholder hat Ansprüche gegen die aus dem Token verpflichtete Person. Verpflichte Person ist diejenige Person, die durch die Verfügung über den Token verpflichtet wurde, somit in den meisten Fällen nicht der Token-Erzeuger[551] oder der Token-Emittent[552], sondern derjenige, der über den Token verfügt. Diese Regelung erscheint adäquat, da es einzig dem durch die Verfügung über den Token Verpflichteten möglich ist, als Verfügungsberechtigter sowohl über den Token und das darin repräsentierte Recht zu verfügen bzw. seine Rechtsstellung vorgängig zu prüfen.[553] Das mag für viele Anwendungsfälle mit überschaubarem Schadenspotential (geringe Werte der repräsentierten Sache) eine adäquate Lösung darstellen.

Bei grösseren Werten hingegen ist für Gewährleistung des Kundenschutzes eine eigene Rolle geschaffen worden. Sind für ein öffentliches Angebot für Token, die Rechte an Sachen repräsentieren, Basisinformationen (Art. 33 Abs. 1 lit. f TVTG) zu veröffentlichen, so sind darin u.a. folgende Angaben zu machen:

- ein Nachweis eines registrierten physischen Validators über das Eigentum an der Sache; und
- eine Bestätigung des registrierten physischen Validators, dass die in den Token repräsentierten Rechte an Sachen nach Massgabe der Basisinformationen durchsetzbar sind.

---

[551] Token-Erzeuger gemäss Art. 2 Abs. 1 lit. l TVTG.
[552] Token-Emittent gemäss Art. 2 Abs. 1 lit. k TVTG; Ausser bei der Eigenemission eines Token-Emittenten, dort ist er auch verpflichtete Person.
[553] BuA Nr. 54/2019, S. 202.

Beim öffentlichen Angebot von Token durch Personen mit Sitz im Inland im Wert von über CHF Mio. 5 (Art. 30 i.V.m. Art. 31 Abs. 1 lit. c TVTG) und sofern keine Ausnahmen nach Art. 31 leg. cit. anzuwenden sind, sind Basisinformationen zu erstellen und bei der Repräsentation von Rechten an Sachen somit auch zwingend ein registrierter physischer Validator zu bestimmen. Das TVTG definiert in Art. 2 Abs. 1 lit. p den physischen Validator als eine Person, welche die vertragsgemässe Durchsetzung von in Token repräsentierten Rechten an Sachen im Sinne des Sachenrechtes auf VT-Systemen gewährleistet.[554] Der physische Validator soll dabei die Verbindung zwischen der physischen Sache und dem Token dadurch herstellen, dass er die Sache in **Verwahrung** nimmt, oder die Rechte **sonst vertragsgemäss durchgesetzt werden können** bei sonstiger **Haftung des physischen Validators**. Die Haftungsbestimmung ist dabei bei den besonderen internen Kontrollmechanismen in Art. 17 Abs. 1 lit. e verortet. Zur Haftung der durch den Token verpflichteten Person tritt also der physische Validator mit seinem gesamten Vermögen hinzu. Um für ausreichend Haftungssubstrat zu sorgen, sieht Art. 16 Abs. 1 lit. e Ziff. 1 und 2 TVTG ein Mindestkapital von 125'000.— Schweizer Franken bei einem Sachwert von weniger als zehn Millionen Schweizer Franken, und 250'000.— Schweizer Franken für repräsentierte Sachwerte von über zehn Millionen Schweizer Franken vor.

Verfügt ein Verfügungsberechtigter über einen Token, der das Eigentumsrecht an einer Sache repräsentiert, die durch den physischen Validator verwahrt wird, tut Letzterer gut daran, den Token nach Herausgabe der Sache aus dem Verkehr ziehen zu lassen (bspw. durch Ausübung einer «burn»-Funktion).

V   Zur Bestellung von Pfandrechten an beweglichen Sachen nach Art. 365 SR unter Berücksichtigung des Faustpfandprinzips

Das **Faustpfand** nach Art. 365 SR ist das Pfand an einer beweglichen Sache (Fahrnis), welches durch die Übergabe der Pfandsache zur Besicherung einer Forderung erworben wird. Statt der Übergabe an den Gläubiger ist auch eine **Besitzanweisung** nach Art. 503 SR möglich. Dem Schuldner darf die Pfandsache nicht wieder ausgehändigt oder zum Gebrauch überlassen werden.[555] Dem **Publizitätsprinzip** entsprechend,

---

[554] Werden also Rechte an Sachen über fünf Millionen Schweizer Franken in Token repräsentiert, die aber nicht öffentlich zum Kauf angeboten werden, so ist ein physischer Validator nicht verpflichtend zu beauftragen.

[555] Rz. 7 OPILIO, Liechtensteinisches Sachenrecht, S. 932.

muss der Besitz an der Sache durch die körperliche Übergabe sichtbar gemacht werden.[556] Ist eine körperliche Übergabe nicht möglich, kann eine Übergabe durch Zeichen erfolgen, soweit Dritte dadurch von der Verpfändung erfahren können. In Frage kommen Zeichen, die ersichtlich machen, dass die Sache nicht mehr in der vollen Verfügungsgewalt des Pfandgebers ist (Tokenisierungsklausel). Die Verpfändung muss also leicht und sicher abgeleitet werden können. Je nach Pfandsache kommen z.B. sichtbare und dauerhafte Pfandzettel, das Verständigen des Drittschuldners, Buchvermerke, Sperrung durch ein Losungswort oder Bestellung eines Verwalters in Betracht.[557]

Die Publizität ist dabei aber nicht Selbstzweck, sondern das Ergebnis einer Interessensabwägung, und das Faustpfandprinzip verfolgt somit einen Schutzzweck. Geschützt werden Drittgläubiger, die aufgrund des Besitzes nicht nur auf das Eigentum des Besitzers schliessen, sondern auch auf dessen Kreditwürdigkeit. Der Besitz dokumentiert gegenüber der Allgemeinheit unbelastetes Eigentum und der Drittgläubiger soll keinen falschen Eindruck über die Vermögensverhältnisse erhalten. Darüber hinaus verfolgt das Faustpfandprinzip das Ziel, dass ein Dritter die Sache vom Pfandgeber unter Verschweigung eines bereits bestehenden Pfandrechts wiederum zu Pfand oder Eigentum erhält. Damit wird die Tauglichkeit des Faustpfandes als Mittel zur Kreditsicherung und damit die «Verlässlichkeit im Rechtsverkehr» erhöht.[558]

---

[556] Vgl. zum Publizitätsprinzip auch RASCHAUER/SILBERNAGL, Grundsatzfragen des liechtensteinischen „Blockchain-Gesetzes" – TVTG, ZFR 2020/3, S. 13.
[557] Rz. 8 sowie Fn. 7 OPILIO, Liechtensteinisches Sachenrecht, S. 934.
[558] Rz. 8 f. BAUER in *Honsell/Vogt/Geiser*, Basler Kommentar[5] (2015), Art. 884, S. 2127 f.

Die Legaldefinition von Token nach dem TVTG

1   Zur Veranschaulichung der Repräsentation von Rechten an Sachen anhand von Beispielfällen

1.1   Beispielfall 1 – Repräsentation von Eigentumsrechten an einer Uhr

Nun soll die Repräsentation von Rechten an Sachen in zwei Beispielfällen durchgespielt werden:

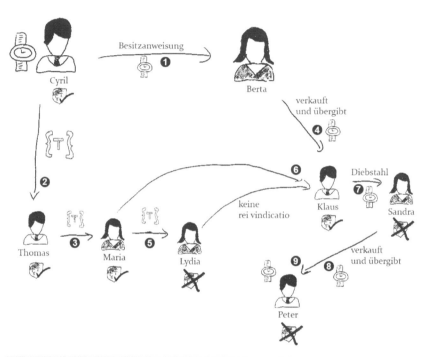

Abbildung 3 Repräsentation von Eigentumsrechten an einer Uhr

Zur Übertragung eines Token, der das Eigentumsrecht an einer Sache (bspw. einer Uhr) repräsentiert, braucht es einen Titel über die zwei Modi. Am Beispiel einer Uhr lässt sich das gut darstellen, die Zahlen in Klammern referenzieren auf die Nr. in Abbildung 3:

Cyrill ist Eigentümer einer Uhr. Der Hersteller[559] der Uhr hat mit der Uhr ein blockchain-basiertes Zertifikat über die Uhr ausgestellt und ihm einen Token auf seinen VT-Identifikator übertragen. Das blockchain-basierte Zertifikat des Uhrenherstellers enthält die (eindeutige) Seriennummer der Uhr, die GTIN[560] (Global Trade Item Number oder früher auch die EAN[561]) des Uhrenmodells, Informationen über die verwendeten Materialen (bspw. 18 karat Gold), den unverbindlichen Verkaufspreis, eine Beschreibung der Uhr und weitere Informationen (wie Kaufdatum).[562] Zudem werden auf der Blockchain insb. durchgeführte Wartungen und Reparaturen protokolliert.[563] Dieses Zertifikat ist öffentlich über eine eindeutige Webseite abrufbar, die in der URL den Zertifikatsbezeichner enthält. Bei der Erstellung (minting) des NFT Token wird die variable string_uri[564] mit der URL zur Zertifikatswebseite gefüllt. Damit ist die individuelle Uhr eindeutig mit einem nicht fungiblen extrinsischen Token[565] nach dem ERC-721-Standard verbunden (tokenisiert), der wiederum einem VT-Identifikator zugeordnet ist und leicht übertragen werden kann. Variante: Auf die Uhr wird die Tokenisierungsklausel sichtbar eingraviert.

(1) Cyrill geht zu Berta und übergibt ihr die Uhr mit dem Hinweis, dass die Eigentumsrechte an der Uhr in dem Token mit der tokenID «123Beispiel» (nachfolgend

---

[559] Gemäss dem Uhrenhersteller Breitling bieten sie als erster grosser Luxusuhrenhersteller eine blockchain-basierte, digitale Identität für ihre Produkte an; Dabei dient die Lösung auch als digitaler Eigentumsnachweis und soll Fälschungen leichter erkennbar machen. Als einer der wesentlichen Vorteile für die Eigentümer der Produkte sieht der Uhrenhersteller den sicheren und leichten Legitimationsnachweis der Uhreneigentümer; BREITLING, Pressemitteilung Breitling, https://www.breitling.com/de-de/press-lounge/press-release/33479 (16.02.2021).

[560] WIKIPEDIA, Global Trade Item Number (GTIN), https://de.wikipedia.org/w/index.php?title=Global_Trade_Item_Number&oldid=208838895 (18.02.2021).

[561] WIKIPEDIA, European Article Number, https://de.wikipedia.org/w/index.php?title=European_Article_Number&oldid=208255311 (18.02.2021).

[562] Das Zertifikat kann noch viele weitere Elemente enthalten; Vgl. ARIANEE PROJECT, Arianee Certificate Schema, https://docs.arianee.org/docs/ArianeeProductCertificate-i18n (16.02.2021).

[563] ARIANEE PROJECT, Arianee Event Schema, https://docs.arianee.org/docs/ArianeeEvent-i18n (20.02.2021).

[564] POA SOKOL EXPLORER, ArianeeSmartAsset (0x512C1FCF401133680f373a386F3f752b98070BC5), https://blockscout.com/poa/sokol/address/0x512C1FCF401133680f373a386F3f752b98070BC5/contracts (20.02.2021).

[565] Breitling verwendet bspw. das Arianee Protokoll und sog. ArianeeSmartAssets; Der Token Smart Contract stellt neben der zur eindeutigen Identifizierbarkeit benötigten tokenID auch die Verbindung zum Blockchain-Zertifikat des Herstellers her, der wiederum auf die Seriennummer referenziert. Vgl. den Smart Contract des ArianeeSmartAsset: POA SOKOL EXPLORER, ArianeeSmartAsset (0x512C1FCF401133680f373a386F3f752b98070BC5).

auch «Uhr-Token») repräsentiert sind und installiert auf Berta's Handy die Uhrenhersteller-App und fügt den Token mit genannter tokenID hinzu. Cyrill erklärt ihr, dass sie die Uhr jedem herausgeben könne, der seine Berechtigung über den Token ausweist (Tokenisierungsklausel). Berta ist einverstanden und nimmt die Uhr an sich.

(2) Cyrill wohnt in Vaduz und braucht Geld. Er möchte die Uhr an seinen Bekannten Thomas, der in Uruguay sitzt, für 2.5 Ether verkaufen. Thomas hat die Uhrenhersteller-App bereits installiert und gibt Cyrill seinen VT-Identifikator bekannt. Im Hintergrund prüft das VT-System durch einen Smart Contract, ob Thomas über genügend Ether verfügt, sperrt diese und überträgt Thomas den Uhr-Token. Im gleichen Zug werden die 2.5 Ether auf Cyrills VT-Identifikator zugeordnet. Zudem löst der Smart Contract eine Meldung an Berta aus, dass sie ab nun nur noch befreiend (Liberationswirkung) an Thomas leisten kann und den Besitz an Thomas vermittelt. Berta hat in der App hinterlegt, dass der Empfang solcher Anzeigen automatisch bestätigt wird. Durch den Einsatz eines VT-Systems besteht nahezu kein Gegenparteirisiko.

(3) Thomas hat gesehen, dass es sich bei der Uhr um eine Sonderedition handelt, die zu einem wesentlich höheren Wert gehandelt wird. Maria möchte das Eigentumsrecht an der Uhr für Ether 5 erwerben und kommt mit Thomas überein. Thomas überträgt ihr wiederum den Uhr-Token auf den VT-Identifikator wie im Schritt zwei und Maria wird Eigentümerin der Uhr als mittelbare Besitzerin. Berta ist Besitzmittlerin und die App bestätigt wiederum den Erhalt der Anzeige.

(4) Auch Berta hat zwischenzeitlich in Erfahrung gebracht, wie viel Wert die Uhr hat, die sie unmittelbar besitzt. Sie ist in grossen finanziellen Nöten und verkauft und übergibt die Uhr zu Eigentum an Klaus, der von der fehlenden Berechtigung von Berta nichts weiss. Da die Uhr Berta anvertraut war, erwirbt Klaus nach Art. 512 SR gutgläubig Eigentum an der Uhr. Variante: Da Klaus die Tokenisierungsklausel sieht, ist er nicht mehr gutgläubig und erwirbt kein Eigentum an der Uhr.

(5) Maria weiss noch nichts davon, dass Berta die Uhr an Klaus verkauft und übergeben hat. Sie verkauft den Uhr-Token an Lydia. Da Berta den Besitz aber nicht mehr für Maria vermittelt, verliert Maria ihr Eigentum und hat gegenüber Berta aus dem Besitzanweisungsvertrag einen Schadenersatzanspruch.

(6) Lydia hat keinen Anspruch aus Besitzanweisungsvertrag gegen Berta, da ein entsprechender Vertrag nicht geschlossen wurde. Lydia - wie auch Maria - können nicht mittels rei vindicatio gegen Klaus vorgehen und die Herausgabe fordern, da dieser gutgläubig Eigentum erworben hat. In der Variante wäre die rei vindicatio gegen Klaus möglich. Nach Art. 9 TVTG erwirbt Lydia die Verfügungsberechtigung über

den Uhr-Token, aber nicht Eigentum am repräsentierten Eigentumsrecht an der Uhr. Da Maria aber im Titel die Uhr zu Eigentum verkauft, haftet sie Lydia aus Vertrag. Die kriminelle Energie von Berta führt dazu, dass Token und Sache ein unterschiedliches rechtliches Schicksal nehmen.

(7) Sandra hat ebenfalls kriminelle Energie und stiehlt die Uhr von Klaus. An gestohlenen Sachen (res furtivae) kann – innerhalb von 5 Jahren bei beweglichen Sachen - nach Art. 513 SR kein Eigentum erworben werden.

(8) Sandra verkauft und übergibt die gestohlene Uhr nach einer Woche an den gutgläubigen Peter. Auch er wird nicht Eigentümer aufgrund Art. 513 SR.

(9) Da weder Sandra noch Peter Eigentümer der Uhr werden, stellt sich die Frage, wer das «bessere» Recht an der Sache hat: Klaus, Maria oder Lydia? Klaus war gutgläubig und hat von der nichtberechtigten Berta Eigentum erworben, den Besitz aber verloren. Maria war Eigentümerin, hat den mittelbaren Besitz aber aufgrund der Aufgabe des Besitzes durch Berta verloren. Lydia ist Verfügungsberechtigte über den Uhr-Token, sie wurde aber nie Eigentümerin der Uhr.

Nach SR-Grundsätzen würde Klaus mit der rei vindicatio die Uhr von Peter innert 5 Jahren herausverlangen können.

Üblicherweise werden beim Verkauf von Luxusuhren Echtheitszertifikate und die Originalrechnung verlangt. Hätte sich Klaus über das Echtheitszertifikat der Uhr erkundigt, hätte er festgestellt, dass hier eine Repräsentation des Eigentumsrechts in einem Token vorliegt. Er hätte selbst in das VT-System Einsicht nehmen können, um herauszufinden, welchem VT-Identifikator die Seriennummer der Uhr (über den Uhr-Token) zugeordnet ist. Demzufolge muss auch sein Eigentumserwerb scheitern, denn es war für ihn erkennbar, dass Berta nicht verfügungsberechtigt war. Lydia kann aufgrund der Legitimationswirkung des Uhr-Token die Uhr von Peter herausfordern.[566] Die gilt auch bei der Variante.

---

[566] Dies im Unterschied zur Situation bei Warenpapieren nach Art. 504 Abs. 2 SR, wonach der gutgläubige Empfänger der Ware dem gutgläubigen Empfänger des Warenpapiers vorgeht. Hier ist der Besitz der Ware zu schützen vor dem Papier, da der Dritte nicht einfach prüfen kann, ob ein Warenpapier existiert.

1.2 Beispielfall 2 – Repräsentation von Eigentums- und Nutzungsrechten in Token zum Betrieb eines Snowboard-Verleihs

Ein weiteres Beispiel wäre der Verleih von Snowboards in einem Skigebiet (vgl. Abbildung 4).

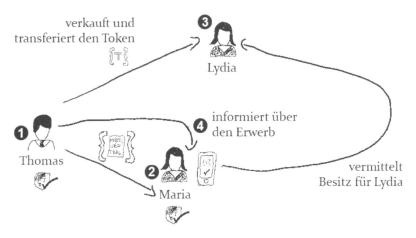

Abbildung 4 Repräsentation von Rechten beim Verleih von Snowboards

(1) Der Eigentümer Thomas tokenisiert das Eigentumsrecht an zehn Snowboards und ist zu Beginn selbst unmittelbarer Besitzer.

(2) An den Snowboards bringt er jeweils eine Tokenisierungsklausel an: «*Rechteübertragung nur mittels Token, Leistung nur an den Verfügungsberechtigten am Token*». Darunter ist ein QR-Code angebracht, der beim Scan die notwendige App herunterlädt, um die Snowboard-Token zu verwenden. Wird dieser QR-Code mit der entsprechenden App gelesen, führt dies zu einer Auswahl der verfügbaren Token zu dem jeweiligen Snowboard. Der QR-Code enthält daher einen Link zur App sowie eine eindeutige TokenID des jeweiligen NFT-Token. So gekennzeichnet stellt Thomas einen Ständer für die zehn Snowboards neben dem Parkplatz auf und beschriftet ihn mit «Snowboards einfach mit dem Handy mieten».

Maria hat Interesse, scannt den QR-Code, lädt die App herunter und akzeptiert die Nutzungsbedingungen.

Sie sucht sich ihr Lieblingssnowboard aus, scannt mit der App den QR-Code auf dem jeweiligen Snowboard und klickt auf «Miete starten».[567] Der Nutzungstoken über das Snowboard wird auf Maria's VT-Identifikator vollautomatisch übertragen. Maria nimmt das Snowboard in Besitz und wird unmittelbare Besitzerin und vermittelt auf Basis der Vereinbarungen und insb. des Mietvertrages den Besitz an Thomas.

(3) Thomas hat genug vom Snowboardverleih und möchte seine zehn Snowboards verkaufen. Lydia findet das Angebot von Thomas, lädt die App herunter und sieht sich die Informationen und die Bilder zum Snowboard an, welches von Maria gerade gemietet wird. Lydia klickt auf Snowboard kaufen, der Token wird auf ihren VT-Identifikator übertragen.

(4) Auf Maria's App erscheint eine Mitteilung[568], dass der Eigentümer des Snowboards neu Lydia ist und sie von nun an das Snowboard von Lydia mietet, womit Maria einverstanden ist.

In diesem Beispiel lässt sich darstellen, wie die Koordination auch bei Miete funktionieren könnte und welches Potential hier durch die Repräsentation des Eigentums- und Nutzungsrechts in Token besteht.

VI Zum Sonderfall der Repräsentation von Rechten an Immobilien

Bestehen besondere Formvorschriften wie bspw. die Eintragung im Grundbuch ist eine Repräsentation in Token wohl noch immer denkbar, dient in den meisten Fällen aber nur noch zu Dokumentationszwecken und erschwert den Prozess, statt ihn zu erleichtern. Die Regierung hat im Bericht und Antrag Nr. 54/2019 klargestellt, dass das TVTG nicht lex specialis zu den grundverkehrsrechtlichen Formvorschriften sein soll.[569] Auch FRICK erachtet es als durchaus denkbar, dass das Eigentumsrecht an einem Grundstück in einem Token repräsentiert wird.[570]

VII Fazit zur Repräsentation von Rechten an Sachen

Verfügungen über Token haben nicht per se Vorrang über die Verfügung über die repräsentierte Sache selbst. Mit Art. 7 Abs. 1 und Abs. 2 TVTG (Koordinationsbefehl)

---

[567] Darunter hätte Maria auch noch die Auswahl gehabt, Snowboard kaufen.

[568] Unter den Einstellungen im App kann man festlegen, dass solche Anfragen immer automatisch beantwortet werden.

[569] BuA Nr. 54/2019, S. 205.

[570] A. FRICK, Zivilrechtliche Aspekte von Token im Zusammenhang mit dem liechtensteinischen Token- und VT-Dienstleister-Gesetz, S. 42.

verfolgt der Gesetzgeber aber das Ziel der intensiven Verknüpfung von repräsentiertem Recht und Token dergestalt, dass - analog zu Wertpapieren - das Recht ohne den Token weder geltend gemacht noch auf andere übertragen werden kann. Entweder erfolgt der Gleichlauf von Gesetzes wegen (bspw. bei Wertrechten) oder durch geeignete Massnahmen. Die geeigneten Massnahmen haben auch sicherzustellen, dass «konkurrierende Verfügungen über das repräsentierte Recht ausgeschlossen sind». „Verfügungen" meint hier jene in der analogen Welt (Verfügungen über das repräsentierte Recht).

Bei der Repräsentation von Rechten an Fahrnis hat man daher, neben den Erfordernissen des TVTG zur Übertragung des Token, auch die Übertragung des Fahrnisgegenstandes nach sachenrechtlichen Grundsätzen zu bewerkstelligen. Bei Besitz- und Eigentumsübertragungen spielen, neben der in der Praxis wohl eher uninteressanten Hand-zu-Hand-Übergabe der Fahrnisse, die Erwerbsarten ohne Besitz bspw. durch formlose Besitzübertragungssurrogate, wie die Besitzanweisung oder das Besitzkonstitut, eine zentrale Rolle.

Im Besitzanweisungsvertrag verpflichtet sich der unmittelbare Besitzer, die Sache nur an den Verfügungsberechtigten über den Token (Legitimationsfunktion) herauszugeben (bspw. durch Anbringung einer Tokenisierungsklausel). Hierbei wird konkludent auf die Mitteilungspflicht verzichtet und durch die Legitimationsfunktion des Token ersetzt. Die dabei durch das VT-System ausgewiesene Rechtszuständigkeit bietet einen hohen Grad an Verlässlichkeit (Verkehrssicherheit). Die gesetzliche Regelung der Legitimationsfunktion von (extrinsischen) Token und die hohe Verlässlichkeit rechtfertigen es daher, bei der Besitzanweisung - anstelle der Mitteilungspflichten an den unmittelbar besitzenden Dritten - die Legitimationsfunktion des Token durch eine (Tokenisierungs-)Klausel im Besitzanweisungsvertrag zu stellen.

D Zu (3c) den anderen absoluten oder relativen Rechten

I Zu Immaterialgüter- und Schutzrechten

Neben den bereits genannten Rechten sollen Token auch «andere Rechte wie z.B. Immaterialgüterrechte repräsentieren»[571]. Detaillierte Ausführungen zur Repräsentation von Immaterialgüterrechten finden sich im TVTG und den Materialien zum TVTG nicht. Immaterialgüter sind geistige Schöpfungen im weitesten Sinn, welche

---

[571] BuA Nr. 54/2019, S. 61.

aufgrund ihrer wirtschaftlichen Bedeutung von der Rechtsordnung besonders geschützt werden. Durch die Schaffung von Rechten an Immaterialgütern («Immaterialgüterrechte») findet eine rechtliche Verselbstständigung statt. Der Berechtigte soll eine eigentümerähnliche Stellung erhalten. Immaterialgüterrechte werden daher in Deutschland «Rechte des geistigen Eigentums», im englischen «Intellectual Property Rights» genannt.[572] Die Schweiz wie auch Liechtenstein kennt einen **numerus clausus** geschützter Immaterialgüterrechte:

- Urheberrechte und verwandte Schutzrechte (vgl. das URG);
- Rechte an Topographien von Halbleitererzeugnissen (vgl. das ToG[573]);
- Markenrechte und Rechte an geografischen Herkunftsangaben (vgl. MSchG[574]);
- Designrechte (vgl. DesG[575] und die DesV[576]);
- Patentrechte (vgl. chPatentgesetz[577]).

Im Gegensatz zur Schweiz hat Liechtenstein kein Sortenschutzgesetz und es gibt demzufolge auch keine Sortenschutzrechte zum Schutz von Pflanzenzüchtungen. Die Schutzrechte für **Marken** und **Designs** entstehen **ausschliesslich durch Eintragung in ein Register** (konstitutive Wirkung des Registereintrages)[578]. Ohne entsprechende Gesetzesänderung ist die Repräsentation von entsprechenden Rechten wenig zielführend. De lege ferenda würden sich solche reinen Registerrechte analog zu den Wertrechten (vgl. §81a Abs. 2 SchlT PGR) aber bestens eignen, um die Register unter Einsatz von VT-Systemen führen zu können. Der wesentliche Unterschied zu den Wertrechten besteht darin, dass letztere in einem vom Schuldner geführten

---

[572] KAISER/RÜETSCHI, Immaterialgüterrecht³ (2017), S. 1.

[573] Gesetz vom 19. Mai 1999 über den Schutz von Topographien von Halbleitererzeugnissen (Topographiengesetz) (ToG), Liechtensteinisches Landesgesetzblatt (1999).

[574] Gesetz vom 12. Dezember 1996 über den Schutz von Marken und Herkunftsangaben (Markenschutzgesetz) (MSchG), Liechtensteinisches Landesgesetzblatt (1997).

[575] Gesetz vom 11. September 2002 über den Schutz von Design (Designgesetz) (DesG), Liechtensteinisches Landesgesetzblatt (2002).

[576] Verordnung vom 29. Oktober 2002 über den Schutz von Design (Designverordnung) (DesV), Liechtensteinisches Landesgesetzblatt (2002).

[577] Das Schweizer Patentgesetz ist in Liechtenstein aufgrund Art. 5 Abs. 1 lit. a des Vertrages zwischen dem Fürstentum Liechtenstein und der Schweizerischen Eidgenossenschaft über den Schutz der Erfindungspatente (Patentschutzvertrag) anwendbar; Bundesgesetz über die Erfindungspatente (Patentgesetz) (chPatG), BBl (1954).

[578] Vgl. hierzu für Marken Art. 5 MSchG und für Designrechte Art. 7 DesG.

Wertrechteregister eingetragen werden, das Design-[579] und Markenregister[580] hingegen vom Amt für Volkswirtschaft geführt wird. Von besonderem Interesse für eine allfällige «Tokenisierung» sind die Urheberrechte, die bereits mit Schaffung des Werks entstehen.

1 Zur Repräsentation von Urheberrechten in Token

Das **Urheberrecht** nach URG schützt die Urheber von Werken der Literatur und Kunst sowie die ausübenden Künstler, der Regisseure, der Produzenten von Ton- und Tonbildträgern sowie der Sendeunternehmen wie auch die Produzenten von Datenbanken[581]. Urheber ist die natürliche Person, die das Werk geschaffen hat (**Schöpferprinzip**).[582] Der Rechtserwerb erfolgt ipso iure in der Person, in der das Werk entsteht.[583] Als Schöpfer kommen daher nur natürliche Personen in Frage.[584] Art. 7 URG regelt sodann die Miturheberschaft für den Fall, wenn mehrere Personen als Urheber an der Schaffung eines Werks mitgewirkt haben. Dann steht den Beteiligten das Urheberrecht gemeinschaftlich zu. Sie können – sofern sie nichts anderes vereinbart haben – das Werk nur mit Zustimmung aller verwenden.

Art. 8 Abs. 1 URG vermutet – widerlegbar – die Urheberschaft bei der Person, die auf den Werkexemplaren oder bei der Veröffentlichung des Werks mit ihrem Namen, Pseudonym oder einem Kennzeichen als Urheber genannt wird. Die Werke müssen dabei weder in ein Register eingetragen werden noch sonst irgendwelche Formalitäten erfüllen. Dies führt im Einzelfall zu Streitigkeiten über den Nachweis der Urheberschaft.[585] Abs. 2 leg. cit. lässt den Herausgeber die Rechte am Werk ausüben, solange der Urheber ungenannt oder bei einem Pseudonym oder Kennzeichen unbekannt bleibt. Auch diese Vermutung ist widerlegbar. Wo die Kennzeichnung des Urhebers erfolgt und in welcher Form ist unerheblich. Sie muss allerdings in einer Art und Weise erfolgen, welche ihren Charakter als Urheberbezeichnung erkennen lässt. In der Praxis hat sich das Zeichen © gefolgt von Jahreszahl und Name etabliert.[586]

---

[579] Gemäss Art. 54 Abs. 2 DesG i.V.m. Art. 1 DesV ist das Amt für Volkswirtschaft die Hinterlegungsstelle für Designs.

[580] Gemäss Art. 29 Abs. 2 MSchG sind Marken beim Amt für Volkswirtschaft zu hinterlegen.

[581] Vgl. zu Datenbanken insb. im 3. Teil, § 2, A, II, 3.

[582] Art. 6 Abs. 1 URG.

[583] Vgl. Rz. 1 HUG, Art. 6, in *Müller/Oertli* (Hrsg.), Urheberrechtsgesetz (URG)² (2012), S. 58.

[584] Vgl. Rz. 3 HUG, Art. 6, in *Müller/Oertli*, S. 59.

[585] Vgl. Rz. 1 HUG, Art. 8, in *Müller/Oertli* (Hrsg.), Urheberrechtsgesetz (URG)² (2012), S. 75.

[586] Vgl. Rz. 2-4 HUG, Art. 8, in *Müller/Oertli*, S. 75.

Art. 18 URG ist wortgleich vom Art. 16 chURG[587] übernommen und regelt die Übertragbarkeit und Vererblichkeit der Urheberrechte. Bis auf die unübertragbaren Urheberpersönlichkeitsrechte können damit alle Nutzungsrechte (Vermögensrechte) des Urhebers an einen Dritten übertragen werden. Dies umfasst insb. alle in Art. 10 URG aufgezählten Verwendungsrechte, die somit individuell oder global an einen Dritten übertragen werden können.[588] Die Übertragung der Urheberrechte hat dingliche Wirkung, sie gilt erga omnes (gegenüber allen, insb. auch dem Werkurheber). Dies im Unterschied zur Lizenz, die bloss schuldrechtlicher Natur ist, also inter partes (zwischen den Parteien) Wirkung entfaltet. Der Inhaber eines übertragenen Urhebernutzungsrechts kann dieses frei weiterübertragen. Dies im Unterschied zum Lizenznehmer, der seinen schuldrechtlichen Anspruch grds. nicht ohne den Lizenzgeber an einen Dritten übertragen oder unterlizenzieren kann.[589] Die Übertragung von Urheberrechten ist kausal, bedarf also eines Verpflichtungs- und Verfügungsgeschäftes.[590] Sie ist formfrei und kann auch stillschweigend erfolgen.[591]

2 Zur Repräsentation von Nutzungsrechten (Vermögensrechten) an geschützten Werken in Token

Die Vermögensrechte oder Nutzungsrechte sind somit in Token repräsentierbar und deren Übertragung kann formfrei, sogar stillschweigend erfolgen. Gerade Werke, die in digitaler Form vorliegen, können durch Nutzung der **Hash-Funktion** und Übertragung des Hashes in das Feld tokenID eines ERC-721-Token mit den Token verknüpft werden. Durch den Zeitstempel von vertrauenswürdigen Technologien kann der Rechteinhaber nachweisen, dass er zum Zeitpunkt der Transaktion oder Erstellung des Token dieses Werk in seiner Verfügungsgewalt hatte. Damit hat der Token auf der einen Seite **Indizfunktion für die Schaffung des Werks** und somit der initialen Zuordnung zur Person, in der das Werk entstanden ist (Schöpfertheorie). Auf der anderen Seite kann in der Folge die Repräsentation der Nutzungsrechte im Token erfolgen, die damit übertragen und ausgeübt werden können.

---

[587] Schweizerisches Bundesgesetz über das Urheberrecht und verwandte Schutzrechte (Urheberrechtsgesetz) (URG), BBl (1992).
[588] Vgl. Rz. 6 DE WERRA, Art. 16, in *Müller/Oertli* (Hrsg.), Urheberrechtsgesetz (URG)² (2012), S. 135.
[589] Vgl. Rz. 7 DE WERRA in *Müller/Oertli*, S. 135.
[590] Vgl. Rz. 8 DE WERRA in *Müller/Oertli*, S. 136.
[591] Vgl. Rz. 33 DE WERRA in *Müller/Oertli*, S. 145.

Sollen Lizenzen in Token repräsentiert werden, benötigt die Übertragung die Zustimmung des Lizenzgebers. Dies kann automatisiert erfolgen. Nach Art. 7 Abs. 2 TVTG hat die durch die Verfügung über den Token verpflichtete Person durch geeignete Massnahmen sicher zu stellen, dass mit dem Token auch die Lizenz auf den neuen Verfügungsberechtigten über den Token übertragen wird. Dies kann auch durch vorgängige Einwilligung zur freien Übertragbarkeit durch den Lizenzgeber geschehen.[592]

II   Fazit zu anderen absoluten oder relativen Rechten

Token können auch andere Rechte wie z.b. Immaterialgüterrechte repräsentieren. Die Schutzrechte für Marken und Designs entstehen ausschliesslich durch Eintragung in ein Register (konstitutive Wirkung des Registereintrages), was eine Repräsentation in Token unpraktikabel macht. Die Vermögensrechte oder Nutzungsrechte sind in Token repräsentierbar und deren Übertragung kann formfrei, sogar stillschweigend erfolgen. Durch den Zeitstempel von vertrauenswürdigen Technologien kann der Rechteinhaber nachweisen, dass er zum Zeitpunkt der Transaktion oder Erstellung des Token dieses Werk geschaffen hat. Damit hat der Token auf der einen Seite Indizfunktion für die Schaffung des Werks und somit der initialen Zuordnung zur Person, in der das Werk entstanden ist (Schöpfertheorie). Auf der anderen Seite kann in der Folge die Repräsentation der Nutzungsrechte im Token erfolgen, die damit übertragen und ausgeübt werden können. Sollen Lizenzen in Token repräsentiert werden, benötigt die Übertragung die Zustimmung des Lizenzgebers. Dies kann automatisiert erfolgen. Als geeignete Massnahme nach Art. 7 Abs. 2 zur Sicherstellung, dass mit dem Token auch die Lizenz auf den neuen Verfügungsberechtigten über den Token übertragen wird, kommt die vorgängige Einwilligung zur freien Übertragbarkeit durch den Lizenzgeber in Frage.

---

[592] Die Erteilung von Nutzungsrechten insb. von Lizenzen ist eng mit der Entstehung der Blockchain-Protokolle nach Bitcoin verknüpft. So haben viele Protokolle deren Entwicklung über den Verkauf von Nutzungsrechten (Utility Token) im Rahmen von Initial Coin Offerings (ICO) finanziert.

§ 5 Zu (4) der Zuordnung zu VT-Identifikatoren

I Zur Umsetzung im TVTG

1 Einführung eines eigenen Begriffes für „öffentliche Schlüssel"

Nach der Begriffsbestimmung in Art. 2 Abs. 1 lit. d des TVTG ermöglicht der **VT-Identifikator** die eindeutige Zuordnung von Token. Im Vernehmlassungsbericht der Regierung zur Schaffung des TVTG fand sich in den Begriffsbestimmungen in Art. 5 Abs. 1 in Ziffer 2 noch eine Bestimmung zum „öffentlichen Schlüssel". Ein Kriterium der damaligen Definition war - neben der Zuordnung - eine „Zeichenfolge", aus welcher der Schlüssel bestehen soll.[593] Aufgrund der Kritik in der Vernehmlassung passte die Regierung die Definition an und schaffte den funktionaleren und technologisch agnostischen Begriff des «VT-Identifikators», der sich noch weniger auf die technische Umsetzung stützt.[594] Auch das Kriterium der Zeichenfolge fiel weg. Wendet man diese Definition auf die bestehende technischen Umsetzung an, fällt auf, dass bereits bei Bitcoin viele Formen von VT-Identifikatoren bestehen, die nicht alle „öffentliche Schlüssel" sind. In der Praxis hat sich zumindest bei Ethereum und Bitcoin der Begriff «**Adresse**» im Sinne einer Zahlstelle durchgesetzt. Manchmal wird „Adresse" aber - nicht ganz richtig - gleichgesetzt mit den öffentlichen Schlüsseln (engl. „Public-Keys"). Bitcoin-Adressen sind Zeichenfolgen aus Nummern und Buchstaben, die als Zahlstelle dienen und grds. bekannt gegeben werden können. Vereinfacht gesprochen, können bitcoin an die Adresse gesendet werden. Am Beginn von Bitcoin konnte man bspw. noch direkt an die IP-Adresse „zahlen".[595] Denklogisch ist das kein öffentlicher Schlüssel. In der Folge sollen daher an den Beispielen von Bitcoin und Ethereum die Eigenschaften von VT-Identifikatoren dargestellt und deren rechtliche Abgrenzung vorgenommen werden.

II Zur Zuordnung aus technischer Sicht und dem technologieneutralen Ansatz

Die Regierung hat daher richtigerweise vom Begriff des öffentlichen Schlüssels abgesehen. In den meisten Fällen wird heute der öffentliche Schlüssel auch nicht mehr für Transaktionen verwendet. Um einen möglichst funktionalen, technologieneutralen Ansatz zu verfolgen, hat man daher den Begriff «**VT-Identifikator**» zusammen

---

[593] VnB Blockchain-Gesetz, S. 139.
[594] VnB Blockchain-Gesetz, S. 145.
[595] Fn. 39 VAN HIJFTE, Blockchain Platforms, S. 37.

mit dem «**VT-Schlüssel**» eingeführt. Das TVTG stellt über den VT-Identifikator die Beziehung/Zuordnung von Token zu den Rechtssubjekten (Personen) her.[596] Dabei sind die Token dem VT-Identifikator zugeordnet, der wiederum über einen VT-Schlüssel kontrolliert wird (Verfügungsgewalt). Der VT-Schlüssel kann von Personen verwendet werden, um bspw. Transaktionen zu signieren. Auch wenn mehrere VT-Schlüssel notwendig sind (Multi-Signature) oder andere Bedingungen definiert sind, können bspw. auch die entsprechenden Hashes eines Locking-Scripts als VT-Identifikator dienen. Hier hat sich der Begriff «Beziehungsmodell» zwischen Token und dem Verfügungsberechtigten über den Token etabliert.

1 Zur technischen Umsetzung bei Bitcoin

1.1 Allgemeines zu den VT-Identifikatoren bei Bitcoin

Technisch betrachtet kommen die „Adressen" bei Bitcoin in verschiedenen Varianten vor. Ausgehend vom bereits beschriebenen Transaktionsmodell, werden bitcoin nicht - wie bei Ethereum - von Adresse zu Adresse übertragen, sondern von Transaktion zu Transaktion.[597] Bei einer Transaktion von bitcoin muss der Input die Bedingung erfüllen, die im Output im Locking-Script definiert ist. Das Locking-Script definiert demzufolge den **Anknüpfungspunkt** der Token, welcher eine **eindeutige Zuordnung** i.S.d. TVTG ermöglicht, sprich den VT-Identifikator. Die Zuordnung erfolgt hierbei durch Aufstellung der Bedingung im Locking-Script. Ist man in der Lage, die Bedingung zu erfüllen, hat man **Verfügungsgewalt** über den Token. Mit anderen Worten hat man den (VT-)Schlüssel, mit welchem die im Locking-Script aufgestellte Bedingung erfüllt werden kann. Sowohl die im Locking-Script aufgestellte Bedingung (VT-Identifikator) wie auch die Schlüssel zu deren Erfüllung (VT-Schlüssel), kommen in diversen Spielarten vor. Es gibt Locking-Scripts, welche die Signatur mehrerer VT-Schlüssel erfordern (Multi-Signature). Es gibt auch Fälle, bei denen man keine Bedingung erfüllen muss oder die Bedingungen nicht erfüllbar sind. Im ersten Fall kann jedermann die bitcoin weitertransferieren, im zweiten Fall niemand mehr. So kann bspw. vorausgesetzt werden, dass zehn Private-Keys verwendet werden müssen oder ein Passwort statt eines Private-Keys, um die bitcoin weiterzuübertragen, oder eben auch gar keine Autorisation oder Ähnliches.[598]

---

[596] Vgl. Art. 2 Abs. 1 Bst. d TVTG.
[597] Vgl. hierzu die Ausführungen in 3. Teil, § 2, B, II, 1.1.
[598] BITCOIN WIKI, Transaction.

Ob alle Varianten unter die Begriffsdefinitionen des TVTG zu subsumieren sind, bedarf nun im Folgenden einer genaueren Betrachtung:

1.2 Pay-to-Public-Key-Hash (P2PKH) "Adressen"

Wesentlich zu unterscheiden bei Bitcoin sind Adressen, die mit der Zahl „1" beginnen, von jenen, die mit der Zahl „3" beginnen. Bitcoin-Adressen, die vom öffentlichen Schlüssel abgeleitet werden (**Pay-to-Public-Key-Hash**, „**P2PKH**"[599]) beginnen mit der Zahl „1".[600] Diese Form bezieht sich auf ein Schlüsselpaar aus **öffentlichem Schlüssel** - daher auch der Name «Pay-to-Public-Key-Hash» - und dem zur Erfüllung notwendigen **privaten Schlüssel**. Diese Technologie, welche eine der Kerntechnologien für Blockchains ist, nennt man **Asymmetrische-Verschlüsselung** und wurde in der Einleitung bereits erläutert. Die „Adressen" (VT-Identifikatoren) werden dabei vom jeweiligen öffentlichen Schlüssel durch **Hashing** und anschliessender **Codierung** (Base58Check) abgeleitet. Die Codierung ermöglicht dabei die Verkürzung der Zeichenfolge[601], die leichtere Lesbarkeit durch Menschen und enthält eine Fehlerkontrolle (das „Check" steht für die Nutzung einer „checksum"). Verfügungsgewalt i.S.d. TVTG hat bei diesen P2PKH-Adressen jene Person, die mit dem privaten Schlüssel - passend zum Hash des öffentlichen Schlüssels - eine Signatur aus dem privaten Schlüssel erstellen kann.[602] Die Signatur wird dabei durch den privaten Schlüssel (VT-Schlüssel), aus dem der öffentliche Schlüssel abgeleitet wurde, erstellt. Den privaten Schlüssel findet man natürlich weder im Unlocking-Script noch im Locking-Script, sonst wäre er nach jeder Transaktion unsicher. Die Signatur „beweist" also nur, dass man den privaten Schlüssel zum öffentlichen Schlüssel kennt, man hat Verfügungsgewalt.

Wie auch sonst in der Praxis üblich, bestehen auch bei Bitcoin-Transaktionen Bedürfnisse an bestimmten Transaktionsrechten wie bspw. „Kollektivzeichnungsrechten". Bei Bitcoin bestehen daher sogenannte „Multi-Signature"-Lösungen. Der aus dem Englischen stammende Begriff «Multi-Signature» lässt sich übersetzen mit «Mehrfachsignatur». Dabei kann vorab festgelegt werden, wie viele „Unterschriften" nötig sind, damit eine Transaktion erfolgen kann. So zum Beispiel «zwei aus drei»

---

[599] ANTONOPOULOS, Mastering bitcoin, S. 81.
[600] ANTONOPOULOS, Mastering bitcoin, S. 64.
[601] Das Bitcoin Base58-Alphabet besteht dabei aus 58 Zeichen und enthält bspw. keine leicht verwechselbaren Zeichen wie O und Zahlen wie 0: „123456789ABCDEFGHJKLMNPQRSTUVWXYZabcdefghijkmnopqrstuvwxyz".
[602] ANTONOPOULOS, Mastering bitcoin, S. 82.

oder auch «drei von drei». Im ersten Fall werden drei öffentliche Schlüssel festgelegt und mindestens zwei gültige Signaturen gefordert. Dies dient dazu, die Sicherheit zu erhöhen (vgl. Kollektivzeichnungsrecht) und sich gegen Verlust eines privaten Schlüssels abzusichern (durch Hinterlegung eines privaten Schlüssels bspw. bei einem VT-Schlüssel-Verwahrer).[603]

Gerade in den Anfängen von Bitcoin wurden diese Multi-Signature-Anforderungen direkt im Locking-Script umgesetzt, was aufgrund der langen öffentlichen Schlüssel zu relativ grossen Transaktionen[604] geführt hat. Zudem sind die Anzahl der notwendigen Signaturen begrenzt. Ein Beispiel für ein «zwei aus drei» Locking-Script wäre:

«2 <Public Key A> <Public Key B> <Public Key C> 3 OP_CHECKMULTISIG»[605]

Dieses Locking-Script kann mit folgendem Unlocking-Script durch Signatur mit zwei privaten Schlüsseln zu den zwei passenden öffentlichen Schlüsseln, hier im Beispiel B und C, erfüllt werden:

« OP_0 <Signature B> <Signature C>»[606]

Bei P2PKH ist unter dem VT-Identifikator jene Zeichenfolge zu verstehen, die durch Hashing und eine Codierung aus dem öffentlichen Schlüssel (Public-Key) abgeleitet wird (PubKHash). Der private Schlüssel des Schlüsselpaares ist unter den Begriff des «VT-Schlüssels» zu subsumieren. Bei Multi-Signature Locking-Scripts sind mehrere VT-Identifikatoren in den Bedingungen definiert und damit auch mehrere VT-Schlüssel notwendig, um über die bitcoin zu verfügen. Es besteht daher gemeinsame Verfügungsgewalt, die - je nach Bedingung - festgelegt ist. Davon zu unterscheiden ist diejenige natürliche oder juristische Person, der die Token wirtschaftlich zuzurechnen sind und die damit verfügungsberechtigt i.S.d. TVTG ist.

1.3 Pay-to-Script-Hash (P2SH) "Adressen"

Bei Bitcoin ist es auch möglich, an ein Skript bitcoin zu transferieren, das nennt man dann „**Pay-to-Script-Hash**" („**P2SH**"). Diese „Adressen" beginnen dann jeweils mit der Zahl „3"[607], werden aber nicht mehr direkt von einer öffentlichen Adresse (Public-

---

[603] ANTONOPOULOS, Mastering bitcoin, S. 149 f.
[604] Die Transaktionen sind gross in Bezug auf die Datenmenge.
[605] ANTONOPOULOS, Mastering bitcoin, S. 150.
[606] ANTONOPOULOS, Mastering bitcoin, S. 150.
[607] ANTONOPOULOS, Mastering bitcoin, S. 65.

Key) abgeleitet. Sie sind aber nicht - wie oft in der Praxis der Fall - mit Multisig(nature)-Adressen gleichzusetzen.[608] Dies hat damit zu tun, dass diese Adressen meistens dazu verwendet werden, um Multi-Signature-Anforderungen durch ein Skript umzusetzen. Anfangs wurden diese Multi-Signature-Anforderungen noch direkt im Locking-Script umgesetzt, vgl. oben zu P2PKH.[609]

Im Jahr 2012 wurde dann Pay-to-Script-Hash (P2SH) eingeführt.[610] Bei P2SH besteht das Locking-Script nur noch aus dem Hash des «Redeem-Scripts», das wiederum das eigentliche Locking-Script enthält. Statt nur ein Locking-Script und ein Unlocking-Script, benötigt man für eine P2SH-Transaktion auch noch ein «Redeem-Script». Diese P2SH-Adressen beginnen - wie bereits gesagt - mit der Zahl „3" und können mit jeder Wallet-Software einfach als „Empfängeradresse" verwendet werden. Der Sender kennt dabei weder das Locking-Script noch die darin festgelegten Anforderungen.[611] So wird aus einem recht komplexen Locking-Script mit 5 langen öffentlichen Schlüsseln (PubKey) und dem einfachen Unlocking-Script:

Locking-Script:

«2 PubKey1 PubKey2 PubKey3 PubKey4 PubKey5 5 OP_CHECKMULTISIG»

Unlocking-Script:

«Sig1 Sig2»

ein Redeem-Script mit einem vergleichsweise einfachen Locking-Script und einem dafür komplizierteren Unlocking-Script:

Redeem-Script[612]:

«2 PubKey1 PubKey2 PubKey3 PubKey4 PubKey5 5 OP_CHECKMULTISIG»

Locking-Script:

« OP_HASH160 <20-byte hash of redeem script> OP_EQUAL »

Unlocking-Script:

---

[608] ANTONOPOULOS, Mastering bitcoin, S. 81.
[609] ANTONOPOULOS, Mastering bitcoin, S. 149 ff.
[610] ANTONOPOULOS, Mastering bitcoin, S. 151.
[611] ANTONOPOULOS, Mastering bitcoin, S. 151 f.
[612] Das Redeem-Script entspricht dem Locking-Script im vorigen Beispiel.

«Sig1 Sig2 redeem script».[613]

Bei P2SH sind die Bedingungen nicht mehr im Locking-Script definiert und auch nicht im Output der Transaktion enthalten. Nur ein Hash des Redeem-Scripts wird im Locking-Script festgelegt. Ohne Kenntnis des Redeem-Scripts kennt man die Bedingungen aber auch nicht, die erfüllt werden müssen, um einen passenden Input zu generieren. Dadurch wird die Komplexität (die Bedingungen im Redeem-Script) vom Übertragenden auf den Empfänger übertragen. Der Empfänger benötigt nicht nur die im Redeem-Script definierten Signaturen (2 aus 5 in unserem Fall), sondern auch das Redeem-Script selbst, um einen neuen Output generieren zu können. In einfachen Worten könnte P2SH auch so übersetzt werden: Zahle an ein Script, welches diesen Hash ergibt, das Script wird dabei erst dann benötigt, wenn dieser Output weitertransferiert werden soll.[614]

Um aus einem Script-Hash eine Adresse zu machen, wird diese wieder codiert (Base58Check), weshalb aus der P2SH-Adresse (bspw. «54c557e07dde5bb6cb791c7a540e0a4796f5e97e»), die mit der Zahl „5" beginnt, eine Zeichenfolge wird, die mit der Zahl „3" beginnt. In unserem Beispiel: «39RF6JqABiHdYHkfChV6USGMe6Nsr66Gzw».[615] Diese Adresse kann nun von Wallets ohne weiteres als Zieladresse verwendet werden, ist kürzer und hat aus den genannten Gründen keine leicht verwechselbaren Zeichen und Zahlen mehr.

Bei P2SH werden die bitcoin durch den Output an P2SH-Adressen zugeordnet. Die P2SH-Adressen sind daher VT-Identifikatoren i.S.d. TVTG. Verfügungsgewalt über P2SH-Adressen hat derjenige, der das Redeem-Script kennt und es erfüllen kann. In der Praxis benötigt man zur Erfüllung meist die privaten Schlüssel, um daraus Signaturen für die im Redeem-Script definierten öffentlichen Schlüssel zu erstellen und sich dadurch als berechtigt auszuweisen. Werden mehrere Signaturen benötigt, hat man gemeinsame Verfügungsgewalt. Die Verfügungsberechtigung i.S.d. TVTG ist davon wiederum getrennt zu betrachten. In diesem Bespiel sind es daher nicht die öffentlichen Schlüssel, die es ermöglichen, Token eindeutig zuzuordnen, sondern das Redeem-Script bzw. ein codierter Hash davon, wobei das Redeem-Script wiederum öffentliche Schlüssel enthalten kann.

---

[613] ANTONOPOULOS, Mastering bitcoin, S. 152.
[614] ANTONOPOULOS, Mastering bitcoin, S. 152.
[615] ANTONOPOULOS, Mastering bitcoin, S. 154.

2 Zur technischen Umsetzung bei Ethereum

Wie schon beschrieben, ist unter Ethereum nicht nur die dezentrale Speicherung von Daten in einer Datenbank (Blockchain) zu verstehen, sondern auch ein weltweiter Computer genannt «Ethereum Virtual Machine» («EVM»), der die Transaktionen und Smart Contracts ausführt, wofür man mit Ether bezahlt. Bei Ethereum werden zwei Kontoarten unterschieden, die **Smart Contract Accounts** («contract account») und Konti externer Verfügungsberechtigter («**externally owned accounts**», «**EOA**»).[616] Die «Standardkonten» sind die EOA, die Personen bzw. VT-Identifikatoren (Adressen) zugordnet werden und mittels Private-Key (VT-Schlüssel) Transaktionen ermöglichen. Die Smart-Contract-Konten werden nur dann aktiviert («ge-**triggered**»), wenn sie eine Transaktion erhalten, und können selbst nur dann andere Smart Contracts ausführen, wenn sie getriggered wurden.[617] Durch eine Transaktion an eine Smart-Contract-Adresse auf Ethereum wird der entsprechende Softwarecode ausgeführt.[618] Somit kann man bei Ethereum die Bedingungen zum Tokentransfer noch viel flexibler gestalten wie bei der Script-Funktion (Locking-Script) von Bitcoin.

2.1 Zu den Ethereum-Adressen, die eine Zuordnung zu Personen ermöglichen (externally owned accounts, EOA)

Bei Ethereum spielt die asymmetrische Verschlüsselung mit einem Schlüsselpaar aus privatem und öffentlichem Schlüssel ebenfalls eine zentrale Rolle (**Asymmetrische Verschlüsselung**). Die öffentlichen Schlüssel werden dabei von den privaten Schlüsseln abgeleitet. Die Adressen, welche die Verbindung zu Personen über die privaten Schlüssel herstellen, sind die **EOA** in Form von Zeichenfolgen, die wiederum vom jeweiligen öffentlichen Schlüssel durch Hashing abgeleitet werden. Mittels dem privaten Schlüssel (VT-Schlüssel) werden dann Transaktionen ermöglicht. Man könnte sie am ehesten mit den P2PKH-Adressen bei Bitcoin vergleichen. Bei den von Ethereum verwendeten Adressen handelt es sich ebenfalls um Hashes von öffentlichen Schlüsseln. Bei Ethereum wird «Keccak-256» als Hashing-Algorithmus verwendet. Der daraus resultierende Hash wird dann allerdings auf 20 bytes abgeschnitten und meistens «0x»[619] vorangestellt.[620] Zur Veranschaulichung soll hier ein Beispiel

---

[616] ANTONOPOULOS/WOOD, Mastering Ethereum, S. 26 f.
[617] ANTONOPOULOS/WOOD, Mastering Ethereum, S. 27, vgl. auch S. 604.
[618] VAN HIJFTE, Blockchain Platforms, S. 157.
[619] Dadurch wird erkennbar, dass die Adresse im Hex-Format vorliegt.
[620] ANTONOPOULOS/WOOD, Mastering Ethereum, S. 73 f.

für einen privaten Schlüssel, einem öffentlichen Schlüssel und eine Ethereum-EOA Adresse dargestellt werden:

Privater Schlüssel (**VT-Schlüssel**):

«f8f8a2f43c8376ccb0871305060d7b27b0554d2cc72bccf41b2705608452f315»

daraus abgeleiteter öffentlicher Schlüssel:

«6e145ccef1033dea239875ddoodfb4fee6e3348b84985c92f103444683bae07b83b5c3...»

und daraus errechnete Adresse (**VT-Identifikator**):

«0x001d3f1ef827552ae1114027bd3ecf1f086ba0f9».[621]

Die Adresse, welche aus dem Hash des öffentlichen Schlüssels besteht, ist das Konto («Account») bei Ethereum und damit der VT-Identifikator. Der private Schlüssel ist der VT-Schlüssel.

Bei Ethereum gibt es nicht nur Adressen, sondern auch ein Namensystem (**Ethereum Name Service** – ENS), das man sich ähnlich vorstellen kann wie das Domain-Name-System («DNS») für Domainnamen im Internet. Statt im Browser die IP-Adresse des Webservers – bspw. 81.161.57.23 –, kann man den Domainnamen «liechtenstein.li» eingeben. Bei Ethereum muss man sich somit auch nicht den komplizierten VT-Identifikator 0xF3561FaD89e1695f76abFB80477b3513DC6B8338 merken, oder ihn gar in ein Wallet eingeben, sondern kann einfach den ENS-Namen «naegele.eth» bei kompatiblen Wallets verwenden.[622] Hier muss m.E. wohl sowohl die EOA-Adresse wie auch der ENS Name als VT-Identifikator qualifizieren.

Im Sinne des TVTG können nur EOA und ENS-Namen unter «VT-Identifikatoren» subsumiert werden. Sie ordnen die Token eindeutig zu, indem derjenige über die Token verfügen kann, der über den VT-Schlüssel verfügt.

2.2 Smart-Contract-Accounts – Adressen, die Smart Contracts identifizieren

Die Konti der Smart Contracts hingegen sind eine drastische Weiterentwicklung der Skripting-Möglichkeiten von Bitcoin, bei denen Bedingungen festgelegt werden können. Jeder Smart Contract hat eine **Smart-Contract-Adresse**, den «**contract account**». Die Smart Contracts werden nur dann aktiviert («triggered»), wenn sie eine

---

[621] ANTONOPOULOS/WOOD, Mastering Ethereum, S. 74.
[622] ANTONOPOULOS/WOOD, Mastering Ethereum, S. 281 ff.

Transaktion erhalten.[623] Durch die Transaktion auf ein Vertragskonto auf Ethereum wird der dem Konto zugeordnete Vertrag (Softwarecode) ausgeführt.[624] Somit kann man bei Ethereum die Bedingungen zum Tokentransfer noch viel flexibler gestalten wie bei der Skript-Funktion von Bitcoin. Ein Smart Contract hat aber keinen privaten Schlüssel, mit dem man ihn «kontrollieren» kann. Vielmehr wird im Smart Contract festgelegt, wer welche Funktionen ausführen kann. In der Regel darf bspw. derjenige (owner identifiziert durch seine EOA-Adresse), der einen Smart Contract auf der Ethereum-Blockchain einbringt (deployed), neue Token erzeugen (minting). Um die Minting-Funktion auszuüben, muss die Person, die über den privaten Schlüssel zum öffentlichen Schlüssel verfügt und dessen Adresse als owner im Smart Contract festgelegt ist, eine Transaktion signieren.

Auch bei Ethereum kann man Token an die Adresse «0x0» senden und sie damit aus dem Herrschaftsbereich von Personen entziehen, weil niemand mehr darüber verfügen kann. Werden Token an Smart-Contract-Adressen geschickt, werden diese durch den Smart-Contract-Code verarbeitet und allenfalls wiederum an eine EOA-Adresse geschickt. Es ist aber auch möglich, dass der Smart Contract bspw. aufgerufen wird durch eine Transaktion, um die Token zu vernichten (vgl. **burn**-Funktion). Dann werden die Token nicht neu zugeordnet, sondern unbrauchbar bzw. vernichtet. Smart-Contract-Adressen sind daher i.d.R. keine «VT-Identifikatoren» nach TVTG.

III   Fazit zur Zuordnung zu VT-Identifikatoren

Nach der Begriffsbestimmung in Art. 2 Abs. 1 lit. d des TVTG ermöglicht der VT-Identifikator die eindeutige Zuordnung von Token. Richtigerweise hat man von der Verwendung des Begriffs des öffentlichen Schlüssels abgesehen. In den meisten Fällen wird heute der öffentliche Schlüssel auch nicht mehr für Transaktionen verwendet. Um einen möglichst funktionalen, technologieneutralen Ansatz zu verfolgen, hat man daher den Begriff «VT-Identifikator» zusammen mit dem «VT-Schlüssel» eingeführt. Das TVTG stellt über den VT-Identifikator die Beziehung/Zuordnung von Token zu Rechtssubjekten (Personen) her. Dabei sind die Token dem VT-Identifikator zugeordnet, der wiederum über einen VT-Schlüssel kontrolliert wird (Verfügungsgewalt). Der VT-Schlüssel kann von Personen verwendet werden, um bspw. Transaktionen zu signieren. Bei Ethereum werden zwei Kontoarten unterschieden, die Smart-

---

[623] ANTONOPOULOS/WOOD, Mastering Ethereum, S. 604.
[624] VAN HIJFTE, Blockchain Platforms, S. 157.

Contract-Accounts und Konti externer Verfügungsberechtigter («EOA»). Die «Standardkonten» sind die EOA, die Personen bzw. VT-Identifikatoren (Adressen) zugeordnet werden und mittels Private-Key (VT-Schlüssel) Transaktionen ermöglichen. Die Smart-Contract-Konten werden nur dann aktiviert, wenn sie eine Transaktion erhalten und können selbst nur dann andere Smart Contracts ausführen, wenn sie getriggered wurden. Durch eine Transaktion an eine Smart-Contract-Adresse auf Ethereum wird der entsprechende Softwarecode ausgeführt. Somit kann man bei Ethereum die Bedingungen zum Tokentransfer noch viel flexibler gestalten wie bei der Script-Funktion (Locking-Script) von Bitcoin. Smart-Contract-Accounts sind keine VT-Identifikatoren i.S.d. TVTG.

4. TEIL SCHLUSSBETRACHTUNG

Für den liechtensteinischen Gesetzgeber war bei der Schaffung des TVTG einerseits die Rechtssicherheit für Unternehmen und Kunden wichtig, andererseits sollte – nichts geringeres, als - die passende Rechtsgrundlage für die Token-Ökonomie geschaffen werden. Man ging dabei viele neue Wege, die im Ergebnis ein stimmiges Bild abgeben. Wie schon der Regierungschef Adrian Hasler 2018 feststellte, umfasst das Thema «Blockchain» nicht nur Kryptowährungen. Damit aber in Zukunft Vermögenswerte wie «Autos», «Musiktitel» oder «Wertpapiere» unter Einsatz von Blockchain-Technologien gehandelt werden können, ist neben der aufsichtsrechtlichen Erfassung vor allem auch eine zivilrechtliche Regelung notwendig. Die Analyse erfolgte anhand der einzelnen Tatbestandsmerkmale der Legaldefinition von Token nach dem TVTG.

Zuerst war die Frage zu klären, ob der vom TVTG verwendete Begriff der Information mit Daten gleichzusetzen ist und wie Daten bzw. Informationen rechtlich einzuordnen sind. Eine Mindermeinung lässt eine Unterstellung von digitalen Daten unter den Sachbegriff in Liechtenstein zu. Überzeugender scheint die überwiegend vorherrschende Meinung der Nichtunterstellung unter das Sachenrecht. Hierbei wird der Natur von digitalen Daten Rechnung getragen, die sich von bspw. den Naturkräften unterscheiden. Zudem ist zu unterscheiden zwischen dem Datenträger und den darauf gespeicherten Daten. Der Datenträger ist eine bewegliche Sache i.S.d. SR und das darauf gespeicherte Gedankengut ist Gegenstand des Immaterialgüterrechts und von diesem geschützt. Digitale Daten in Form von Computerprogrammen sind zwar keine Werke i.S.d. URG, werden aber als solche behandelt und besonders geschützt.

Wenn das TVTG von «Information» spricht, meint es «interpretierte Daten» gespeichert auf VT-Systemen. Die Unterscheidung von Daten und Information ist dabei wichtig. Gemeinsam haben Daten und Informationen (interpretierte Daten), dass sie keine Sachen i.S.d. Sachenrechts sind. Als wesentliches Abgrenzungsmerkmal dient hierbei die fehlende Körperlichkeit beider. Token, und damit die Information, die einen Token ausmacht, sind von den Daten zu unterscheiden, die diese Informationen speichern und verarbeiten. Das TVTG verwendet daher den erklärungsbedürftigen Begriff «Information» statt Daten als Tatbestandsmerkmal in seiner Definition des Begriffs Token. Welche interpretierten Daten nun die Information eines Token ausmachen, variiert je nach Token. Die Information, die einen bitcoin ausmacht, ist etwas schwer zu fassen und beginnt mit der Frage, wie viele bitcoin einem Verfügungsberechtigten zuzuordnen sind. Die Information, wer wie viele bitcoin «hat», ist nicht direkt aus der dezentral in Form einer Blockchain gespeicherten Datenbank herauszulesen, sondern wird von jedem Full-Node berechnet und in einer Datenbank lokal zwischengespeichert. Die Information, aus der ein bitcoin besteht, ist also nicht eine einfache Zeichenfolge (syntaktische Ebene), sondern das Ergebnis einer Berechnung (Transaktionsmodell). Im Gegensatz zu Bitcoin, nutzt Ethereum ein Modell mit Kontoguthaben. Die Konten haben erwartungsgemäss einen Kontosaldo und - möchte man eine Transaktion machen – es wird geprüft, ob das Senderkonto über genügend Guthaben verfügt. Trifft dies zu, wird dem Empfängerkonto der Betrag gutgeschrieben und dem Senderkonto abgezogen, genannt Kontomodell. Die Information, aus der Ether besteht, ist also das Ergebnis einer Abfrage, welchem VT-Identifikator wie viele Ether zugewiesen sind. Um den Begriff umfassend zu erfassen, muss man sich aber nicht nur vor Augen führen, wie systemeigene Token durch Mining entstehen und in Transaktionen zugeordnet und übertragen werden, sondern auch wie Token im eigentlichen Sinn technisch ausgestaltet werden durch die Programmierung von Smart Contracts.

Denn neben den systemeigenen Token (Coins) wurde es in der Folge auch möglich, auf Basis von bestehenden VT neue Token zu erstellen. Technisch ausgestaltet werden diese Token durch Smart Contracts. Neue Token kann man auf Basis von bspw. Ethereum oder Aeternity vergleichsweise einfach im Baukastensystem erstellen. Diese Token entstehen daher nicht durch Mining, sondern durch die Programmierung und Veröffentlichung («Deployment») auf einem bestehenden System. Die Information, aus der ein solch geschaffener Token besteht, ist daher wiederum eine andere als bei systemeigenen Token. Der Token-Smart-Contract definiert die Informationen, die verfügbar sind. Token-Standards beschreiben eine Kombination von Funktionen, die in einem Smart Contract enthalten sein müssen, damit sie mit anderen Smart Contracts oder Software, wie beispielsweise Kryptobörsen oder Wallets, interagieren können. Sie beschreiben also mit anderen Worten einen gewissen Mindestinhalt. Für die rechtliche Einordnung sind diese Smart Contracts äusserst relevant. Ob ein Token als eine Stück- oder Gattungsschuld qualifiziert, eine unveränderbare, fixe Anzahl oder eine variable, totale Anzahl an Token verfügbar ist, oder ob es Beschränkungen bei der Übertragung gibt, wird im jeweiligen Token-Smart-Contract festgelegt. Der wesentliche Unterschied zwischen dem (fungiblen) Standardtoken ERC-20 und den nicht fungiblen Token nach dem ERC-721 («NFT»), ist bspw. deren eindeutige Unterscheidbarkeit bzw. Bestimmbarkeit. Daneben bestehen viele weitere Standards, unter anderem auch mehrere für Security-Token (bspw. der

Schlussbetrachtung

ERC-1400). Zusammengefasst kann festgehalten werden, dass das Tatbestandsmerkmal Information die nötige Flexibilität mit sich bringt, um verschiedenste Arten von Token, sowohl systemeigene wie von anderen VT-Systemen basierende Token, zu umfassen.

Als nächstes Tatbestandsmerkmal waren VT und VT-Systeme zu analysieren. Was unter vertrauenswürdigen Technologien (VT) und VT-Systemen zu verstehen ist, könnte von grösserer Bedeutung nicht sein. Gegenstand, Zweck und Anwendungsbereich der allgemeinen, zivilrechtlichen wie aufsichtsrechtlichen Bestimmungen beziehen sich immer auf vertrauenswürdige Technologien. Nutzt man als Dienstleister keine VT oder VT-Systeme, ist man kein VT-Dienstleister und darf sich auch nicht so nennen (Bezeichnungsschutz). Das bedeutet aber auch, dass wenn man für die Dienstleistungserbringung kein VT-System nutzt, man sich nicht als VT-Dienstleister registrieren lassen kann. Diese weitreichenden Rechtsfolgen schaffen die Rechtssicherheit, die der Gesetzgeber mit dem TVTG angestrebt hat. Warum aber wurde intermediärslosen, digitalen Transaktionen nicht schon vor der Entwicklung von VT und VT-Systemen die genannten Rechtsfolgen zugewiesen, und was unterscheidet ein VT-System von einer «normalen» Datenbankanwendung? Hier sind wir beim Kern des Begriffs «vertrauenswürdige Technologien» angelangt. Es gibt offenbar Technologien, die es ermöglichen, mit keinem oder wenig Vertrauen in die handelnden Akteure Transaktionen auszuführen und daran weitreichende Rechtsfolgen zu knüpfen. Man vertraut somit der Technologie, nicht den handelnden Akteuren. In der Informatik spricht man auch von «trustless»-Technologien. Da die Begriffe VT und VT-Systeme technologieneutral definiert und möglichst breit gefasst wurden, sind sie durch die Rechtsanwender auszulegen. Dabei gibt es aber keinen fixen Kriterienkatalog, der herbeigezogen werden kann, vielmehr ist es immer eine Gesamtbetrachtung, ob sie unter die Begriffsbestimmungen zu subsumieren sind: Vertrauenswürdige Technologien (VT) sind Technologien, durch welche die Integrität von Token, die eindeutige Zuordnung von Token zu VT-Identifikatoren sowie Verfügung über Token sichergestellt wird. VT-Systeme bauen auf VT auf und sind Transaktionssysteme, welche die sichere Übertragung und Aufbewahrung von Token sowie darauf aufbauende Dienstleistungserbringung mittels vertrauenswürdiger Technologien ermöglichen. Als Musterbeispiel für VT und VT-Systeme dienten dem Gesetzgeber dabei Bitcoin und Ethereum. Anhand der technologischen Ausgestaltung lässt sich erkennen, was eine Technologie zu einer VT und was ein System zu einem VT-System macht. Erfüllt ein System zwar die übrigen Tatbestandsmerkmale für «VT» und «VT-Systeme» und ist dessen unberechtigte Nutzung zur Veränderung zu eigenen Gunsten mit verhältnismässig wenig Aufwand möglich, ist es keine VT und damit kein VT-

System. Die meisten grossen Blockchains und DLT-Systeme sind aber nur mit verhältnismässig grossem Aufwand manipulierbar. Mit anderen Worten: Ist das System mit an Sicherheit grenzender Wahrscheinlichkeit unveränderbar, ist es ein VT-System. Ist das System aber so ausgestaltet, dass es leicht verändert werden kann (bspw. eine zentrale einfache Datenbank, wie sie bei Webservern im Einsatz ist), finden weder das Registrierungssystem noch die zivilrechtlichen Regelungen Anwendung. In der Praxis bereitet die Subsumtion bis dato wenig Probleme, da vorwiegend grosse, etablierte Systeme verwendet werden.

Dann wurde die Repräsentation von Rechten genauer betrachtet. Token lassen sich zu diesem Zweck als «Container» beschreiben, der Rechte repräsentieren kann. Dieses Modell wird auch Token-Container-Modell (TCM) genannt. Ähnlich einem Wertpapier verbindet der Token bei der Repräsentation etwas Wertvolles (Forderungs- oder Mitgliedschaftsrechte, Rechte an Sachen oder andere absolute oder relative Rechte) mit etwas nahezu Wertlosem (dem Token). Repräsentiert der Token nichts Wertvolles – ist mit anderen Worten also ein leerer Container –, ist der Token selbst das «Wertvolle». Token müssen also keine Rechte (intrinsische Token) repräsentieren, können es aber (extrinsische Token).

Forderungen sind in Liechtenstein formfrei durch Zession, auch konkludent übertragbar, wenn nicht das zugrundeliegende Rechtsgeschäft formpflichtig ist. Durch die Übertragung der Forderung ändert sich an der Forderung nichts (vgl. § 1394 ABGB). Der Schuldner hat auch gegen den neuen Gläubiger alle Rechte und Einreden, die er gegen den Altgläubiger hatte. Rechte und Einreden bleiben bestehen, weshalb der Neugläubiger sich Einreden entgegenhalten lassen muss. Sofern keine ergänzenden Formvorschriften bestehen, bewirkt eine Verfügung über den Token ex lege die Übertragung der Forderung auf den neuen Verfügungsberechtigten über den Token. Damit dem Token auch Legitimations- und Befreiungswirkung zukommt, sind entsprechende weitere Vorkehrungen zu treffen, um die erfolgreiche Übertragung zu gewährleisten.

Bei der Repräsentation von Rechten ist die Legitimations- und Befreiungswirkung nach Art. 8 TVTG auf alle extrinsischen Token anzuwenden und nicht nur auf Wertrechte. Bei intrinsischen Token, also Token, die keine Rechte repräsentieren, ist Art. 8 TVTG nicht anwendbar. Bei der Repräsentation von Rechten in extrinsischen Token hingegen stellen sich - je nach repräsentiertem Recht - unterschiedliche Anforderungen an eine erfolgreiche Tokenisierung. Bei der Repräsentation von absoluten Rechten sind bspw. die Publizitätsvorschriften zu beachten. Bei extrinsischen Token müssen sich die Parteien darauf einigen, dass - je nach Recht - die Rechteausübung an die

Verfügungsberechtigung am Token geknüpft ist (Legitimationsfunktion) und andererseits ein Schuldner nur noch an den Verfügungsberechtigten über den Token schuldbefreiend leisten kann (Befreiungswirkung).

Verbandspersonen können ihren Mitgliedern sodann Mitgliedschaftsanteile (Anteilsrechte) gewähren, sofern das Gesetz oder die Statuten es nicht anders bestimmen. Die Mitgliedschaft ist unteilbar, veräusserlich und vererbbar, kann aber durch Gesetz oder die Statuten anders vorgesehen werden. Eine Sonderstellung nehmen die Wertrechte im TVTG ein, obwohl sie im Gesetzestext selbst nicht zu finden sind, da sie der Gesetzgeber in die Schlussabteilung des PGR übernommen hat. Die liechtensteinische Rechtsordnung kannte auch schon vor dem TVTG immobilisierte und entmaterialisierte Wertpapiere, sohin Wertrechte ohne Wertpapiercharakter. Im Rahmen des TVTG wurden Wertrechte in § 81a Abs. 1 SchlT PGR positiviert: Wertrechte sind demzufolge «Rechte mit gleicher Funktion wie Wertpapiere» und «vertretbare Wertpapiere». Eine Verbriefung ist somit nicht mehr notwendig, Forderungen können von Anfang an in Form von Token (Wertrechten) ausgegeben werden. Damit Token funktionsäquivalent zu Wertpapieren sein können, müssen sie bei der Repräsentation von wertpapierfähigen Rechten dieselben Funktionen wie Wertpapiere bei der Verbriefung innehaben. Als wichtige Beschränkung bei der Ausgabe von Wertrechten ist zu sehen, dass nur solche Rechte als Wertrechte ausgegeben werden können, welche auch in einem Wertpapier verbrieft werden können. Die Übertragung ist bei Wertrechten zweigeteilt. So erfolgt die Übertragung von Inhaberaktien in Form von Wertrechten einerseits durch Eintragung des Erwerbers im Wertrechteregister (konstitutive Wirkung) der Verbandsperson nach § 81a Abs. 4 SchlT PGR und andererseits durch Eintragung des Erwerbers im Verwahrerregister nach Art. 326h Abs. 3 i.V.m. Art. 326c PGR. Diese zwei Register sind zu koordinieren, wobei ein Verwahrer nach Art. 326b PGR auch das Wertrechteregister führen kann.

Bei Sachen ist die Übertragung nicht wie bei Wertrechten ex lege möglich. Token und das repräsentierte Recht sollen sich aber dennoch das gleiche Schicksal teilen. Es kommt wiederum Art. 7 Abs. 2 TVTG zum Tragen, der je nach Anforderung geeignete Massnahmen fordert. Eine geeignete Massnahme wäre eine Tokenisierungsklausel. Dabei übernimmt der Token die Funktionen der Urkunde bei der Urkundenklausel. Eine solche Klausel könnte, sofern sie bspw. bei Sachen an der Sache selbst angebracht wird, auch die notwendige Publizität schaffen. Damit ist für jedermann klar erkennbar, dass eine Übertragung nur durch Token möglich und Leistung nur an den Verfügungsberechtigten schuldbefreiend ist. Hierbei sind insb. die Rechte an Sachen gesondert zu betrachten. Verfügungen über Token bei der Repräsentation von Sachen haben per se nicht Vorrang über die Verfügung über die repräsentierte Sache selbst. Bei der Repräsentation von Rechten an Fahrnis hat man daher, neben den Erfordernissen des TVTG zur Übertragung des Token, auch die Übertragung des Fahrnisgegenstandes nach sachenrechtlichen Grundsätzen zu bewerkstelligen. Bei Besitz- und Eigentumsübertragungen spielen, neben der in der Praxis wohl eher uninteressanten Hand-zu-Hand-Übergabe der Fahrnisse, die Erwerbsarten ohne Besitz bspw. durch formlose Besitzübertragungssurrogate, wie die Besitzanweisung oder das Besitzkonstitut, eine zentrale Rolle. Im Besitzanweisungsvertrag verpflichtet sich der unmittelbare Besitzer, die Sache nur an den Verfügungsberechtigten über den Token (Legitimationsfunktion) herauszugeben (bspw. durch Anbringung einer Tokenisierungsklausel). Hierbei wird konkludent auf die Mitteilungspflicht verzichtet und durch die Legitimationsfunktion des Token ersetzt. Die dabei durch das VT-System ausgewiesene Rechtszuständigkeit bietet einen hohen Grad an Verlässlichkeit (Verkehrssicherheit). Die gesetzliche Regelung der Legitimationsfunktion von (extrinsischen) Token und die hohe Verlässlichkeit rechtfertigen es daher, bei der Besitzanweisung - anstelle der Mitteilungspflichten an den unmittelbar besitzenden Dritten - die Legitimationsfunktion des Token durch eine (Tokenisierungs-)Klausel im Besitzanweisungsvertrag zu stellen.

Token können aber auch andere Rechte wie z.B. Immaterialgüterrechte repräsentieren. Die Schutzrechte für Marken und Designs entstehen ausschliesslich durch Eintragung in ein Register (konstitutive Wirkung des Registereintrages), was eine Repräsentation in Token unpraktikabel macht. Die Vermögensrechte oder Nutzungsrechte sind in Token repräsentierbar und deren Übertragung kann formfrei, sogar stillschweigend erfolgen. Durch den Zeitstempel von vertrauenswürdigen Technologien kann der Rechteinhaber nachweisen, dass er zum Zeitpunkt der Transaktion oder Erstellung des Token dieses Werk geschaffen hat. Damit hat der Token auf der einen Seite Beweisfunktion für die Schaffung des Werks und somit der initialen Zuordnung zur Person, in der das Werk entstanden ist (Schöpfertheorie). Auf der anderen Seite kann in der Folge die Repräsentation der Nutzungsrechte im Token erfolgen, die damit übertragen und ausgeübt werden können. Sollen Lizenzen in Token repräsentiert werden, benötigt die Übertragung die Zustimmung des Lizenzgebers. Dies kann automatisiert erfolgen. Als geeignete Massnahme nach Art. 7 Abs. 2 TVTG zur Sicherstellung, dass mit dem Token auch die Lizenz auf den neuen Verfügungsberechtigten über den Token übertragen wird, kommt die vorgängige Einwilligung zur freien Übertragbarkeit durch den Lizenzgeber in Frage.

Zu guter Letzt war die Zuordnung an einen VT-Identifikator genauer darzustellen. Nach der Begriffsbestimmung in Art. 2 Abs. 1 lit. d des TVTG ermöglicht der VT-Identifikator die eindeutige Zuordnung von Token. Richtigerweise hat man von der Verwendung des Begriffs des öffentlichen Schlüssels abgesehen. In den meisten Fällen wird heute der öffentliche Schlüssel auch nicht mehr für Transaktionen verwendet. Um einen möglichst funktionalen, technologieneutralen Ansatz zu verfolgen, hat man daher den Begriff «VT-Identifikator» zusammen mit dem «VT-Schlüssel» eingeführt. Das TVTG stellt über den VT-Identifikator die Beziehung/Zuordnung von Token zu Rechtssubjekten (Personen) her. Dabei sind die Token dem VT-Identifikator zugeordnet, der wiederum über einen VT-Schlüssel kontrolliert wird (Verfügungsgewalt). Der VT-Schlüssel kann von Personen verwendet werden, um bspw. Transaktionen zu signieren.

Gesamthaft betrachtet zeigt sich, dass es dem Gesetzgeber mit der Legaldefinition des TVTG gelungen ist, ein passendes Rechtsobjekt in die liechtensteinische Rechtsordnung einzuführen. Erst die genaue Analyse des Tatbestandes im Kontext als Container zum Rechtetransfer in der Token-Ökonomie macht verständlich, warum die einzelnen Tatbestandsmerkmale so vorgesehen wurden. Es macht auch nachvollziehbar, warum nicht nur der Token als neues Rechtsobjekt definiert, sondern auch eine eigene Übertragungsordnung notwendig wurde. Die Legaldefinition steht dabei im Zentrum des TVTG, und das Token-Container-Modell dient bereits jetzt als Grundlage für ausländische Gesetzgeber, was die Innovationskraft unterstreicht. Liechtenstein hat mit der Legaldefinition die Grundlage für die Tokenisierung von Rechten geschaffen. Es bleibt spannend, wie sich der Ansatz in der Praxis bewährt und wie sich die Technologien dahinter weiterentwickeln.

Literatur- und Materialienverzeichnis

1 Literatur

ANTONOPOULOS, Mastering bitcoin. Programming the open blockchain (June 2017).

ANTONOPOULOS/WOOD, Mastering Ethereum. Building smart contracts and DApps (2018).

BARAN, On Distributed Communications. Introduction to Distributed Communications Networks (1964).

BASHIR, Mastering Blockchain. Distributed ledgers, decentralization and smart contracts explained (2017).

BLOCHER, Gewerblicher Rechtschutz und Urheberrecht, in *Jahnel* (Hrsg.), IT-Recht[3] (2012).

BUCHLEITNER/RABL, Blockchain und Smart Contracts (Vom Ende der Institutionen), (zit. ecolex 2017).

DÜNSER, Legalize Blockchain. How States Should Deal with Today's Most Promising Technology to foster prosperity (2020).

FRANK/BERNANKE, Principles of economics (2001).

A. FRICK, Zivilrechtliche Aspekte von Token im Zusammenhang mit dem liechtensteinischen Token- und VT-Dienstleister-Gesetz. Diplomarbeit Fakultät für Rechtswissenschaften der Universität Innsbruck, Schaan, Innsbruck (2020).

HOEREN/SIEBER/HOLZNAGEL (Hrsg.), Handbuch Multimedia-Recht (Rechtsfragen des elektronischen Geschäftsverkehrs) (1999).

HONSELL/VOGT/GEISER, Basler Kommentar[5] (2015).

JAHNEL (Hrsg.), IT-Recht[3] (2012).

KAISER/RÜETSCHI, Immaterialgüterrecht[3] (2017).

KERSCHER, Bitcoin. Funktionsweise, Risiken und Chancen der digitalen Währung[2] (2014).

KERSKEN, IT-Handbuch für Fachinformatiker[6] (2013).

KOLLER/SEIDEL, Geld war gestern. [wie Bitcoin, Regionalgeld, Zeitbanken und Sharing Economy unser Leben verändern werden][1] (2014).

G. LESER/G. LESER/HABSBURG-LOTHRINGEN, Finanzinstrumente - Aktien, Anleihen, Rohstoffe, Fonds und Derivate im Überblick. Inkl. virtuelle Währungssysteme (Blockchain, ICO, Bitcoin, Ethereum und andere Kryptowährungen)[2] (2019).

MANKIW, Principles of economics[2] (2001).

MEIER-HAYOZ/CRONE, Wertpapierrecht[3] (2018).

MÜLLER/OERTLI (Hrsg.), Urheberrechtsgesetz (URG) (Bundesgesetz über das Urheberrecht und verwandte Schutzrechte; mit Ausblick auf EU-Recht, deutsches Recht, Staatsverträge und die internationale Rechtsentwicklung)[2] (2012).

NÄGELE/XANDER, ICOs und STOs im liechtensteinischen Recht, in *Piska/Völkel* (Hrsg.), Blockchain rules (2019).

NÄGELE/FELDKIRCHER/BERGT/ESNEAULT, National legal & regulatory frameworks in select European countries (VIII. LIECHTENSTEIN), in thinkBLOCKtank (Hrsg.), Token Regulation Paper v1.0.

NÄGELE, Sekundärmarkt für Security Token (2020).

PISKA/VÖLKEL (Hrsg.), Blockchain rules (2019).

RIETZLER/M. FRICK/CASELLINI, Liechtensteinisches Blockchain Gesetz, in *Piska/Völkel* (Hrsg.), Blockchain rules (2019).

SALEH, Blockchain Without Waste: Proof-of-Stake (2018).

J. SCHMID/HÜRLIMANN-KAUP, Sachenrecht[4] (2012).

SCHUSTER/GRÜTZMACHER (Hrsg.), IT-Recht (Kommentar)[1] (2018).

SCHWARZ, Globaler Effektenhandel. Eine rechtstatsächliche und rechtsvergleichende Studie zu Risiken, Dogmatik und Einzelfragen des Trading, Clearing und Settlement bei nationalen und internationalen Wertpapiertransaktionen (2016).

SIXT, Bitcoins und andere dezentrale Transaktionssysteme. Blockchains als Basis einer Kryptoökonomie (2017).

SONNTAG, Informationstechnologie: Grundlagen, in *Jahnel* (Hrsg.), IT-Recht[3] (2012).

SUNYAEV, Internet Computing. Principles of Distributed Systems and Emerging Internet-Based Technologies[1] (2020).

VAN HIJFTE, Blockchain Platforms. A Look at the Underbelly of Distributed Platforms (2020).

VOSHMGIR, Token economy. How blockchains and smart contracts revolutionize the economy[1] (2019).

WIEGAND in *Honsell/Vogt/Geiser*, Basler Kommentar[5] (2015), Vorbemerkungen zu Art. 641 ff.

WILD, Zivilrecht und Token-Ökonomie in Liechtenstein. Eine Analyse der zivilrechtlichen Bestimmungen des TVTG unter Berücksichtigung des Wertrechts (2020).

ZECH, Vorbemerkungen zu §§ 87a ff., in *Schuster/Grützmacher* (Hrsg.), IT-Recht. Kommentar[1] (2018).

2 Zeitschriftenaufsätze

BÜCH, Die Blockchain und das Recht, S. 55, (zit. LJZ 2018).

DEUBER/KHORRAMI JAHROMI, Liechtensteiner Blockchain-Gesetzgebung: Vorbild für Deutschland? (Lösungsansatz für eine zivilrechtliche Behandlung von Token), S. 576, (zit. MMR 2020).

ECKERT, Digitale Daten als Wirtschaftsgut: digitale Daten als Sache, S. 245, (zit. SJZ 2016).

EIGELSHOVEN/ULLRICH/GRONAU, Konsens-Algorithmen von Blockchain, S. 29, (zit. I4oM 2020).

FALKER/TEICHMANN, Liechtenstein – Das TVTG und Risiken der Blockchain-Technologie, S. 62, (zit. InTeR 2020).

HANDLE, Der urheberrechtliche Schutz der Idee, S. 233, (zit. SMI 2013).

HAWLITSCHEK/NOTHEISEN/TEUBNER, The limits of trust-free systems: A literature review on blockchain technology and trust in the sharing economy, S. 50, (zit. Electronic Commerce Research and Applications 2018).

LAMPORT/SHOSTAK/PEASE, The Byzantine generals problem, S. 382, (zit. ACM transactions on programming languages and systems 1982).

LANGER/NÄGELE, Blockchain- und tokenbasierte Unternehmen in Liechtenstein (Steuerliche und rechtliche Fragen und Antworten), S. 1, (zit. IWB 2018).

LAYR/MARXER, Rechtsnatur und Übertragung von «Token» aus liechtensteinischer Perspektive, S. 11, (zit. LJZ 2019).

LINS/PRAICHEUX, Digital and blockchain-based legal regimes: An EEA case study based on innovative legislations (Comparison of French and Liechtenstein domestic regulations), S. 311, (zit. SPWR 2020).

NÄGELE/BERGT, Kryptowährungen und Blockchain-Technologie im liechtensteinischen Aufsichtsrecht, S. 63, (zit. LJZ 2018).

NÄGELE/BONT, Tokenized structures and assets in Liechtenstein law, S. 633, (zit. Trusts Trustees 2019).

OMLOR, Digitales Eigentum an Blockchain-Token – rechtsvergleichende Entwicklungslinien, S. 41, (zit. ZVglRWiss 2020).

PATZ, Handelsplattformen für Kryptowährungen und Kryptoassets, S. 435, (zit. BKR 2019).

PAULMAYER, Initial Coin Offerings (ICOs) und Initial Token Offerings (ITOs) als prospektpflichtiges Angebot nach KMG? S. 530, (zit. ZFR 2017/259).

PEKLER/RIRSCH/TOMANEK, Kapitalmarktrechtliche Hindernisse für den Handel von Security Token, S. 172, (zit. ZFR 2020/73).

RASCHAUER/SILBERNAGL, Grundsatzfragen des liechtensteinischen „Blockchain-Gesetzes" – TVTG, S. 11, (zit. ZFR 2020/3).

A. SCHMID/SCHMIDT/ZECH, Rechte an Daten – zum Stand der Diskussion, S. 627, (zit. sic! 2018).

SCHOPPER/RASCHNER, Die aufsichtsrechtliche Einordnung von Krypto-Börsen in Österreich, S. 249, (zit. ÖBA 2019).

SILBERNAGL, Zivilrechtliche Regelungen des liechtensteinischen Blockchaingesetzes (TVTG) - Möglichkeiten für Österreich? S. 9, (zit. Zak 2020/7).

SUNYAEV/KANNENGIEßER/BECK/TREIBLMAIER/LACITY/KRANZ/FRIDGEN/SPANKOWSKI/LUCKOW, Token Economy, 2021).

THOUVENIN/FRÜH/LOMBARD, Eigentum an Sachdaten: Eine Standortbestimmung, S. 25, (zit. SZW 2017).

VÖLKEL, Vertrauen in die Blockchain und das Sachenrecht, S. 492, (zit. ZFR 2020/218).

VON DER CRONE/KESSLER/ANGSTMANN, Token in der Blockchain – privatrechtliche Aspekte der Distributed Ledger Technologie, S. 337, (zit. SJZ 2018/114).

WURZER, Practical Applications According to the Law on Tokens and TT Service Providers (Token- and TT Service Provider Act; TVTG), S. 221, (zit. SPWR 2019).

ZOGG, Bitcoin als Rechtsobjekt – eine zivilrechtliche Einordnung, S. 95, (zit. recht 2019).

3 Kommentarliteratur

BAUER in *Honsell/Vogt/Geiser*, Basler Kommentar[5] (2015), Art. 884.

DE WERRA, Art. 16, in *Müller/Oertli* (Hrsg.), Urheberrechtsgesetz (URG). Bundesgesetz über das Urheberrecht und verwandte Schutzrechte; mit Ausblick auf EU-Recht, deutsches Recht, Staatsverträge und die internationale Rechtsentwicklung[2] (2012).

FENYVES/KERSCHNER/VONKILCH, ABGB, §§ 1375 bis 1410[3] / begr. von Heinrich Klang (2011).

HAUSHEER/ZOBL/LEEMANN/GMÜR/BECKER/MEIER-HAYOZ (Hrsg.), Berner Kommentar (Kommentar zum schweizerischen Privatrecht)[2] (1996).

HUG, Art. 6, in *Müller/Oertli* (Hrsg.), Urheberrechtsgesetz (URG). Bundesgesetz über das Urheberrecht und verwandte Schutzrechte; mit Ausblick auf EU-Recht, deutsches Recht, Staatsverträge und die internationale Rechtsentwicklung[2] (2012).

HUG, Art. 8, in *Müller/Oertli* (Hrsg.), Urheberrechtsgesetz (URG). Bundesgesetz über das Urheberrecht und verwandte Schutzrechte; mit Ausblick auf EU-Recht, deutsches Recht, Staatsverträge und die internationale Rechtsentwicklung[2] (2012).

KERSCHNER/FENYVES/KLANG (Hrsg.), ABGB, §§ 353 bis 379 / begr. von Heinrich Klang[3] (2011).

LEUPOLD, Gutgläubiger Erwerb, in *Kerschner/Fenyves/Klang* (Hrsg.), ABGB, §§ 353 bis 379[3] (2011).

MÖLLENKAMP/SHMATENKO, Blockchain und Kryptowährungen, in *Hoeren/Sieber/Holznagel* (Hrsg.), Handbuch Multimedia-Recht. Rechtsfragen des elektronischen Geschäftsverkehrs (1999).

OPILIO, Liechtensteinisches Sachenrecht. SR; Arbeitskommentar (2010).

STARK/LINDENMANN, Der Besitz, Art. 919-941 ZGB Schweizerisches Zivilgesetzbuch (ZGB 924), in *Hausheer/Zobl/Leemann/Gmür/Becker/Meier-Hayoz* (Hrsg.), Berner Kommentar. Kommentar zum schweizerischen Privatrecht[2] (1996) S. 135-165.

THÖNI in *Fenyves/Kerschner/Vonkilch*, ABGB, §§ 1375 bis 1410[3] (2011), § 1392.

THÖNI in *Fenyves/Kerschner/Vonkilch*, ABGB, §§ 1375 bis 1410[3] (2011), § 1393.

ZOBL, Das Fahrnispfand, Art. 888-906 ZGB, mit kurzem Überblick über das Versatzpfand (Art. 907-915 ZGB), in *Hausheer/Zobl/Leemann/Gmür/Becker/Meier-Hayoz* (Hrsg.), Berner Kommentar. Kommentar zum schweizerischen Privatrecht[2] (1996) S. 347-365.

4 Zeitungsartikel

ALBRICH, Unklare Rechtslage noch ein Hindernis für Bitcoin-Automaten, (zit. Liechtensteiner Volksblatt 14.01.2019).

BREUER, Definition: Fungibilität, (zit. Springer Fachmedien Wiesbaden GmbH 16.02.2018).

DEUTSCHE PRESSE AGENTUR, Bitcoin-Börse Mt.Gox insolvent, (zit. FAZ 28.02.2014).

EAGAR, What is the difference between decentralized and distributed systems? (zit. EcoNova 04.11.2017).

HASLER, Rechtssicherheit für die Token-Ökonomie (Liechtenstein als Vorreiter), (zit. NZZ Neue Zürcher Zeitung AG 09.01.2019).

MALA, Who Spends $140,000 on a CryptoKitty? (zit. The New York Times 18.05.2018).

SIEGEL, The DAO Attack: Understanding What Happened, (zit. CoinDesk 25.06.2016).

5 Internetquellen

AETERNITY, a blockchain for scalable, secure and decentralized æpps, https://aeternity.com/ (16.04.2020), (zit. AETERNITY, a blockchain for scalable, secure and decentralized æpps).

AETERNITY, aepp-sophia-examples, https://github.com/aeternity/aepp-sophia-examples (22.02.2021), (zit. AETERNITY, aepp-sophia-examples).

AETERNITY, æternity - a blockchain for scalable, secure and decentralized æpps, https://aeternity.com/#sophia (22.02.2021), (zit. AETERNITY, æternity - a blockchain for scalable, secure and decentralized æpps).

AETERNITY, aeternity campaign - Twitter Suche / Twitter, https://twitter.com/search?q=aeternity%20campaign&src=typed_query&pf=on (28.02.2021), (zit. AETERNITY, aeternity campaign - Twitter Suche / Twitter).

AETERNITY, Non fungible token example, https://github.com/aeternity/aepp-sophia-examples/tree/master/libraries/NonFungibleToken (22.02.2021), (zit. AETERNITY, Non fungible token example).

AETERNITY, The sophia language, https://aeternity-sophia.readthedocs.io/en/latest (22.02.2021), (zit. AETERNITY, The sophia language).

AETERNITY, The Sophia Language, https://aeternity.com/documentation-hub/protocol/contracts/sophia (12.02.2021), (zit. AETERNITY, The Sophia Language).

AMT FÜR JUSTIZ DES FÜRSTENTUMS LIECHTENSTEIN, Handelsregistereintrag AETERNITY ANSTALT, https://oera.li/cr-portal/auszug/auszug.xhtml?uid=FL-0002.528.358-1# (28.02.2021), (zit. AMT FÜR JUSTIZ DES FÜRSTENTUMS LIECHTENSTEIN, Handelsregistereintrag AETERNITY ANSTALT).

AMT FÜR JUSTIZ DES FÜRSTENTUMS LIECHTENSTEIN, Merkblatt zur Liberierung von Gesellschaftskapital mit einer Kryptowährung, https://www.llv.li/files/onlineschalter/Dokument-3306.pdf (27.02.2021), (zit. AMT FÜR JUSTIZ DES FÜRSTENTUMS LIECHTENSTEIN, Merkblatt zur Liberierung von Gesellschaftskapital mit einer Kryptowährung).

ARIANEE PROJECT, Arianee Certificate Schema, https://docs.arianee.org/docs/ArianeeProductCertificate-i18n (16.02.2021), (zit. ARIANEE PROJECT, Arianee Certificate Schema).

ARIANEE PROJECT, Arianee Event Schema, https://docs.arianee.org/docs/ArianeeEvent-i18n (20.02.2021), (zit. ARIANEE PROJECT, Arianee Event Schema).

ASHURST LLP, Press Release Ashurst (Ashurst advises Nomisma on Europes first MiFID II license for a blockchain-based MTF), https://www.ashurst.com/en/news-and-insights/news-deals-and-awards/ashurst-advises-nomisma-on-europes-first-mifid-ii-license-for-a-blockchain-based-mtf (26.04.2020), (zit. ASHURST LLP, Press Release Ashurst).

BITCOIN WIKI, Genesis Block, https://en.bitcoin.it/wiki/Genesis_block, (zit. BITCOIN WIKI, Genesis Block).

BITCOIN WIKI, Transaction, https://en.bitcoin.it/wiki/Transaction (08.02.2021), (zit. BITCOIN WIKI, Transaction).

BLOCKAXS, Innovatives Vertragsmanagement der Zukunft, https://blockaxs.com/ (25.02.2021), (zit. BLOCKAXS, Innovatives Vertragsmanagement der Zukunft).

BLOCKCHAIN.INFO, Blockchain Explorer, https://www.blockchain.com/btc/tx/ a5cbbb32c7f3e2508cd1edef8db817ee9c0fc94b46ee97d5e2f8dd981c4fef48 (17.05.2021), (zit. BLOCKCHAIN.INFO, Blockchain Explorer).

BLOCKCHAIN.INFO, Währungs Statistik, https://blockchain.info/de/stats, (zit. BLOCKCHAIN.INFO, Währungs Statistik).

BREITLING, Pressemitteilung Breitling (Breitling bietet als erste Luxusuhrenmanufaktur einen Blockchain-basierten digitalen Pass für alle neuen Uhren), https://www.breitling.com/de-de/press-lounge/press-release/33479 (16.02.2021), (zit. BREITLING, Pressemitteilung Breitling).

BUNDESANSTALT FÜR FINANZDIENSTLEISTUNGSAUFSICHT (BAFIN), Merkblatt: Hinweise zum Tatbestand des Kryptoverwahrgeschäfts, https://www.bafin.de/DE/Aufsicht/BankenFinanzdienstleister/Zulassung/Kryptoverwahrgeschaeft/kryptoverwahrgeschaeft_node.html (19.04.2020), (zit. BAFIN, Merkblatt: Hinweise zum Tatbestand des Kryptoverwahrgeschäfts).

BUTERIN, Ethereum whitepaper, https://web.archive.org/web/20140206034718/http://www.ethereum.org/ethereum.html (28.02.2021), (zit. BUTERIN, Ethereum whitepaper).

BUTERIN/VOGELSTELLER, ethereum/EIPs 20, https://github.com/ethereum/EIPs/blob/master/EIPS/eip-20.md (02.02.2021), (zit. BUTERIN/VOGELSTELLER, ethereum/EIPs 20).

BUTERIN, On Settlement Finality, https://blog.ethereum.org/2016/05/09/on-settlement-finality (19.01.2021), (zit. BUTERIN, On Settlement Finality).

CLAYTON, Statement on Cryptocurrencies and Initial Coin Offerings, https://www.sec.gov/news/public-statement/statement-clayton-2017-12-11 (11.04.2020), (zit. CLAYTON, Statement on Cryptocurrencies and Initial Coin Offerings).

COINMARKETCAP, 24 Hour Volume Rankings (Currency), https://coinmarketcap.com/currencies/volume/24-hour (14.04.2020), (zit. COINMARKETCAP, 24 Hour Volume Rankings (Currency)).

COINMARKETCAP, Aeternity price today, AE marketcap, chart, and info | CoinMarketCap, https://coinmarketcap.com/currencies/aeternity (07.02.2021), (zit. COINMARKETCAP, Aeternity price today, AE marketcap, chart, and info | CoinMarketCap).

COINMARKETCAP, Bitcoin (BTC) Kurs, Grafiken, Marktkapitalisierung, https://coinmarketcap.com/de/currencies/bitcoin (13.03.2021), (zit. COINMARKETCAP, Bitcoin (BTC) Kurs, Grafiken, Marktkapitalisierung).

CRYPTO51, Cost of a 51% Attack for Different Cryptocurrencies, https://www.crypto51.app/ (07.02.2021), (zit. CRYPTO51, Cost of a 51% Attack for Different Cryptocurrencies).

DAPPER LABS INC., CryptoKitties (Collect and breed digital cats!), https://www.cryptokitties.co/catalogue/latest-cattributes (12.02.2021), (zit. DAPPER LABS INC., CryptoKitties).

DEUTSCHE BUNDESBANK, Begriff und Aufgaben des Geldes, https://www.bundesbank.de/Redaktion/DE/Dossier/Service/schule_und_bildung_kapitel_1.html?notFirst=true&docId=153022#doc153022bodyText1, (zit. DEUTSCHE BUNDESBANK, Begriff und Aufgaben des Geldes).

DEUTSCHE BUNDESBANK, Distributed-Ledger-Technologien im Zahlungsverkehr und in der Wertpapierabwicklung (Potenziale und Risiken), https://www.bundesbank.de/resource/blob/665446/cfd6e8fbe0f2563b9fc1f48fabda8ca2/mL/2017-09-distributed-ledger-technologien-data.pdf (19.01.2021), (zit. DEUTSCHE BUNDESBANK, Distributed-Ledger-Technologien im Zahlungsverkehr und in der Wertpapierabwicklung).

DOSSA/RUIZ/VOGELSTELLER/GOSSELIN, ERC-1644: Controller Token Operation Standard · Issue #1644 · ethereum/EIPs, https://github.com/ethereum/EIPs/issues/1644 (22.02.2021), (zit. DOSSA, et al., ERC-1644: Controller Token Operation Standard · Issue #1644 · ethereum/EIPs).

EIDGENÖSSISCHE STEUERVERWALTUNG, ICTax - Income & Capital Taxes, https://www.ictax.admin.ch/extern/de.html#/ratelist/2021 (27.02.2021), (zit. EIDGENÖSSISCHE STEUERVERWALTUNG, ICTax - Income & Capital Taxes).

ETHEREUM, ERC 1400: Security Token Standard · Issue #1411 · ethereum/EIPs, https://github.com/ethereum/eips/issues/1411 (21.02.2021), (zit. ETHEREUM, ERC 1400: Security Token Standard · Issue #1411 · ethereum/EIPs).

ETHEREUM, ERC-20 Token Standard, https://ethereum.org/en/developers/docs/standards/tokens/erc-20 (21.02.2021), (zit. ETHEREUM, ERC-20 Token Standard).

ETHEREUM, ERC-721 Non-Fungible Token Standard, https://ethereum.org/en/developers/docs/standards/tokens/erc-721 (21.02.2021), (zit. ETHEREUM, ERC-721 Non-Fungible Token Standard).

ETHEREUM, Ethereum is a global, open-source platform for decentralized applications, https://ethereum.org/ (14.04.2020), (zit. ETHEREUM, Ethereum is a global, open-source platform for decentralized applications).

ETHEREUM, ethereum/EIPs, https://github.com/ethereum/EIPs (21.02.2021), (zit. ETHEREUM, ethereum/EIPs).

ETHEREUM, ethereum/EIPs Issue #16 ·, https://github.com/ethereum/EIPs/issues/16 (21.02.2021), (zit. ETHEREUM, ethereum/EIPs Issue #16 ·).

ETHEREUM, History of Ethereum, https://ethereum.org/en/history (28.02.2021), (zit. ETHEREUM, History of Ethereum).

ETHEREUM, Solidity, https://github.com/ethereum/solidity (12.02.2021), (zit. ETHEREUM, Solidity).

ETHERSCAN.IO, Aeternity (AE) Contract Address, https://etherscan.io/address/0x5ca9a71b1d01849c0a95490cc00559717fcf0d1d#code (08.02.2021), (zit. ETHERSCAN.IO, Aeternity (AE) Contract Address).

ETHERSCAN.IO, Aeternity (AE) Token Tracker, https://etherscan.io/token/0x5ca9a71b1d01849c0a95490cc00559717fcf0d1d (06.02.2021), (zit. ETHERSCAN.IO, Aeternity (AE) Token Tracker).

ETHERSCAN.IO, Aeternity (AE) Token Tracker - balances, https://etherscan.io/token/0x5ca9a71b1d01849c0a95490cc00559717fcf0d1d#balances (06.02.2021), (zit. ETHERSCAN.IO, Aeternity (AE) Token Tracker - balances).

ETHERSCAN.IO, Ether Total Supply and Market Capitalization Chart, https://etherscan.io/stat/supply (12.02.2021), (zit. ETHERSCAN.IO, Ether Total Supply and Market Capitalization Chart).

EUROPÄISCHE KOMMISSION, Vorschlag für eine Verordnung für Markets in Crypto-assets (MiCA), https://eur-lex.europa.eu/legal-content/EN/TXT/?uri=CELEX:52020PC0593 (21.01.2021), (zit. EUROPÄISCHE KOMMISSION, Vorschlag für eine Verordnung für Markets in Crypto-assets (MiCA)).

FINANCIAL STABILITY, FINANCIAL SERVICES AND CAPITAL MARKETS UNION, Digital finance package, https://ec.europa.eu/info/publications/200924-digital-finance-proposals_en (21.01.2021), (zit. FINANCIAL STABILITY, FINANCIAL SERVICES AND CAPITAL MARKETS UNION, Digital finance package).

FINANZMARKTAUFSICHT LIECHTENSTEIN (FMA), FMA-Mitteilung 2019/1 (Ergänzende Pflichten bei der Ausgabe und Rücknahme sowie der Anteilsregisterführung bei Fondsanteils-Token), https://www.fma-li.li/files/list/fma-mitteilung-2019-01.pdf (11.04.2020), (zit. FMA, FMA-Mitteilung 2019/1).

FINANZMARKTAUFSICHT LIECHTENSTEIN (FMA), FMA-Mitteilung 2019/2 (Pflichten für Emittenten von Wertpapieren und Security Token), https://www.fma-li.li/files/list/fma-mittteilung-2019-2-emittenten-wp-st.pdf (24.03.2020), (zit. FMA, FMA-Mitteilung 2019/2).

FINANZMARKTAUFSICHT LIECHTENSTEIN (FMA), Liste gebilligte Prospekte bis 20. Juli 2019, register.fma-li.li/fileadmin/user_upload/dokumente/publikationen/Prospekte_nach_WPPG/Liste_geb_Prospekte_bis_20190720_6_20200103.pdf (04.03.2020), (zit. FMA, Liste gebilligte Prospekte bis 20. Juli 2019).

GITHUB, æternity, https://github.com/aeternity (06.02.2021), (zit. GITHUB, æternity).

GITHUB, Fungible token example, https://github.com/aeternity/aepp-sophia-examples/tree/master/libraries/FungibleToken (22.02.2021), (zit. GITHUB, Fungible token example).

HASLER, Rede von Regierungschef Adrian Hasler anlässlich des 4. Finance Forum Liechtenstein am 21. März 2018 im Vaduzer Saal, https://www.regierung.li/media/medienarchiv/2018-03-21_Ansprache_Finance_Forum_2018_RC.pdf?t=637433298910799802 (27.02.2021), (zit. HASLER, Rede von Regierungschef Adrian Hasler anlässlich des 4. Finance Forum Liechtenstein am 21. März 2018 im Vaduzer Saal).

HUBER, Bitcoin 2020 – die Halbierung der Blockprämie, https://www.bitcoinsuisse.com/de/outlook/bitcoin-in-2020-halving-the-block-reward-2 (07.02.2021), (zit. HUBER, Bitcoin 2020 – die Halbierung der Blockprämie).

INTERNATIONAL ORGANIZATION FOR STANDARDIZATION (ISO), Information technology, https://www.iso.org/obp/ui/#iso:std:iso-iec:2382:ed-1:v1:en (29.04.2021), (zit. ISO, Information technology).

MUZZY, What Is Proof of Stake? https://consensys.net/blog/blockchain-explained/what-is-proof-of-stake (06.02.2021), (zit. MUZZY, What Is Proof of Stake?).

MYCRYPTOPEDIA, Bitcoin's UTXO Set Explained - Mycryptopedia, https://www.mycryptopedia.com/bitcoin-utxo-unspent-transaction-output-set-explained (08.02.2021), (zit. MYCRYPTOPEDIA, Bitcoin's UTXO Set Explained - Mycryptopedia).

NÄGELE RECHTSANWÄLTE GMBH, auf Twitter (We also accept cryptocurrencies like Bitcoin or Ethereum as payment for some of our services. Don't hesitate to contact us!), https://twitter.com/NaegeleLAW/status/873156452482940930?s=20 (23.01.2021), (zit. NÄGELE RECHTSANWÄLTE GMBH, auf Twitter).

NÄGELE, MiCA — Markets in Crypto-assets Regulation and the DLT Pilot Regime — What impact might these proposed EU regulations have on Liechtenstein and the TVTG (aka Blockchain Act)? https://thomas-naegele.medium.com/mica-markets-in-crypto-assets-mica-and-dlt-pilot-regime-what-impacts-do-these-proposed-eu-fc3b85609dca, (zit. NÄGELE, MiCA — Markets in Crypto-assets Regulation and the DLT Pilot Regime — What impact might these proposed EU regulations have on Liechtenstein and the TVTG (aka Blockchain Act)?).

NÄGELE, Why Liechtenstein is an attractive location for the token economy, https://thomas-naegele.medium.com/why-liechtenstein-is-an-attractive-location-for-the-token-economy-91d23c8ab1b0, (zit. NÄGELE, Why Liechtenstein is an attractive location for the token economy).

Literatur- und Materialienverzeichnis

NAKAMOTO, (PSEUDONYM), Bitcoin: A Peer-to-Peer Electronic Cash System (Bitcoin Whitepaper), https://bitcoin.org/bitcoin.pdf (11.04.2020), (zit. NAKAMOTO, Bitcoin: A Peer-to-Peer Electronic Cash System).

OPENDIME, World's First Bitcoin Credit Stick Wallet, https://opendime.com/ (23.02.2021), (zit. OPENDIME, World's First Bitcoin Credit Stick Wallet).

PEERCOIN, The Pioneer of Proof of Stake, https://www.peercoin.net/ (30.04.2021), (zit. PEERCOIN, The Pioneer of Proof of Stake).

POA SOKOL EXPLORER, ArianeeSmartAsset (0x512C1FCF401133680f373a386F3f752b98070BC5), https://blockscout.com/poa/sokol/address/0x512C1FCF401133680f373a386F3f752b98070BC5/contracts (20.02.2021), (zit. POA SOKOL EXPLORER, ArianeeSmartAsset (0x512C1FCF401133680f373a386F3f752b98070BC5)).

REGIERUNG DES FÜRSTENTUMS LIECHTENSTEIN, Bericht und Antrag zum «Blockchain-Gesetz» verabschiedet, https://www.regierung.li/de/mitteilungen/222667/?typ=news (28.02.2021), (zit. REGIERUNG DES FÜRSTENTUMS LIECHTENSTEIN, Bericht und Antrag zum «Blockchain-Gesetz» verabschiedet).

REGIERUNG DES FÜRSTENTUMS LIECHTENSTEIN, Liechtensteins Blockchain-Gesetz stösst in der UNO auf grosses Interesse, https://www.regierung.li/de/mitteilungen/223020/?typ=news (28.02.2021), (zit. REGIERUNG DES FÜRSTENTUMS LIECHTENSTEIN, Liechtensteins Blockchain-Gesetz stösst in der UNO auf grosses Interesse).

REGIERUNG DES FÜRSTENTUMS LIECHTENSTEIN, Stellungnahme zum Token- und VT-Dienstleister-Gesetz («Blockchain-Gesetz») verabschiedet, https://www.regierung.li/de/mitteilungen/222882 (28.02.2021), (zit. REGIERUNG DES FÜRSTENTUMS LIECHTENSTEIN, Stellungnahme zum Token- und VT-Dienstleister-Gesetz («Blockchain-Gesetz») verabschiedet).

REGIERUNG DES FÜRSTENTUMS LIECHTENSTEIN, Vernehmlassung zum Blockchain-Gesetz gestartet, https://www.regierung.li/de/mitteilungen/212312/?typ=news (28.02.2021), (zit. REGIERUNG DES FÜRSTENTUMS LIECHTENSTEIN, Vernehmlassung zum Blockchain-Gesetz gestartet).

RUGAARD, Towards a European token economy – driven by the EU Commission! (An interview with Dr Joachim Schwerin, Principal Economist at the European Commission), https://thetokenizer.io/2021/01/10/towards-a-european-token-economy-driven-by-the-eu-commission (23.01.2021), (zit. RUGAARD, Towards a European token economy – driven by the EU Commission!).

SATOSHI NAKAMOTO, Bitcoin P2P e-cash paper, http://www.metzdowd.com/pipermail/cryptography/2008-October/014810.html (10.06.2017), (zit. SATOSHI NAKAMOTO, Bitcoin P2P e-cash paper).

SCHNABEL, Computertechnik-Fibel, https://www.elektronik-kompendium.de/shop/buecher/computertechnik-fibel, (zit. SCHNABEL, Computertechnik-Fibel5).

THINKBLOCKTANK, Token Regulation Paper v1.0., (zit. THINKBLOCKTANK, Token Regulation Paper v1.0.).

UNIDROIT, Exploratory workshop on digital assets and private law, https://www.unidroit.org/89-news-and-events/2941-unidroit-exploratory-workshop-on-digital-assets-and-private-law (15.02.2021), (zit. UNIDROIT, Exploratory workshop on digital assets and private law).

UNIVERSITÄT BASEL, Zertifikate basierend auf Blockchain-Technologie, https://cif.unibas.ch/de/blog/details/news/zertifikate-basierend-auf-blockchain-technologie (21.01.2021), (zit. UNIVERSITÄT BASEL, Zertifikate basierend auf Blockchain-Technologie).

UNIVERSITY OF LIECHTENSTEIN, Blockchain meets Liechtenstein, https://www.uni.li/de/universitaet/medienportal/medienmitteilungen/blockchain-meets-liechtenstein (17.05.2021), (zit. UNIVERSITY OF LIECHTENSTEIN, Blockchain meets Liechtenstein).

VITTORIO MINACORI, Create ERC20 Token for FREE, https://vittominacori.github.io/erc20-generator (21.02.2021), (zit. VITTORIO MINACORI, Create ERC20 Token for FREE).

VOGELSTELLER/BUTERIN, ERC-20 Token Standard, https://github.com/ethereum/EIPs/blob/master/EIPS/eip-20.md (21.02.2021), (zit. VOGELSTELLER/BUTERIN, ERC-20 Token Standard).

WIKIPEDIA, Byzantinischer Fehler, https://de.wikipedia.org/w/index.php?title=Byzantinischer_Fehler&oldid=206575177 (17.01.2021), (zit. WIKIPEDIA, Byzantinischer Fehler).

WIKIPEDIA, Datenspeicher, https://de.wikipedia.org/w/index.php?title=Datenspeicher&oldid=205970361 (27.12.2020), (zit. WIKIPEDIA, Datenspeicher).

WIKIPEDIA, European Article Number, https://de.wikipedia.org/w/index.php?title=European_Article_Number&oldid=208255311 (18.02.2021), (zit. WIKIPEDIA, European Article Number).

WIKIPEDIA, Fiatgeld, https://de.wikipedia.org/w/index.php?title=Fiatgeld&oldid=206054572 (23.01.2021), (zit. WIKIPEDIA, Fiatgeld).

WIKIPEDIA, Global Trade Item Number (GTIN), https://de.wikipedia.org/w/index.php?title=Global_Trade_Item_Number&oldid=208838895 (18.02.2021), (zit. WIKIPEDIA, Global Trade Item Number (GTIN)).

WIKIPEDIA, List of highest-funded crowdfunding projects, https://en.wikipedia.org/w/index.php?title=List_of_highest-funded_crowdfunding_projects&oldid=1008322414 (28.02.2021), (zit. WIKIPEDIA, List of highest-funded crowdfunding projects).

WIKIPEDIA, The DAO, https://en.wikipedia.org/w/index.php?title=The_DAO_(organization)&oldid=991306039 (19.01.2021), (zit. WIKIPEDIA, The DAO).

6 Gesetzesmaterialien

LANDTAG DES FÜRSTENTUMS LIECHTENSTEIN. Protokoll über die öffentliche Landtagssitzung vom 2./3. Oktober 2019 Teil 2, S. 1893. (zit. Landtagsprotokoll 2./3. Oktober 2019, Teil 2).

LANDTAG DES FÜRSTENTUMS LIECHTENSTEIN. Protokoll über die öffentliche Landtagssitzung vom 5./6./7. Juni 2019 Teil 2, S. 956. (zit. Landtagsprotokoll 5./6./7. Juni 2019, Teil 2).

REGIERUNG DES FÜRSTENTUMS LIECHTENSTEIN. Stellungnahme der Regierung an den Landtag des Fürstentums Liechtenstein zu den anlässlich der ersten Lesung betreffend die Totalrevision des Gesetzes über das Verzeichnis der wirtschaftlichen Eigentümer inländischer Rechtsträger sowie die Abänderung des Sorgfaltspflichtgesetzes und des Beschwerdekommissionsgesetzes aufgeworfenen Fragen. (zit. BuA Nr. 132/2020).

REGIERUNG DES FÜRSTENTUMS LIECHTENSTEIN. Bericht und Antrag der Regierung an den Landtag des Fürstentums Liechtenstein betreffend die Abänderung des Sachenrechts (SR), der Jurisdiktionsnorm (JN) und der Exekutionsordnung (EO). (zit. BuA Nr. 141/2007).

REGIERUNG DES FÜRSTENTUMS LIECHTENSTEIN. Bericht und Antrag der Regierung an den Landtag des Fürstentums Liechtenstein betreffend die Schaffung eines Gesetzes über Token und VT-

Dienstleister (Token- und VT-Dienstleister-Gesetz; TVTG) und die Abänderung weiterer Gesetze. (zit. BuA Nr. 54/2019).

REGIERUNG DES FÜRSTENTUMS LIECHTENSTEIN. Bericht und Antrag der Regierung betreffend die Abänderung des Personen- und Gesellschaftsrechts (PGR) (Revision des GmbH-Rechts). (zit. BuA Nr. 68/2016).

REGIERUNG DES FÜRSTENTUMS LIECHTENSTEIN. Bericht und Antrag der Regierung an den Landtag des Fürstentums Liechtenstein betreffend die Abänderung des Personen- und Gesellschaftsrechts (Immobilisierung von Inhaberaktien und Einführung eines Sanktionsmechanismus betreffend die Führung des Aktienbuches bei Namenaktien). (zit. BuA Nr. 69/2012).

REGIERUNG DES FÜRSTENTUMS LIECHTENSTEIN. Stellungnahme der Regierung an den Landtag des Fürstentums Liechtenstein zu den anlässlich der ersten Lesung betreffend die Schaffung eines Gesetzes über Token und VT-Dienstleister (Token- und VT-Dienstleister-Gesetz; TVTG) und die Abänderung weiterer Gesetze aufgeworfenen Fragen. (zit. BuA Nr. 93/2019).

REGIERUNG DES FÜRSTENTUMS LIECHTENSTEIN. Vernehmlassungsbericht der Regierung betreffend die Schaffung eines Gesetzes über auf vertrauenswürdigen Technologien (VT) beruhende Transaktionssysteme (Blockchain-Gesetz; VT-Gesetz; VTG) und die Abänderung weiterer Gesetze (16.11.2018) (16.11.2018). (zit. VnB Blockchain-Gesetz).

7 Judikatur
OBERSTER GERICHTSHOF DES FÜRSTENTUMS LIECHTENSTEIN (OGH) 9 CG.2000.137.

STAATSGERICHTSHOF DES FÜRSTENTUMS LIECHTENSTEIN (StGH) StGH 1975/002 ElG 1973, 381, 383.

8 Gesetze und Verordnungen
AMT FÜR VERÖFFENTLICHUNGEN DER EUROPÄISCHEN UNION, RL 96/9/EG des Europäischen Parlaments und des Rates vom 11. März 1996 über den rechtlichen Schutz von Datenbanken (Datenbank-RL), Amtsblatt der Europäischen Gemeinschaften (1996).

AMT FÜR VERÖFFENTLICHUNGEN DER EUROPÄISCHEN UNION, RL 98/26/EG des Europäischen Parlaments und des Rates vom 19. Mai 1998 über die Wirksamkeit von Abrechnungen in Zahlungs- sowie Wertpapierliefer- und -abrechnungssystemen (Finalitäts-RL), Amtsblatt der Europäischen Gemeinschaften (1998).

AMT FÜR VERÖFFENTLICHUNGEN DER EUROPÄISCHEN UNION, VO (EU) 2016/679 des Europäischen Parlaments und des Rates vom 27. April 2016 zum Schutz natürlicher Personen bei der Verarbeitung personenbezogener Daten, zum freien Datenverkehr und zur Aufhebung der Richtlinie 95/46/EG (Datenschutz-Grundverordnung) (Text von Bedeutung für den EWR) (DSGVO), Amtsblatt der Europäischen Gemeinschaften (2016).

AMT FÜR VERÖFFENTLICHUNGEN DER EUROPÄISCHEN UNION, VO (EU) 2017/1129 des Europäischen Parlaments und des Rates vom 14. Juni 2017 über den Prospekt, der beim öffentlichen Angebot von Wertpapieren oder bei deren Zulassung zum Handel an einem geregelten Markt zu veröffentlichen ist und zur Aufhebung der Richtlinie 2003/71/EG (Text von Bedeutung für den EWR) (Prospektverordnung), Amtsblatt der Europäischen Gemeinschaften (2017).

BUNDESVERSAMMLUNG DER SCHWEIZERISCHEN EIDGENOSSENSCHAFT, Bundesgesetz über das Urheberrecht und verwandte Schutzrechte (Urheberrechtsgesetz) (URG), BBl (1992).

BUNDESVERSAMMLUNG DER SCHWEIZERISCHEN EIDGENOSSENSCHAFT, Bundesgesetz über die Erfindungspatente (Patentgesetz) (chPatG), BBl (1954).

BUNDESVERSAMMLUNG DER SCHWEIZERISCHEN EIDGENOSSENSCHAFT, Schweizerisches Zivilgesetzbuch (ZGB), BBl (1907).

DEUTSCHER BUNDESTAG (BT), Gesetz über das Kreditwesen (Kreditwesengesetz) (KWG), BGBl. (1961).

LANDTAG DES FÜRSTENTUMS LIECHTENSTEIN, Allgemeines bürgerliches Gesetzbuch (ABGB), Liechtensteinisches Landesgesetzblatt (01.01.2020).

LANDTAG DES FÜRSTENTUMS LIECHTENSTEIN, Gesetz vom 11. September 2002 über den Schutz von Design (Designgesetz) (DesG), Liechtensteinisches Landesgesetzblatt (2002).

LANDTAG DES FÜRSTENTUMS LIECHTENSTEIN, Gesetz vom 12. Dezember 1996 über den Schutz von Marken und Herkunftsangaben (Markenschutzgesetz) (MSchG), Liechtensteinisches Landesgesetzblatt (1997).

LANDTAG DES FÜRSTENTUMS LIECHTENSTEIN, Gesetz vom 19. Mai 1999 über das Urheberrecht und verwandte Schutzrechte (Urheberrechtsgesetz) (URG), Liechtensteinisches Landesgesetzblatt (1999).

LANDTAG DES FÜRSTENTUMS LIECHTENSTEIN, Gesetz vom 19. Mai 1999 über den Schutz von Topographien von Halbleitererzeugnissen (Topographiengesetz) (ToG), Liechtensteinisches Landesgesetzblatt (1999).

LANDTAG DES FÜRSTENTUMS LIECHTENSTEIN, Gesetz vom 26. Mai 1924 betreffend die Einführung der Frankenwährung (FrWG), Liechtensteinisches Landesgesetzblatt (1924).

LANDTAG DES FÜRSTENTUMS LIECHTENSTEIN, Gesetz vom 3. Oktober 2019 über Token und VT-Dienstleister (TVTG), Liechtensteinisches Landesgesetzblatt (2019).

LANDTAG DES FÜRSTENTUMS LIECHTENSTEIN, Gesetz vom 6. Dezember 2018 über das Verzeichnis der wirtschaftlichen Eigentümer inländischer Rechtsträger (VwEG), Liechtensteinisches Landesgesetzblatt (2019).

LANDTAG DES FÜRSTENTUMS LIECHTENSTEIN, Personen- und Gesellschaftsrecht (PGR), Liechtensteinisches Landesgesetzblatt (1926).

LANDTAG DES FÜRSTENTUMS LIECHTENSTEIN, Sachenrecht vom 31. Dezember 1922 (SR), Liechtensteinisches Landesgesetzblatt (1923).

LANDTAG DES FÜRSTENTUMS LIECHTENSTEIN, Strafgesetzbuch (StGB), Liechtensteinisches Landesgesetzblatt (1988).

NATIONALRAT DER REPUBLIK ÖSTERREICH, Österreichisches Allgemeines bürgerliches Gesetzbuch für die gesamten deutschen Erbländer der österreichischen Monarchie (öABGB), Justizgesetzsammlung (1811).

REGIERUNG DES FÜRSTENTUMS LIECHTENSTEIN, Verordnung vom 11. Februar 2003 über das Handelsregister (Handelsregisterverordnung) (HRV), Liechtensteinisches Landesgesetzblatt (2003).

REGIERUNG DES FÜRSTENTUMS LIECHTENSTEIN, Verordnung vom 29. Oktober 2002 über den Schutz von Design (Designverordnung) (DesV), Liechtensteinisches Landesgesetzblatt (2002).

Stichwortverzeichnis

Aeternity
  51%-Attacke   83
  Crowdfunding-Campaign (ICO)   75
  Entstehungsgeschichte   27
  Sophia (Programmiersprache)   65
Algorithmus   20
Asymmetrische Verschlüsselung   13, 160
  öffentlicher Schlüssel (Public-Key)   13
  privater Schlüssel (Private-Key)   13
Asymmetrische-Verschlüsselung   156
Attestation (Bescheinigung)   23
Basisinformationen   140
Befreiungs- und Legitimationswirkung   71, 101, 127
  Befreiungswirkung   139
  extrinsischen Token, bei   104, 105
  Forderungen, bei   110
  intrinsischen Token, bei   103
  Legitimationswirkung   138
  Wertrechten, bei   103
Besitzanweisung   141, *Siehe* Eigentumsübertragung
Besitzanweisungsvertrag   130
Besitzkonstitut   135
Besitzübertragungssurrogat   111, 129
Beziehungsmodell   155
Bitcoin   5, 83
  Bitcoin Halving   21, 55
  Bitcoin-Whitepaper   24
  Entstehungsgeschichte   24
  Locking-Script   50, 53, 55, 158
  Redeem-Script   158
  transaction input   50
  transaction output   50
  Transaktionsmodell   *Siehe* Blockchain
  Unlocking-Script   50, 87, 158
  Unspent Transaction Outputs (UTXO)   52
  UTXO pool   52
  Wert   98
  Whitepaper   78
Blockchain   16, 74
  51%-Attacke   82
  CAP-Theorem   81
  Double-Spend-Problem   80
  Fork   27

  Genesis Block   24
  Gossip Protokoll   13
  Integrität   86
  Kontomodell   49, 54
  Open-Source   84
  Problem der byzantinischen Generäle   79
  Transaktionsmodell   49, 50
Block-Reward   *Siehe* Mining
BTC   5
Central Bank Digital Currency (CBDC)   26
Coin   *Siehe* Token
CryptoKitties   100
Das Token-Container-Modell   97
Daten   36
  binäre Form   37
  Datenbank   46
  Digitalisierung   37
  Informationen   36
  semantische Ebene   39, 53
  strukturelle Ebene   39
  syntaktische Ebene   39, 53
Decentralized   11
Decentralized autonomous organization (DAO)   19
  DAO Hack   19
Dezentral   11
Digitalisierung   9
Distributed (Netzwerke)   11
Distributed Ledger Technology (DLT)   17, 74
Double-Spending   20, 82
Eigentumsübertragung
  Besitzanweisung   130
  Hand-zu-Hand   129, 149, 170
ERC 721   *Siehe* Token-Standards
Ethereum   83
  Entstehungsgeschichte   27
  Ethereum 2.0   23
  Ethereum Blockchain   54
  Ethereum Classic   19
  Ethereum Improvement Proposal (EIP)   57
  Ethereum Name Service (ENS)   161
  Ethereum Request for Comments (ERC)   57

Ethereum Virtual Machine (EVM)	54, 160
externally owned account (EOA)	160
gas	60
ICO	27
Smart Contract Account	160
Solidity (Programmiersprache)	57
Faustpfandprinzip	136, 141
Fiat	*Siehe* Geld
Finalität	18, 84
Finanzmarktaufsicht (FMA)	
Regulierungslabor	28
FinTech	1
Fork	19, 22
Geld	25
Fiat	6, 18, 26
Gesetzliches Zahlungsmittel	25
Recheneinheit	26
Tausch- und Zahlungsmittel	25
Wertaufbewahrungsfunktion	26
Hash	10, 14
Hash-Funktion	14, 87, 152
Hash-Rate	21, 83
SHA-256	14
Hauptbuch	16
Initial Coin Offering (ICO)	6, 8, 56
Konsens-Algorithmen	20, 81, 82
Proof-of-Stake (PoS)	22
Proof-of-Work (PoW)	20, 80
Koordinationsbefehl	89, 90, 103, 126
Kryptobörse	
Insolvenz	25
Mt. Gox	24
Kryptowährung	25
bitcoin	5, 6, 55
Ether	6
gwei	60
Satoshi	5
Legitimationswirkung	*Siehe* Befreiungs- und Legitimationswirkung
Markets in Crypto-assets (MiCa)	34, 55
Kryptowert (Crypto-asset)	34, 55
wertreferenzierte Token	8
MiCa	*Siehe* Markets in Crypto-assets
Mining	81
Block-Reward	21, 23
Brute-Force	21
Minting	*Siehe auch* Token-Funktionen

Multi-Signature	156, 157
NFT	*Siehe* Token, nicht fungibel
Node	7
Full Node	7
Miner	7
Wallet	*Siehe* Wallet
Nodes	82
Nonce	21
Öffentlicher Schlüssel	*Siehe* VT-Identifikator
Open-Source	84
Payment-Token	33
Peer-to-peer Netzwerk	12
Pfandrecht	141
PoS	*Siehe* Konsens-Algorithmen
PoW	*Siehe* Konsens-Algorithmen
Private-Key	*Siehe* Asymmetrische Verschlüsselung
Public-Key	*Siehe* Asymmetrische Verschlüsselung
Public-Key Verfahren	*Siehe* Asymmetrische Verschlüsselung
Publizität	105, 108
Publizitätsprinzip	137, 141
Publizitätswirkung	135
Repräsentation	
Designs, von	150
Forderungsrechten, von	108
Immaterialgüterrechten, von	149
Immobilien (Grundstücken), von	148
Koordinationsbefehl	126
Marken, von	150
Mitgliedschaftsrechten, von	112
Pflichten, von	110
Sachenrechte, von	124
Urheberrechten, von	151
Sachenrecht	
Daten	39
Körperlichkeit	40
res digitalis	42
Sachbegriff	40
Vorrang	126, 148, 170
Satoshi Nakamoto	5, 24
Security Token Offering (STO)	30
Wertpapierprospekt	30, 64
Security-Token	33, 119, 120
Aufsichtsrecht	119
Wertpapierprospekt	120
single point of failure	80
single source of truth	80

Stichwortverzeichnis

Smart Contract 8, 56, 57, 61
  contract adress 61
  creator 70
  deployment 56, 70
  ERC *Siehe* Token-Standards
  name 61
  symbol 58
  Token-Smart-Contract 58, 61, 70, 76, 85
  Token-Smart-Contracts 62
  trigger 160
  Whitelist 59
Staking 22
timestamp *Siehe* Zeitstempel
Token 34
  Coin 5, 6, 55
  extrinsische 33, 62, 86, 97, 101
  fungible 59, 66, 99
  Gattungsschuld 59, 100, 101
  herrenlos 53
  Hybrid-Token 33
  Informationen *Siehe auch* Daten
  intrinsische 33, 62, 66, 86, 97, 98
  Kraftloserklärungsverfahren 59
  Legaldefinition 34
  Migration 76
  Mining 54
  Mining (Entstehung durch) 54
  Minting *Siehe* Token-Funktionen
  Minting (Entstehung durch) 57
  nicht fungibel (non fungible, NFT) 62, 66, 99
  Smart Contract (Entstehung durch) 56
  Stablecoin 8
  Stückschuld 101
  Stückschulden 100
  Übertragung, von 88
  Übertragungen off-chain, von 91
  Verfügungsberechtigung 9
  Verfügungsgewalt 10
  Wertpapiereigenschaft 120
  Wertrechte *Siehe* Wertrechte
Token-Container-Modell 35
  Bitcoin 97
  leeren Container 97
  Repräsentation von Rechten 97
Token-Funktionen
  balanceOf 58
  burn 65, 141, 162
  canTransfer 64
  controllerTransfer (force transfer) 64
  decimals 58
  mint 162
  mint (Minting) 60
  minting 144
  name 58
  ownerOf 63
  tokenID 62, 152
  tokenSupply 77
  tokenUri 63
  totalSupply 58, 59
  transfer 58
  transfer-from 58
Tokenholder *Siehe* Token, Verfügungsberechtigung
Tokenisierung 9, 35, 97, 107
Tokenisierungsklausel 105, 106, 107, 110, 134, 135
Token-Ökonomie 9, 28, 33, 35, 98
  Digitalisierung *Siehe* Daten
Token-Smart-Contract *Siehe* Smart Contract
Token-Standards 57
  ERC-1400 63
  ERC-20 56, 58
  ERC-721 62, 100
Transaktion 65
  off-chain 64, 91
  on-chain 65
Urkundenklausel 106
Utility-Token 33
Verfügungsgewalt 155
Verkehrsschutz 98
vertrauenswürdige Technologie (VT) 74
  Musterbeispiele 75
  trustless 78, 95, 167
VT-Dienstleister 69
  Physischer Validator 140
  Token-Erzeuger 59, 69
VT-Identifikator 154
  Adresse 154
  Bitcoin, bei 155
  Externally owned Accounts (EOA) 160
  öffentlichen Schlüssel 154
  Pay to Script Hash (P2SH) 157
  Public-Key 154
  Public-Key Hash (P2PKH) 156
  Smart Contract Accounts 161
VT-Schlüssel 155
VT-Systeme 74
Wallet 10, 52, 90
  Hardware-Wallet 91, 92
Wertpapiere 113
  Entmaterialisierung 114

Wertpapierprospekt	120	Wertrechtebuch	116
Wertrecht		Whitepaper	75
Begriff	115	Zeitstempel	10
Wertrechte	103		
Funktionsäquivalenz	116		
Übertragung	117		